社交礼仪

张丽娜　于春玲　主　编
朱　美　李　洋　褚又君　朱　智　李雪霞　副主编

清華大学出版社
北　京

内 容 简 介

社交礼仪能够改善社交软环境，促进社交持续发展，是社交的无声招牌。本书知识解析实用规范，实训活动丰富具体，主要包括礼仪入门、形象礼仪、交际礼仪、通联礼仪、职场礼仪、民俗礼仪和涉外礼仪7章，涉及不同场景的礼仪知识，构成了"礼仪知识＋典型案例＋知识链接＋课后习题"的实践教学体系，在仿真教学情境中完成理、实一体化礼仪训练任务，培养优秀的社交新秀。

本书可作为高职高专各专业学生提高礼仪素养和沟通能力的教材，也可作为各企事业单位进行相关职业岗位培训的实用教材。

本书封面贴有清华大学出版社防伪标签，无标签者不得销售。
版权所有，侵权必究。举报：010-62782989，beiqinquan@tup.tsinghua.edu.cn。

图书在版编目(CIP)数据

社交礼仪/张丽娜，于春玲主编．—北京：清华大学出版社，2023.9（2025.2重印）
ISBN 978-7-302-64553-5

Ⅰ．①社… Ⅱ．①张… ②于… Ⅲ．①社交礼仪－高等学校－教材 Ⅳ．①C912

中国国家版本馆CIP数据核字(2023)第157563号

责任编辑：吴梦佳
封面设计：傅瑞学
责任校对：袁 芳
责任印制：杨 艳

出版发行：清华大学出版社
网 址：https://www.tup.com.cn，https://www.wqxuetang.com
地 址：北京清华大学学研大厦A座 邮 编：100084
社 总 机：010-83470000 邮 购：010-62786544
投稿与读者服务：010-62776969，c-service@tup.tsinghua.edu.cn
质量反馈：010-62772015，zhiliang@tup.tsinghua.edu.cn
课件下载：https://www.tup.com.cn，010-83470410

印 装 者：三河市人民印务有限公司
经 销：全国新华书店
开 本：185mm×260mm 印 张：10.5 字 数：254千字
版 次：2023年9月第1版 印 次：2025年2月第2次印刷
定 价：39.00元

产品编号：094431-01

前言

党的二十大报告指出，以社会主义核心价值观为引领，发展社会主义先进文化，弘扬革命文化，传承中华优秀传统文化，满足人民日益增长的精神文化需求，巩固全党全国各族人民团结奋斗的共同思想基础，不断提升国家文化软实力和中华文化影响力。"献酬交错，礼仪卒度，笑语卒获。"礼仪作为确定人与人或者人与事物关系的一种行为方式，直接影响着人在现代社会中的安身立业。社交礼仪是改善就业软环境、促进各行各业持续发展的重要因素，是各行各业的无声招牌。

编写《社交礼仪》一书，是编者在课堂教学过程中结合教学实践而萌生的想法：一方面，从礼仪的层面全面提高职业院校学生的从业素质；另一方面，能够联动各学科，利用学科交叉优势，深化教学内容，产生良好的教学效果。本书编者于2021年6月开始酝酿写作，在参加2021年8月职业教育旅游新专业·新形态·新教材编写研讨会后确定大纲和编写体例，正式开始书稿的写作。

职业教育的特点在于建立在专业性基础上的应用性，以培养实践型、应用型人才为宗旨。因此，本书的编写重点在于社交礼仪方面应该"如何做""为什么要这样做"，在一定理论课程和实践原理指导的前提下，使社交礼仪转化为可操作的行为与规范。

本书从礼仪入门、形象礼仪等这些各行各业从业者最常遇见的礼仪问题入手，并逐步深化交际礼仪、通联礼仪、职场礼仪等行业礼仪知识，帮助各行各业从业者学习得体的举止、提高自身素养，促使从业者能够健康、自信地生活和工作。社交礼仪的普及和传承将不断地促使从业者外在形象的持续提升、内在修养的日益提高、精神境界的逐步升华、职业素养的日渐攀升，更能切实地推动各行各业走向成熟和稳健。

本书深浅结合，内容丰富，从多角度出发，内容涵盖了各行各业的礼仪基本知识、礼仪基础理论、礼仪表现形式，以及语言修养、礼仪技能等方面的具体操作，能够突出重点、难点，章节之间能够深入浅出，融会贯通，有利于学生全面系统地掌握课程内容，提高分析问题和解决问题的能力，从而实现教学相长。

本书突出以下几个特点。

（1）新颖性。本书典型案例、知识链接、课后习题等采用二维码呈现，体现了新时代下新形态教学方式的应用。

（2）实用性。本书介绍的基础理论知识通俗易懂、简明扼要，通过案例分析，达到理论联系实际的效果，具有较强的实用性。

（3）时代性。本书借鉴了国内外知名礼仪专家的礼仪观点，大量吸收了各行各业的礼仪实践案例，着力加强讲授者的实践教学能力，提高学习者的应用操作能力。

（4）思政性。本书在课程教学目标里，明确了课程思政目标，便于讲授者和学习者挖掘课程思政元素，提高教学效果。

本书由张丽娜、于春玲任主编，朱美、李洋、褚又君、朱智、李雪霞任副主编。本书具体编写分工如下：第1章由张丽娜、李雪霞编写；第2章由李洋、朱智编写；第3章由于春玲、张丽娜编写；第4章由于春玲、褚又君编写；第5章由于春玲、张丽娜编写；第6章由朱美、李洋编写；第7章由朱美、朱智编写；广东文艺职业学院李雪霞对全书进行审阅。

在本书的编写过程中，查询、收集、整理、参阅了大量礼仪专家、学者的相关著作和资料，吸收和采纳了有价值、有影响的部分观点和资料，在此表示由衷的感谢！

由于编者水平有限，书中不足和疏漏之处在所难免，恳请广大专家、同行和读者予以批评、指正，以臻完善。

编　者

2023年4月

目 录

第 1 章 礼仪入门 ... 1
- 1.1 礼仪的起源与发展 ... 1
- 1.2 礼仪的内涵 ... 3
- 1.3 礼仪的原则 ... 5
- 1.4 学礼的意义 ... 7
- 本章小结 ... 8

第 2 章 形象礼仪 ... 10
- 2.1 仪容礼仪 ... 10
- 2.2 服饰礼仪 ... 13
- 2.3 仪态礼仪 ... 24
- 本章小结 ... 31

第 3 章 交际礼仪 ... 33
- 3.1 见面礼仪 ... 33
- 3.2 宴请礼仪 ... 44
- 3.3 馈赠与探望礼仪 ... 66
- 本章小结 ... 71

第 4 章 通联礼仪 ... 72
- 4.1 电话礼仪 ... 72
- 4.2 书信礼仪 ... 77
- 4.3 网络礼仪 ... 81
- 本章小结 ... 87

第 5 章 职场礼仪 ... 88
- 5.1 求职礼仪 ... 88
- 5.2 拜访与接待礼仪 ... 98
- 5.3 会议礼仪 ... 104

5.4　商务仪式礼仪 ……………………………………………… 121
　　本章小结 …………………………………………………………… 128

第 6 章　民俗礼仪 ……………………………………………………… 130
　　6.1　传统节日及礼仪 …………………………………………… 130
　　6.2　少数民族礼俗 ……………………………………………… 143
　　本章小结 …………………………………………………………… 150

第 7 章　涉外礼仪 ……………………………………………………… 151
　　7.1　涉外交往的原则 …………………………………………… 151
　　7.2　外事活动礼仪 ……………………………………………… 153
　　本章小结 …………………………………………………………… 161

参考文献 ………………………………………………………………… 162

第 1 章

礼 仪 入 门

学习导读

【本章概况】

本章从礼仪的起源入手,详细介绍了礼仪的内涵、原则及学习礼仪的重要意义。

【学习目标】

1. 了解礼仪的起源与发展轨迹。
2. 掌握礼仪的内涵与原则。
3. 认识学习礼仪的重要意义。
4. 提高学生对中华传统礼仪文化的认知和认同。

1.1 礼仪的起源与发展

人类的发展史是一部由蒙昧走向文明的进步史。礼仪就是人类文明的标志之一。作为社会经济、文化发展到一定阶段的产物,礼仪自产生以来就不断随着社会生产力的发展、人际交往的扩大、人类思维能力的提高和审美观念的变化而发展变化着。

我国是世界文明的发源地之一,曾创造出光辉灿烂的古代文明,尤其对道德修养提出过很高的要求,也因此形成了完善的礼仪制度。我国自古就是一个讲究礼仪的国度,礼仪在我国社会政治文化生活中占有很重要的位置。

【引例】孔子尊师

1.1.1 礼仪的起源

礼仪的产生不仅仅局限于一物一事,它是风俗、祭祀、人际交往的综合产物。

礼仪源于俗。所谓俗,即民间的风俗。自从有了人类社会,风俗就随之产生。在原始社会,随着原始先民们不断扩大的社会交往、权力和财富的分割,要构筑和谐的社会关系、减少摩擦和争斗,就必须遵循一定的"规矩"。只不过这种"规矩"被视为当然,内化成为习惯了,人们没有感觉到它是"规矩"而已。随着社会的进步,各地的风俗走入了不同的流向,一部分风俗依然留存于民间,继续产生影响,而另一部分则上升为"礼",变成了统治者所规定的言行准则。

礼仪源于祭祀。在古代,由于原始先民认识水平的局限,认为上有天神,下有地神,所以才有了天神与地神控制的日月星辰、电闪雷鸣、地震洪水等。他们对自然现象充满了敬畏和恐惧,由此产生了各种庄严而隆重的祭祀活动,拜天地、祭神明,祈求神明和祖先保佑风调雨顺、降福免灾。图1-1为商代祭祀用的礼器。

图1-1　商代祭祀用的礼器

礼仪源于人际交往。中国人认为礼仪起源于男女交往。在古人眼里,男女有别,必须用礼来区分。古人传说,华夏的第一对夫妻伏羲与女娲在结婚时,伏羲"制嫁娶以俪皮为礼",从此就有了礼。另外,人们在交往中难免有喜怒哀乐,礼的作用在于使之"发而皆中节"(《中庸》),即恰到好处,而不对别人造成伤害,于是便有了相应的种种规定。

1.1.2　礼仪的发展轨迹

随着社会的发展,礼仪在各国的发展轨迹各不相同。我国素有"礼仪之邦"之称,中华民族的礼仪传统源远流长,独具内涵的礼仪是中华文化的一大表征。

从前面对礼仪起源的探讨可知,礼仪是原始先民在社会生活中逐渐形成的行为规范。如果我们称这一时期为萌芽期,那么这一时期大致可定为公元前3500—前2070年夏王朝建立之前的原始社会。这一时期的礼仪较为简单和虔诚,还不具有阶级性。内容包括:制定了明确血缘关系的婚嫁礼仪;形成了区别部族内部尊卑等级的礼制;为祭天敬神而确定了一些祭典仪式;制定了一些在人们的相互交往中表示礼节和表示恭敬的动作。

夏、商、西周三代(公元前2070—前771年),我国进入奴隶社会,统治阶级为了巩固自己的统治地位,把原始的宗教礼仪发展成符合奴隶社会政治需要的礼制,礼被打上了阶级的烙印。在这个阶段,第一次形成了比较完整的国家礼仪与制度。历史上有名的"周公制礼"就是发生在这一时期。西周时期是我国古代历史上的礼治时代,这一时期的礼仪习俗逐渐演变为法定的制度,成为传统文化的核心。后来出现的专门记载周礼的礼书《周礼》《仪礼》《礼记》,是我国最早、最重要的礼仪论著,合称为"三礼",在汉以后2000多年的历史中,它们一直是国家制定礼仪制度的经典著作。周礼包括吉礼、凶礼、军礼、宾礼、嘉礼五类,以此规范百姓行为。实际上周礼极其繁博,正所谓"经礼三百,曲礼三千"(《礼记·礼器》)。

春秋战国时代(公元前770—前221年),诸侯纷争,周王室日渐式微,周礼受到了极大的冲击,出现"礼崩乐坏"的局面。但在此期间,相继涌现出孔子、孟子、荀子等思想巨人,发展和革新了礼仪理论。这一时代最值得一提的是以孔子为代表的儒家对宗周典章的虔诚追求和对礼仪制度的竭力维护。孔子认为,"不学礼,无以立。"(《论语·季氏篇》)"质胜文则野,文胜质则史。文质彬彬,然后君子。"(《论语·雍也》)他认为人们应该用道德规范约束自己的行为,要做到"非礼勿视,非礼勿听,非礼勿言,非礼勿动"(《论语·颜渊》)。他倡导的"仁者爱人",强调人与人之间要有同情心,要互相关心,彼此尊重。总之,孔子较系统地阐述了礼及礼仪的本质与功能,把礼仪理论提高到一个新的高度。

秦王朝建立到清末(公元前221—公元1911年),在长期的历史发展中,礼作为中国封建社会的道德规范和生活准则,对中华民族精神素质的修养起了重要作用。如三国之蜀王刘备告诫其子刘禅的遗诏中"勿以恶小而为之,勿以善小而不为"和诸葛亮《诫子书》中"非淡泊无以明志,非宁静无以致远"等无不是开家训类文字之先。但是,随着社会的变革和发展,特别是在封建社会的后期,礼越来越成为束缚人们思想、行为的绳索,影响了社会历史的进步和发展。

辛亥革命标志着中国封建社会的终结,也标志着中国的礼仪文化跨入一个新的发展时期。孙中山主政的南京临时政府颁布的一系列文告,表明了与封建礼制的彻底决裂,掀起了一股礼仪革新之风。1919年爆发的五四运动,对腐朽、落后的礼教进行了清算,符合时代要求的礼仪被继承、完善、流传,繁文缛节逐渐被抛弃,同时接受了一些国际上通用的礼仪形式。

中华人民共和国的成立标志着我国礼仪进入了一个崭新的阶段,移风易俗,建立新型的社会秩序被迅速提上议事日程,为现代礼仪的诞生创造了良好的社会条件。改革开放以来,随着我国与世界的交往日趋频繁,西方一些礼仪、礼节陆续传入我国,同我国的传统礼仪一道融入社会生活的各个方面,构成了社会主义礼仪的基本框架。许多礼仪从内容到形式都在不断变革,现代礼仪的发展进入了全新的发展时期。

知识链接1-1　中国古代传统礼仪

1.2　礼仪的内涵

1.2.1　礼仪的含义

甲骨文中即有"礼"字,其本意是"敬神",引申为尊敬、崇敬。因此,"礼"源于祭,立于敬,目的是祈福。"仪",本意指"竖立的木柱",引申为形式,包括礼节、仪式及容貌、举止等。"礼仪"二字合起来的本意是指敬神祈福的法度、准则、方式,引申为以审美的方式表达尊敬之意。礼仪是指人们在社会交往中由于受历史传统、风俗习惯、宗教信仰、时代潮流等因素的影响而形成,既为人们所认同,又为人们所遵守,以建立和谐关系为目的的各

【引例】张良拜师

种符合礼的精神及要求的行为准则或规范的总和。它是人类逐步摆脱愚昧、落后,走向文明、进步的标志和见证,体现人类的文明程度和文化修养水平的高低;是人们用以沟通思想、联络感情、促进了解的一种行为规范;是人际交往中不可缺少的润滑剂。

1.2.2　礼仪与礼貌、礼节

了解礼貌、礼节的含义和礼仪、礼貌、礼节之间的关系,能够更完整、更准确地把握礼仪的概念及本质属性。

礼貌是指人们的言语和动作谦虚、恭敬、友好的表现。它体现在遵守秩序、言必有信、尊老敬贤、待人和气、仪表端庄和讲究卫生等方面。礼貌的主要内容和基本要求总是与一定时期内社会所倡导的道德准则相一致，它体现了时代的风格与道德水准，反映着人们的文化层次与文明程度。礼貌是礼仪的基本内容和重要表现，是文明交往的基本要求。

礼节是指人们在日常生活中，特别是在社交场合中，相互间表示问候、致意、迎送、祝颂、尊敬、慰问、哀悼等所惯用的规则和形式。礼节是礼貌的具体表现形式，它渗透在社会生活的各个方面，是约定俗成的。

礼仪、礼貌、礼节具有共性，都与"礼"有关，本质上都是尊敬、友好待人，但是它们又有差异。礼貌是礼的静态风范，多指个人的言语、行为，侧重于表现个人的品质与素养；礼节是礼的具体表现形式，具有操作性和程序化的特点；礼仪的内涵则更深、更广，它不像礼节那样只是一种做法，而是一个表示礼貌的系统、完整的过程。礼仪、礼貌、礼节之间有着相互联系、相互制约、相辅相成的关系。

1.2.3 礼仪的特征

礼仪是在漫长的社会实践中逐步演变、形成和发展起来的，具有一些自身独具的特征，主要表现在规范性、差异性、传承性与发展性四个方面。

1. 规范性

礼仪既有内在的道德准则，又有外在的行为尺度，对人们的言行举止和社会交往具有普遍的规范、约束作用。所谓规范性，主要是指它对具体的交际行为具有规范性和制约性。这种规范性本身所反映的实质是一种被广泛认同的社会价值取向和对他人的态度。无论是具体言行还是具体的姿态，均可反映出行为主体的包括思想、道德等内在品质和外在的行为标准。遵循礼仪规范，就会得到社会认可和嘉许；违反礼仪规范，就会到处碰壁、招致反感、受到批评。正所谓有"礼"走遍天下，无"礼"寸步难行。

2. 差异性

礼仪作为一种约定俗成的行为规范，虽然具有普遍性，但在运用时会受到时间、地点和环境的影响。同一礼仪会因时间、地点或对象的变化而有所不同，这就是礼仪差异性的特点。这种差异性首先表现为地域的差异。常言道："十里不同风，百里不同俗。"不同国家、不同地区，由于民族特点、文化传统、宗教信仰、生活习惯的不同，往往有着不同的礼仪规范。比如，同是见面礼，就有着不同的表现形式：信仰佛教的泰国，见面时往往低头问候，并将双手合十于胸前，而在欧美、中东及南美洲常见的见面礼就是拥抱。礼仪的差异性还表现为个性差异，每个人因其地位、秉性等因素的不同，在使用同样的礼仪时会表现出不同的形式和特点。比如，同是出席招待会，男士和女士要有不同的表现风格。除以上两者外，礼仪的差异性还表现为礼仪等级的差别。礼仪规范要求对不同身份、地位的人士的礼宾待遇有所不同。

3. 传承性

礼仪是一个国家、民族传统文化的组成部分。任何国家的礼仪都具有自己鲜明的民族特色，任何国家的当代礼仪都是在本国古代礼仪的基础上继承和发展而来的。离开了对本国、本民族既往礼仪成果的合理传承、扬弃，就不可能形成当代礼仪。这就是礼仪传承性的特定含义。作为一种人类的文明积累,礼仪是人们约定俗成的行为规范,大都没有刻意传播,它是在人们相互交往中传播、继承、相沿成习而积淀下来的。在这个过程中,传统礼仪的那些烦琐的、保守的、过时的内容不断被摒弃,只有那些体现了人类的精神文明和社会进步、代表着民族传统文化本质和主流的礼仪,才得以代代相传,并被不断完善和发扬。

4. 发展性

世界上的任何事物都是在不断地发展变化的。礼仪虽然有较强的相对独立性和稳定性,但也随着时代的发展而发展变化,随着社会的进步而不断地丰富和完善。从本质上讲,礼仪是一种社会历史发展的产物,体现着时代要求和时代精神,具有鲜明的时代特点。一方面,它是在人类长期的交际活动实践中形成、发展和完善起来的,不可能一蹴而就,更不能杜撰、完全脱离特定的历史背景。另一方面,随着社会的发展、历史的进步,产生了众多社交活动的新特点、新问题,要求礼仪随之有所变化,有所进步,有所改善,推陈出新,与时代同步,以适应新形势下的新要求。随着世界经济的国际化进程加快,各个国家、各个地区、各个民族之间的交往日益密切,礼仪文化也将随之不断地相互影响、相互渗透、相互取长补短,不断地被赋予新的内容。

知识链接 1-2
鸣放礼炮的礼节

1.3 礼仪的原则

为学好、用好礼仪,有必要了解礼仪的原则,从宏观上掌握这些具有普遍性、共同性、指导性的礼仪规律。

1.3.1 尊重为本

苏格拉底曾言:"不要靠馈赠来获得一个朋友,你须贡献你诚挚的爱,学习怎样用正当的方法来赢得一个人的心。"不论是学习还是运用社交礼仪,关键是要懂得以尊重为本,尊重在先,时时、处处、事事尊重所有的人。要想尊重别人,首先要尊重自己,必须严于律己,自尊自爱。如果一个人对自己都不尊重,就不可能尊重别人。尊重自己的交往对象应当是一种自觉的、由衷的行为,包含着自己的德才学识和气度雅量,绝不是装出来的。例如,对秘书人员而言,尊重上级意味着服从,尊重同事是一种本分,尊重下级是一种美德,尊重所有人是一种教养。

自尊和尊重他人,是礼仪的感情基础,只有人与人之间相互尊重,才能保持和谐的人际关系。古人云:"敬人者,人恒敬之。"也就是说,只有懂得尊重别人的人,才能赢得别人的尊重。

1.3.2 平等待人

平等是人与人之间建立良好关系的首要前提和必要条件。现代礼仪不同于传统礼仪的根本点在于,它是建立在平等的基础之上,并以平等作为基本原则的。

礼仪所涉及的平等,主要是指人格和道德的平等。每个人都生而有人格,人格是平等的,都应该受到尊重,任何人都没有凌驾于他人之上的任何特权。所以,在与人交往时应该做到：彬彬有礼又不低三下四，热情大方又不轻浮诌谀，谦虚谨慎、尊重他人又自尊自爱、不卑不亢。道德上的平等要求对所有人一视同仁，同等对待。即不管在什么情况下，都不能因为交往对象在年龄、性别、文化、职业、身份、地位、种族、财富以及与自己关系亲疏的不同而厚此薄彼，看客施礼。显然，社会上一些人看对方地位显赫就曲意逢迎、地位低下就冷淡漠视的表现是不符合礼仪规范的。当然，在具体运用礼仪时，可以根据不同的交往对象采取不同的方法，这与违背平等和尊重原则的"看人下菜碟"不是同一回事。

1.3.3　真心诚意

礼仪所讲的真诚原则，就是要求人们在交往中应该发自内心地尊重别人，并在行为上表现出来，即内心与言行要一致，表里如一。

真诚是立身之本、待人之道。礼仪就其本质而言，是人们对遵守宗法等级差别的自觉意识，即仁爱之心。孔子指出，"礼"基于"仁"，"仁"源于孝悌，孝悌始于内心。心中没有对他人的敬意，表面一切都是虚假的。戴尔·卡耐基十分欣赏中国古训"交友须带三分侠气，做人要存一点素心"，强调待人以诚，把对人真诚视为交往和礼仪的通则。我们学习礼仪倘若缺乏真诚之心，只学了礼仪的形式，这种所谓的礼仪就变成了矫揉造作的客套或周旋逢迎的虚情假意，变成了一种欠缺诚意的装腔作势或卖弄自己教养的行为。

礼仪是内在的恭敬之心与外在的礼节仪式的统一。所以在社会交往中，要牢固树立真诚的观念，并以此指引自己外在的举手投足、待人接物。只有这样，才能使自己所要表达的尊敬和友好之意，更好地被对方理解和接受，才能真正体现出礼仪的层次和水平，使礼仪包含更多的文明因素和伦理因素，为促进人类的精神文明作出更大的贡献。

1.3.4　宽容大度

宽容，就是宽宏大度，能容忍、原谅别人的个性和行为，甚至过失。中国传统文化历来重视并提倡宽容的道德原则，并把宽仁以待视为一种为人处世的基本美德。

宽容也是礼仪的基本原则。它要求人们在交往活动中，设身处地地为他人着想，以宽厚、宽宏、宽待的精神，对待和处理与他人的关系。对别人不同于己的行为、习惯及处世方法等，给予谅解，不予计较；当别人的行为出现过失或错误时，宽大为怀，不予追究。总之，宽容就是不让他人不愉快，不让他人难堪，使人们相互谅解、和睦相处。所以，真正懂礼仪的人，无论和什么阶层的人在一起，无论身边的人懂不懂礼仪，他都能以自然、得体的态度与他们和谐相处。有些时候，宽容别人不但能显示出自己的良好修养，而且能使行为不良的人受到感化。

当然，宽容不是纵容，不是放弃原则的姑息迁就，当"老好人"。对于邪恶行为和故意寻衅滋事者，要坚持有理、有利、有节的说理与斗争。

1.3.5　自律自觉

礼仪是为了维护社会生活的稳定而形成和存在的。作为必须遵守的行为规范，它要求社会的每个成员都能够自觉地去遵守和执行。

"自律"是礼仪的重要原则之一，简言之，就是要"慎独"，要严于律己。按照自律的原则，每个人都应该首先把学习和运用礼仪作为对自己的基本要求；然后通过学习，在心中树立起道德信念和行为准则，并以此来约束自己，在社会交往中自觉地按照这些去做；再则应该"吾日三省吾身",经常不断地用礼仪规范对照检查自己,自觉地养成良好的礼仪习惯。可以这样说,一个人培养和提高礼仪修养的过程,就是在高度自觉的前提下,提高自己整体素质的过程。在这个过程中,"高度自觉"非常重要。

生活中,有人在某种场合能做到懂礼貌、讲文明,而在另一种场合却显得粗俗、放肆。虽然环境对人的影响很大,但自律原则要求我们,严格地以礼仪标准规范自己的言行,无论何时何地,都要用自己的言行去影响环境,而不受环境的影响。能做到这一点,才能算一个真正讲礼仪的人。

1.3.6 适度从俗

在礼仪的具体运用中,还要遵循适度原则。也就是说,人与人之间的交往,要把握尺度,得体适当。

凡事过犹不及,礼仪的运用也是这样。待人接物时,我们应该真诚热情、得体到位地把握自己的言行和敬人之意,并恰如其分地表达出来。一定要掌握好分寸,做到热情有度、恰到好处。过于热情,只会让人心生反感,甚至会使别人陷于难堪的境地。因此,真正待人处事有方的人,能够把握在不同环境中交往双方彼此之间的情感尺度,注意保持在各种情况下自己与他人的社交距离。

由于国情、民族、文化背景的不同,人们在交往过程中必须做到入乡随俗,遵守当地的习惯,与绝大多数人的习惯做法保持一致,切勿目中无人、自以为是、指手画脚、随意批评,否定他人的习惯做法。这也是礼仪的重要原则之一。

1.4 学礼的意义

1.4.1 规范行为

礼仪作为社会确定的行为规范,在社会生活中起着越来越大的作用。它帮助人们约束自我、尊重他人,互相理解与合作,正确地认识和处理个人与他人以及社会的关系,自然地表现出良好的社会道德和职业道德,从而创造出和谐温暖的人际关系和社会环境。

1.4.2 协调关系

作为一种润滑剂,礼仪除了可以使个人在交往活动中充满自信、胸有成竹、处变不惊外,还能帮助个人艺术地处理各种复杂关系,更好地向对方表达自己的尊重、敬佩、友好与善意,增进彼此的了解与信任,密切和升华情感。所以,礼仪不仅能使已有的往来继续保持和发展,还能让人们结交更多的朋友和合作伙伴。无数事实证明:重礼仪的人会获得更为和谐而完美的人际关系,得到别人更多的关心、爱护、温暖、友情与尊重,这对一个人的一生显然是大有裨益的。反之,不谙礼仪则会影响相互关系,带来误解、麻烦或不好的影响。

1.4.3 提高修养

在礼仪的学习和运用中,人们通过自身的努力,把良好的礼仪规范标准化为个人的一种自觉自愿的能动行为,就是一个不断提高自身修养的过程。在这个过程中,人们会自觉克服自身不良的行为习惯,不断修身养性,提高个人素质,体现自身价值。

正如英国哲学家约翰·洛克所说的那样,礼仪使美德变得对人更有效用,没有礼仪,无论什么美德都会变样。在人际交往中,礼仪也是衡量一个人文明程度的准绳。我们从一个人运用礼仪的程度,可以体察到其修养的好差、素质的高低。因为一般而言,人们的修养反映其素质,而素质又体现于细节。也就是说,一个人的修养怎样、素质如何,完全能通过他在不同场合的仪容仪表、言谈举止淋漓尽致地反映出来。所以,从这个意义上讲,我们要表现出自己较高的素质和良好的修养,就必须学好和用好礼仪。

1.4.4 塑造形象

礼仪不但能塑造良好的个人形象,而且能够通过塑造个人形象进而塑造组织形象。

个人形象如何,对一个人的社会交往产生很大的影响。如果你在各方面做得都符合礼仪要求,给人的印象是美好的,那么别人就乐于与你交往;反之,不讲礼仪,给人的印象不好,别人就不愿意与你交往。在现实生活中,懂礼仪的人往往会给别人留下完美的第一印象。在同一个择业机会面前,面对同等条件的竞争对手,受过礼仪教育的人往往能战胜对手。

礼仪也能通过塑造完美的个人形象来塑造组织形象。彬彬有礼的员工,会使人产生一种对其所在组织的很强的信任感,这就是礼仪的魅力。个人形象是组织形象的基础,组织中个人的仪容、着装、言谈举止、服务质量等是一个组织总体特征与风格的重要组成部分,反映着员工的素质,代表着组织的形象,而一个组织的形象则直接关系着它的效益。所以,社会组织要想在日益激烈的竞争中占有一席之地,必须重视对自己的员工进行礼仪知识教育和礼仪规范训练,通过员工良好的仪容风范、言谈举止来为组织赢得知名度、美誉度。

1.4.5 道德教育与净化风气

礼仪蕴涵着丰富的文化内涵,体现着社会的要求与时代精神。礼仪能够把某种公认的价值体系、行为准则灌输到个人的意识与行为中,使其形成相应的礼仪观念与礼仪习惯,形成讲求礼仪的精神品质与人格。近年来,由于在一定程度上忽视了礼仪教育以及受一些不良风气的影响,不少青少年,其中也有一些大学生,缺乏礼仪常识,所以在社会中甚至在校园里出现一些与礼仪相悖的现象。这些现象如果任其发展下去,不仅会影响青少年本人的生活和事业,更会影响良好的育人环境,所以让礼仪教育走进校园十分必要。

当前,我国正在大力加强社会主义精神文明建设,"明礼"是其中的一项重要内容。可以说,提倡学习礼仪,遵守礼仪,使公民从衣着容貌到言谈举止都尽可能地给人以美感,将有助于提升个人乃至全社会的精神品位,净化社会风气,创造文明的生活环境。

本 章 小 结

礼仪的产生不仅仅局限于一物一事,它是风俗、祭祀、人际交往的综合产物。礼仪是指人们在社会交往中由于受历史传统、风俗习惯、宗教信仰、时代潮流等因素的影响而形成,既为人们所认同,又为人们所遵守,以建立和谐关系为目的的各种符合礼的精神及要求的行为准则或规范的总和。礼仪具有规范性、差异性、传承性与发展性四个自身特征。

在人们不断践行过程中,礼仪形成了以尊重为本、平等待人、真心诚意、宽容大度、自觉自律及适度从俗六大原则。

学习、使用礼仪能够规范人们的行为,能使已有的往来继续保持和发展,能让人们结交更多的朋友和合作伙伴,并且能够不断提高个人修养,能塑造良好的个人形象,能够通过塑造个人形象进而塑造组织形象。学习、使用礼仪能够帮助人们形成讲求礼仪的精神品质与人格,净化社会风气,创造文明的生活环境,推进社会主义精神文明建设。

考考你 第1章

第 2 章

形象礼仪

学习导读

【本章概况】

本章详细介绍了个体在仪容、服饰、仪态方面的礼仪规范,以及个体在公共场所应遵守的礼仪规范。

【学习目标】

1. 了解仪容礼仪的基本要求。
2. 掌握服饰礼仪原则与规范,得体着装。
3. 掌握站姿、坐姿、走姿、蹲姿的基本要领。
4. 掌握如何运用手势、目光,以及如何自然微笑。
5. 培养学生健康的审美情趣,塑造文明的个人形象。
6. 树立社会主义核心价值观,塑造良好的公民形象。

2.1 仪容礼仪

仪容是指一个人的容貌,由发式、面容以及人体所未被服饰遮掩的肌肤所构成。有美丽容貌的人毕竟是少数,大多数人还需要后天加以修饰和保养。

2.1.1 头发

【引例】饭店服务仪容

整洁的头发、得当的发型会使人显得精神抖擞、容光焕发。

1. 保养和清洁头发

1) 注意保养头发

理想的发质应色泽统一,有光泽和弹性,不分叉。保护头发可从调理饮食入手,多食含有维生素、微量元素、蛋白质的食物。

2) 保持头发整洁、发型美观

及时理发,经常梳洗头发,做到无头屑、无油垢、不凌乱。应该根据发质选择洗发水,油性头发宜选择去油功能强的洗发水;中性头发宜选择简单配方的清洁洗发水;干性头发则宜选择含有蛋白质的营养型洗发水。洗发时,水温以 40℃ 左右为宜。

2. 选择合适的发型

发型的选择既要符合美观、大方、整洁和方便工作的原则,又要与自己的发质、脸形、体型、年龄、气质、四季服装以及周围环境相协调,这样才能给人以整体的美感。

男性的头发长度以 5～7cm 为宜。不能过短或者剃成光头;也不宜留长发、大鬓角,否则容易给人留下性格粗鲁、办事拖沓的印象。女性的发型以端庄、简洁、秀丽为好,注意别让头发遮住眼睛。

要根据自己的脸形选择一个你喜欢而又适合你的发型。方脸形男性最好采用不对称发缝,不要理寸头;方脸形女性可尽量增多顶发,发缝侧分,并把蓬松卷曲的"刘海"往两边太阳穴梳,或在颈部结低发髻,或留披肩发,让头发披在两颊,减少脸的宽度。长脸形男性头发宜稍长;长脸形女性适合采用自然而又蓬松的发型,可加厚面部两侧的头发,削出层次感,并用"刘海"遮挡面部两侧。圆脸形的人可选择垂直向下的发型,最好侧分头缝,顶发适当隆起,头发遮挡面部两侧,女性尽量不留"刘海"。"由"字脸形的人额窄腮宽,发型应上厚下薄,顶发丰隆,前额尤其是鬓角用头发遮盖一下。"甲"字脸形的人额宽颚窄,头发宜侧分,应选择不对称式短发型,露出前额,并以适当增多双耳以下的发量。

2.1.2 面部和手部

面部各部分和手部的清洁与修饰也是仪容的重要方面。

1. 眼部

"眼睛是心灵的窗户",要注意眼睛的保洁,及时清除眼角的分泌物。当然,清洁时要避开他人,不能当人面用手绢、纸巾擦拭或用手去抠。注意用眼卫生,预防眼病。

眉毛的形状是容貌的重要组成部分,适当修剪可以让整个面部显得平衡、清晰。

2. 鼻部

养成每天洗脸时清洁鼻腔的好习惯。切忌当众清洁鼻孔,当着他人面挖鼻孔或擤鼻涕,既易引人反感,又影响个人形象。另外,用手挖鼻孔的动作既不雅观,也不卫生,有此坏习惯的人应注意纠正。

毛发重的男性,如果鼻毛长出鼻孔,应及时修剪。

3. 嘴部

1) 保持干净

吃东西后,马上擦嘴,并及时清除牙缝中残存的食物,但不能当众剔牙、嘬牙。

2) 口气清新

早晚刷牙,饭后漱口。口中不能有烟、酒、葱、蒜、韭菜、腐乳等气味。如果不得已,在与人接触前可咀嚼口香糖或茶叶来清除口中异味。因牙病或其他疾病造成口中有异味的,应及时治疗。

3) 避免"异响"

咳嗽、打嗝、打哈欠时应尽量避开他人,一旦忍不住,要用纸巾捂住嘴,并向他人道歉;不要随地吐痰。

4）修面剃须

男性要每天剃胡须,胡子浓密的,在会客或者其他社交活动前还应当剃一次,不要当着外人的面使用剃须刀。

5）保护嘴唇

防止嘴唇干裂爆皮,避免唇边残留分泌物。

4. 颈部

颈部与头部相连,属于面容的自然延伸部分,也是人体最易显现年龄的部位,因此应重视修饰颈部。要从年轻时开始对颈部进行营养护理,防止皮肤老化,与面容产生较大反差。还要保持颈部的清洁卫生,不能脸上很干净,脖子特别是脖颈后、耳后却藏污纳垢。

5. 手部

手的洁净在某种程度上也反映着一个人的精神风貌。和面部一样,手露在外面,容易被人注意到,又是接触其他人和物最多的地方,所以要保持手部清洁,饭前便后以及接触脏物后要马上洗手。

要勤剪指甲,不留长指甲。长指甲既不卫生,又不方便做事,有时还会伤着别人或自己。有人喜欢一个手指留长指甲,以便掏耳朵、挖鼻孔、搔痒。其实这些动作既不卫生又不雅观。修剪指甲应该避开他人,在公共场所修剪指甲,会给人留下缺乏责任心、无所事事的印象。

女性涂指甲油要注意场合。上班不能涂红色指甲油,可涂无色透明的。社交场合方可涂红艳的指甲油。

2.1.3 化妆

化妆是一个人气质、修养的体现。美容化妆分为基础保养和彩妆两部分。化妆并不是一种随心所欲的涂抹,而是一种审美艺术,有一定的规律可循。化妆涉及造型学、美学、心理学等多门学科。

1. 化妆的基本步骤和程序

（1）洁面、润肤。用洗面奶去除油污、汗水与灰尘,使面部保持清洁。随后,在脸上扑打化妆水,用少量的护肤霜将面部涂抹均匀,以保护皮肤免受其他化妆品的刺激。此外,它还有助于涂敷粉底打底色,为面部化妆做好准备。

（2）修饰眼部。先化眼影,根据不同的服饰、场合,确定眼影的颜色,画眼线,修饰睫毛;然后根据脸形修剪眉形,注意眉弓的位置。

（3）美化鼻部。即画鼻倒影,以改变鼻形的缺陷。

（4）修饰唇部。先用唇部笔描出合适的唇形,然后填入色彩适宜的唇膏,使红唇生色,更加美丽。

（5）打腮红。使用胭脂扑打腮红的目的是修饰美化面颊。

（6）喷涂香水,美化身体的整体"大环境"。

（7）修正补妆。检查化妆效果,进行必要的调整、修补。

2. 化妆注意事项

1）扬长避短

化妆的目的是要突出自己最美的部分,使其显得更加美丽动人,并巧妙地弥补不足之处,达到化妆的最佳效果。

化妆时要用"三庭五眼"的标准,找出自己面部的缺陷加以弥补。"三庭"是指标准脸长应为三等份:眉毛以上的天庭部分一份、鼻部一份、鼻下一份。"五眼"是指标准脸形应为五只眼睛宽。化妆时,哪一部分不合比例就在哪里弥补一下,如果额部较长,鼻部较短,可将眉毛画得向上高挑些,以产生额部变短的视觉。

2）浓淡相宜,自然真实

化妆的浓淡要掌握好。一般上班和白天化淡妆、社交和晚上化浓妆,并注意与场合相适应,与个人衣着、周围环境相协调,切不可不分时间、场合地浓妆艳抹。女性化妆的最佳境界是清新、淡雅,既显得楚楚动人,又不留人工修饰的痕迹。

3）整体配合,化出个性

化妆要因人、因时、因地而宜,切忌强求一律,应表现出个性美。化妆师要专门设计,强调个性特点,不要单纯模仿。要根据自身脸部(包括眉、眼、鼻、颊、唇)特征,进行具有个性美的整体设计;同时,还要根据不同场合、不同年龄、不同身份制订不同的设计方案。年轻的女性适宜用亮色的口红,中老年女性则以涂浅茶色或淡褐色的唇膏为宜。

此外,不要在公共场所化妆或补妆,也不要在男性面前化妆。若需要化妆或补妆,应到洗手间。在人口密集处,也不宜使用浓香型化妆品。一般不要借用他人的化妆品,以免传染疾病。

2.2 服饰礼仪

服饰也是一种文化,它能够反映一个国家、一个民族的经济水平、文化素养、精神文明与物质文明发展的程度,也能反映一个人的社会地位、文化品位、审美意识以及生活态度等。服饰礼仪是人们在交往过程中为了相互表示尊重与友好,达成交往和谐而体现在服饰上的一种行为规范。在社交场合,要想塑造一个真正美的自我形象,首先就要掌握服饰的礼仪规范,让得体的穿着佩戴来展示自己的才华和美学修养,以获得更高的社会地位。

2.2.1 服饰礼仪的原则

在与人交往中,应根据自身特点及特定场合的需要选择服装,遵循一定的服饰礼仪原则。

1）TPO 原则

TPO 原则是服饰礼仪的基本原则之一,要求人们在选择服装、考虑其具体款式时,首先应当兼顾时间、地点、目的,使自己的着装及其具体款式与着装的时间、地点、目的协调一致,做到和谐般配。其中的 T、P、O 三个字母,分别是英文的时间(time)、地点(place)、场合(occasion/object)这三个单词的首字母。

T:时间,是指服饰打扮必须根据时间来决定,是个广义的概念。既指时令、季节,又指

【典型案例】
维护好个人形象

具体的月、日或星期几,也可具体到一日内的白天、黑夜、钟点、时辰。休闲时间可以选择运动服、便装、休闲服等,这样会透出几分轻松温馨之感。工作时间,着装要根据自己的工作性质特点,总体以庄重大方为原则。如果有社交活动或公关活动,则应以典雅端庄为基本着装格调。晚间的宴请、舞会、音乐会等正式社交活动着装要讲究一些,以晚礼服为宜,以塑造高雅大方的礼仪形象。

P:地点,是指服饰打扮应注意地点与环境,从而获得视觉与心理上的和谐感。例如,西装革履地步入金碧辉煌的高级酒店会产生一种人与所处情境两相宜的效果,而若出现在大排档,便会出现极不协调、反差强烈的局面;在静谧肃穆的办公室里着一套随意性极强的休闲装,穿一双拖鞋,或者在绿草茵茵的运动场着一身挺括的西装,穿一双皮鞋,都会因环境的特点与服饰的特性不协调而显得人与所处情境两不宜。总之,工作场合着装应庄重保守;社交场合着装应时尚个性;休闲场合着装应舒适自然。

O:场合。场合原则是人们约定俗成的惯例,即穿着打扮应注意交往对象、出席场合以及给人留下的印象。服饰是一种特殊意义的交际语言,能够传达特定的信息。服饰语言不仅表现自我形象,而且也是一种文化价值观的显现,特别是在涉外交往中,服装、饰品则为一个民族的生活方式和精神面貌的折射。因此,要根据不同的交际目的和具体的交际对象的需要来选择不同的服装。例如,一个人身着款式庄重的服装前去应聘新职、洽谈生意,说明他郑重其事、渴望成功。

2) 个性原则

人人都希望自己以一个独立的人的形象被社会接纳与承认,而服饰打扮可以帮助人们达到这个目标。个性原则是指在社交场合树立个人形象的要求。不同的人由于身份、年龄、性格、职业、文化素养等不同,自然就会有不同的个性特点,所以服装选择首先应考虑自身特点,把握形体尺寸,力求做到"量体裁衣",扬长避短;其次要保持并创造自己所独有的风格,突出长处,符合个性要求,选择能与个性融为一体的服装,尽显个人风采,保持自我,以区别于他人。切勿穷追时髦,随波逐流。因此,只有当服饰与个性协调时,才能更好地发挥其效应,塑造出自己的最佳形象和礼仪风貌。

2.2.2　女性的着装技巧

女性着职业服装,既要彰显个性,表现出自己的风格,也要遵守一些规则。

职业女装有以下三种基本类型:西装套裙、夹克与裙子、连衣裙或两件套裙。

1. 西装套裙

【引例】"雾水"风波

西装套裙是职业女性的标准着装,可塑造出端庄、干练的形象。

西装套裙分两种:一种是配套的,上衣和裙子同色同质地;另一种是不配套的,上衣与裙子色彩、质地不同,但要搭配协调。着单排扣西装套裙时,上衣可以不系扣;而着双排扣的,则要将扣子全部系上(包括内侧的纽扣)。

颜色的选择:西装套裙的最佳颜色是黑色、藏青色、灰褐色、灰色和暗红色。穿单色的套裙,能够使身材显得瘦高一些。选择精致的方格、印花或带花纹的花色也可以,但不要选红色、黄色和淡紫色,因为这些颜色过于艳丽,不宜在办公场合穿着。

面料的选择:西装套裙要选择质地和垂感好的面料。

衬衫的颜色和面料的选择:衬衫的颜色没有严格限制,只要与套装搭配相宜即可。最常见的是白色、黄白色和米色,因为它们与大多数套装都能搭配。衬衫的面料最好是丝绸或纯棉的。

2. 夹克与裙子

在不太正式的场合,可以穿轻便的夹克搭配裙子。

颜色的选择:可选用黑色、藏青色、灰褐色、灰色和暗红色。如果购买方格、花呢、印花和带其他图案的服装,应考虑其是否能与其他衣服搭配。

面料的选择:最好是纯毛华达呢以及混纺面料,或丝绸、亚麻混纺织品,不要选择小山羊皮之类的皮革、灯芯绒、丝绒、天鹅绒、斜纹粗面布或缎子的面料,因为它们给人一种非职业化的感觉。

3. 连衣裙或两件套裙

连衣裙或两件套裙可以单独穿,也可以和其他上衣搭配着穿。它们尽管不如西装套裙那么正式,但也适合某些场合。纽扣一排到底的大衣式裙子,比衬衫配裙子更显得职业化。

颜色的选择:建议选择灰色、藏青色、暗红色、米色、驼色、红色和玫瑰红色,也可以选择简洁的印花图案;不要选择过于鲜艳的花色。

面料的选择:以丝绸最为理想,也可以选用100%的人造丝或者加入人造纤维的亚麻制品。不要选择纯亚麻制品,因其容易起皱褶;也不要选用棉布,因其显得过于随便。

4. 服饰附件

恰当地使用服饰附件,可烘托服装,起到画龙点睛的作用。

1) 首饰

首饰反映着一个人的兴趣、爱好、文化修养和婚姻状况。佩戴首饰,一般应遵循国际惯例,符合相关要求。在社交、休闲场合可"百花齐放";但在上班时则以保守为佳,以少为佳。如果同时佩戴多个首饰,其质地一定要统一,否则会显得凌乱、俗气。首饰的式样要简单大方,不要佩戴晃来晃去或叮当作响的首饰。每只手最多戴一枚戒指,戴在哪只手指上应根据自己的婚姻状况而定。戴在左手食指上意为"示爱";戴在中指上表示正在恋爱中;戴在无名指上表示已订婚或结婚;戴在小指上则表示自己是独身者。项链、耳环的选择也要适合自己的身体条件,并注意与服装的款式和色彩搭配。

2) 头饰(发带)

头饰(发带)的款式应根据发型来选择,颜色要与服装的颜色相协调。头饰(发带)的颜色最好与所穿服装的主色调一致,至少要与服装色彩中的一种颜色相呼应。头饰本身的颜色不要超过两种,而且这两种色调也应协调。一件头饰最得体,多则使人眼花缭乱,反而不美了。

3) 腰带

腰带具有装饰美化的作用。通过系腰带部位的上下移动,可以调节人上下体的比例;腰带的色泽深浅、宽窄的不同,能够制造视觉错觉,调节人体腰身的粗细。腰带质地以纯皮的为好,颜色应与皮鞋的颜色相宜。腰带扣的款式要简洁。

4) 围巾

围巾不但有保暖作用,而且具有装饰、美化的功能。围巾的色彩、款式要与整体服装相协调。围巾的颜色最好与服装中的某种颜色相呼应。另外,穿暗色的衣服宜选用色彩鲜艳的围巾;穿色彩艳丽的衣服,围巾则应素雅些,否则会让人感觉杂乱。围巾的系法有多种,视情况可包头、围颈、披肩和束腰。围巾的不同色彩和系法可以产生不同的视觉效果。如果要将围巾打结或系起来,最好选择100%的丝绸面料。

5) 袜子

丝袜是用来衬托裙装的,颜色最好为肉色,即与肤色相近或比肤色稍深。袜口不要暴露在别人的视线内,即裙摆与袜口之间不能露出皮肤。一般来讲,厚重的袜子应配低跟鞋,鞋跟越高,袜子越薄。穿浅色皮鞋时不要穿黑色袜子,否则一旦跳丝很容易看出来,而且黑色袜子看上去很像紧身裤。白色袜子只适合配运动鞋。带图案的袜子,容易引人注意你的腿部,最好不要穿用。应随身携带一双丝袜,以备袜子被刮破后替换。一旦袜子出现跳丝,涂无色指甲油可防止跳丝继续扩展。

6) 鞋

应着传统的皮鞋,不要穿凉鞋、松糕鞋或又长又尖的鞋。要注意保持皮鞋的光亮清洁。鞋跟高度以2.5~5cm为宜。尽量避免后跟系带或露脚趾的鞋。鞋的颜色应与衣服的颜色搭配得当,一般要与衣服下摆一致或再深一些,这样可以使人在视觉上显得高一些。工作场合应选用中性颜色的鞋,如黑色、藏青色、暗灰色、灰色,而不要穿红色、粉红色、玫瑰红色和黄色的鞋。如果鞋与服装的颜色不一致,会把别人的注意力吸引到脚上。

7) 手提包和手提箱

手提包和手提箱的质地最好是皮革的。手提包上不要带有设计者的标签;手提箱可以用硬衬,也可用软衬。手提包的颜色可以随着季节以及服饰的变化而变化,即要与服装和鞋的款式、颜色配套,或者与服装的色彩一致,或者采用对比色作点缀。当然,手提包和手提箱最实用的颜色是黑色、棕色和暗红色。

8) 眼镜

戴眼镜的人,应根据自己的脸形选择眼镜。例如,方脸形戴上翘镜架、椭圆形或圆形镜框的眼镜,可使脸庞显出曲线的柔美;圆脸形戴长方形等几何形状镜框的眼镜,也可修饰脸形。

9) 其他

工作场合的着装要整洁、大方、高雅、规范,不能穿超短裙、露脐装或拖地长裙,不要穿得过分艳丽或新潮,不能穿薄、露、透的服装。领口不要开得太低;除头部之外,其他位置的毛发最好不要暴露。不允许赤脚,天气再热,也要穿袜子。另外,内衣要合身。

2.2.3 男性的着装技巧

男性在服装上的选择虽然比女性少,但这并不意味着男性对服饰的选择就可以不注意。事实证明,男性恰当的着装同样可以反映其个性特点和独特品位,有助于树立良好的社交形象。

男性职业装一般分为两种类型,即两件套西装和运动式夹克配长裤。

1. 两件套西装

西装是一种国际性服装,也是现代许多场合中男性穿用最多的一种服装。俗话说:"西装七分在做,三分在穿。"穿西装时,符合穿着规范,才能显得潇洒、精神、有风度。

1)讲究规格

西装有两件套、三件套之分,正式场合应着同质、同色的深色毛料套装。两件套西装在正式场合不能脱下外衣。按国外的习俗,西装里面不能穿毛背心或毛衣。在我国,至多也只能加一件"V"字领羊毛衫,否则会显得臃肿,破坏西装的线条美。西装的裤线任何时候都应该熨烫得挺直。

在办公室穿的西装,宜为具有稳重感的单色,如浅灰色、黑色、深蓝色、米色等,质地最好是中等厚的毛料织物。

2)注意顺序

西装着装的顺序是:梳头发→换衬衫→着西裤→穿皮鞋→系领带→穿上装。这种顺序是一种规范,也可以说是一种礼仪。

3)穿好衬衫

衬衫通常为单色,一般多用蓝色、白色,不能过于花哨。领子要挺括、干净。衬衫下摆要掖进裤子,不能露在外面。系好领扣和袖扣,衬衫长袖要稍长于西装衣袖 0.5~1cm,领子要高出西装领子 1~1.5cm,以显示衣着的层次。非正式场合可不系领带,此时衬衫领口的扣子应解开。

4)系好领带

西装脖颈的"V"字区最为显眼,领带应处在这个部位的中心。领带的领结要饱满,与衬衫的领口贴合要紧凑,领带的长度以系好后下端正好在腰带上为最标准。如果穿背心,领带要放入背心里面。领带结的大小应与所穿的衬衫领子的大小成正比。领带夹一般应夹在衬衫的第三粒与第四粒纽扣之间,西装系好纽扣后,领带夹不能外露。选择领带时,色彩恰当很重要,要根据个人的肤色、脸形以及着装环境,尤其是衬衣和西装的颜色来选择。

5)用好衣袋

西装上下衣的口袋很多,但不能随便装东西。上装外面左胸口的衣袋是专门用于插装饰性手帕的,下面的两个口袋只作装饰用,一般不放物品,否则会使西装变形。上装左侧内袋可装记事本、钱包,右侧可放名片、香烟等。西裤前面的裤兜也不可装物品,可用于插手(站立时可将手插进裤兜内,行走时一定要把手拿出来)。

6)系好纽扣

双排扣的西装要把纽扣全部系上,以示庄重;坐下时也可将最下面的纽扣解开。单排两粒纽扣的上装,只扣上面一粒纽扣是正规的穿法;三粒纽扣的,则扣中间一粒。单排纽扣的西装扣子也可以全部不扣,显得潇洒;如果将全部纽扣都扣上,会显得土气。

7)穿好皮鞋

穿西装一定要穿皮鞋,裤子要盖住皮鞋鞋面。男性的皮鞋最好是黑色或与衣服同色的,正式场合还应当是黑色、无花纹、系带的。穿西装时不能穿运动鞋、轻便鞋或布鞋、露脚趾的凉鞋,也不能穿白色袜子、色彩鲜艳的花袜子和半透明的尼龙或涤纶丝袜。男性宜着深色线织中筒袜。

2. 运动式夹克配长裤

运动式夹克和长裤的颜色应形成一定的对比,以保持它们比较随意的风格。

面料的选择:与西装一样,夹克的面料应为纯毛、混纺、纯棉或者混合丝;长裤的面料应为纯毛华达呢、混纺。格子花呢面料在正式场合显得过于随便,不宜选用。

知识链接 2-1
西装起源

3. 衬衫

男性配西服的衬衫必须是长袖的,即使在夏天也不例外。夏天穿短袖衬衫,如系领带,应将下摆塞在裤内;不系领带,则不宜将下摆塞在裤内。

颜色的选择:最好选择单色的。白色最佳也最安全;浅蓝色效果也不错。在有些场合,灰褐色、红色细条纹的也可以。不要选择淡紫色、桃色和带格子、圆点、宽条纹的衬衫。

面料的选择:最好是纯棉的,但要保证浆过并熨烫平整。

4. 服饰附件

1) 首饰

男性除了戴结婚戒指外,最好不佩戴其他首饰,而且最多每只手戴一枚戒指。

2) 手表

手表既是实用性物品,也可作为装饰性物品。在社交、上班场合一般应选择正宗高档的手表。男性以戴纯银、金质或不锈钢制的手表为宜。皮表带的颜色要与腰带、皮鞋的颜色一致。

3) 腰带

要选择纯皮的腰带,颜色应为黑色、棕色或暗红色,并与皮鞋的颜色搭配协调。腰带扣的款式要简洁。

4) 袜子

袜子要长一些,到小腿中部最好,以免坐下后露出腿上的皮肤与汗毛。选择尼龙袜或薄棉袜均可,袜子的颜色应为黑色、棕色或藏青色,不要穿白色、米色、浅色或图案明显的袜子,否则会吸引别人的注意力。也可选用与长裤相同或相近颜色的袜子,但穿黄褐色裤子例外,这时的袜子应与鞋相配。

5) 鞋

鞋的选择很重要,应尽量选择系带或无带扣皮鞋。鞋的颜色应该比裤子的颜色要深。黑皮鞋可以配灰色、藏青色或黑色裤子,深棕色的鞋能够配黄褐色或米色裤子。

6) 手提箱和钱包

手提箱应是皮质的,颜色宜为棕色、黑色或暗红色。钱包不要放在西服后面的裤袋里,否则会影响美观。

2.2.4 职业便装

职业便装是职业服装的一种,适用于会议、研讨会、公司组织的野餐会或办公室"非正式着装日"等场合。它与其他传统职业便装一样,也要求干净合体、熨烫平整。

女性的职业便装包括衬衫、裙子、套裙,长裤、衬衫配夹克衫等。一般应穿平底鞋,不穿凉鞋;除参加体育活动外,不要穿运动鞋。

男性的职业便装包括长裤配衬衫;有领的棉T恤衫或毛衣,牛仔裤(不要穿有破洞的牛仔裤)。可以穿平底便鞋和无带扣便鞋。

2.2.5 领带

选择领带时,色彩恰当很重要。要根据个人的自身条件(如肤色、脸形)、着装环境,尤其是衬衣和西装的颜色来选择。领带与西装的颜色要互相衬托,而不要完全相同。暗红色、红色和藏青色可以用作底色,主要的颜色和图案要精致,不抢眼。一般来讲,灰色系的服装可以与任何花色的领带搭配;浅色西装配深色衬衣,再配一条与西装的色彩、明度相近的领带比较协调;浅色、明度高的西装,系灰红色的领带,会显得特别有温情;深蓝灰色西装,配白衬衣、浅蓝紫色的领带,显得稳重、精干、可信;穿白色或素色的衬衣,很适合佩戴带图案的领带。

面料上,最好选择真丝面料,显得优雅且四季咸宜。

领带主要有平结、双环结、交叉结和温莎结四种主要打法,如图 2-1～图 2-4 所示。

1)平结(单节、四手结)

平结是男士选用最多的领结打法之一,几乎适用于各种面料的领带。

要诀:领结下方所形成的凹洞需让两边均匀且对称。

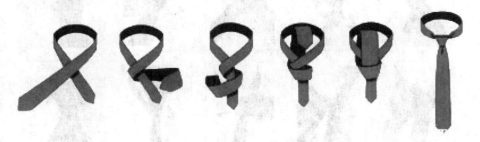

图 2-1 领带的平结打法

2)双环结

领带的双环结打法能营造浪漫与时尚,适合年轻的上班族选用。该领结完成的特色就是第一圈会刻意稍露出于第二圈之外,适用扣领及尖领系列衬衫,适合面料柔软的细款领带。

正确打法:在宽边先预留较长的空间,绕第二圈时尽量贴合在一起,可形成完美结型。

图 2-2 领带的双环结打法

3）交叉结

交叉结适合单色素雅且面料较薄的领带，喜欢流行感的男士不妨多加使用。

图 2-3 领带的交叉结打法

4）温莎结

温莎结适宜左右衣领角度在 $120°\sim180°$ 的敞角领，又称温莎领衬衫，其因英王爱德华八世（温莎公爵）喜穿而得名。领结宽阔的温莎结适合宽领型的衬衫，领结应多往横向发展，应避免面料过厚的领带，领结也勿打得过大。

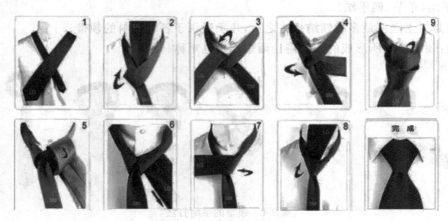

图 2-4 领带的温莎结打法

2.2.6 饰品佩戴

1. 佩戴首饰的原则

佩戴首饰要符合自己的身份和情况，尽量少戴首饰为好，戴的时候一定要做到色彩统一，也就是"同质同色"。"花花世界"要尽量避免。秘书人员一般不戴或尽量少戴首饰。通常情况下，首饰最多可带三件，一只手上只戴一枚戒指和一个手镯；只戴一条项链。

2. 佩戴首饰的礼仪

1）戒指

戒指又叫指环，是一种重要的饰品，种类也非常多，目前最常见的是白金钻戒。戴戒指的时候，一般要戴在左手手指上（左手使用较少，有利于减少戒指的磨损）。佩戴戒指的数量以一枚为最佳，最多不能超过两枚。佩戴超过两枚以上的戒指，往往有炫耀财富的意思，显得俗不可耐。戒指戴

知识链接 2-2
戒指由来

在不同的手指上,往往有不同的含义,尤其特指佩戴者的婚姻和择偶状况。在不少西方国家,未婚的女子通常把戒指戴在右手而不是左手。修女的戒指总是戴在右手的无名指上,这意味着把爱献给了上帝。

2) 项链

项链是女性最常佩戴的饰品之一,它可以装饰颈项、胸部,使女性更具魅力,更显性感。根据其材质、花色等可以分出很多种类,大致可以分为金属项链和珠宝项链两大类。项链所处的部位在额下胸前,是人的身体最明显的地方。因此,在珠宝首饰中,项链、戒指和耳环被称为"三大件",而在人们心目中,项链又是"三大件"的核心。佩戴项链,必须注意款式对路、尺寸适度,这样才能突出佩戴者的气质、个性、修养与风韵,减少或弥补一个人脸形或颈项的某些不足,创造出人所需要的、意料之中的良好效果。

(1) 年龄、体型与项链的佩戴艺术

年轻女性佩戴项链主要为了增添青春美和灵秀之气,宜戴比较纤细的无钻金链、铂金项链、银项链等,能给人以年轻、秀丽的感觉;对于中老年妇女来说,佩戴项链,除装饰体态美外,还有表示成熟,体现雍容华贵之意,因而不宜佩戴太细的项链,而以佩戴较粗一些的项链为佳。对于身体修长,体态轻盈的女性,应选择宝石颗粒较小,长度稍长的项链;对于体态丰腴的女性,宜佩戴颜色较浅,而颗粒较大的宝石项链。这如同穿衣服的道理一样,体态胖一些的人,穿宽松一点、肥大一点的衣服,反而不显胖。翡翠项链能使人显得高雅、平和。

(2) 脸形与项链的佩戴艺术

颈部粗短的人,往往缺乏一种挺拔的感觉。如果在本身就粗短的脖子上戴一条短项链就会使脖子显得更短。因为项链的长度几乎和脖子的尺寸相同,佩戴后形成了一条横的线条。由于项链在脖子上形成的分割线,使脖子形成了上下两截,视觉上就会显得更短。戴上细长的项链或带有挂件的项链就会使短脖子有拉长的感觉,因为项链的"V"形线条可产生向下垂挂之感。颈部细长的人,不适宜佩戴细长形项链,因为这会使脖子的细长更明显,如果戴项圈或粗短形项链,效果会好一些。圆形脸不宜佩戴项圈或者由圆珠串成的大项链,过多的圆线条不利于调整脸形的视觉效果。如果佩戴长一点或带坠子的项链,可以利用项链垂挂所形成的"V"字形角度来增强脸和脖子的连贯性。也就是说,以脖子的一部分与脸部相接,使脸部的视觉长度有所改变。

总之,长脸细脖子的人士戴上一串水晶项链或花链,会给人以脸形变宽和脖子变粗的感觉;一个圆脸或脖子粗短的女性戴上一串长项链,里面配上一串较细小的项链,或坠上一颗"鸡心",就会有脸部变长的效果,从而使人感觉和谐;椭圆形脸蛋的人,无论佩戴哪种项链,都会显得更有魅力。

(3) 服饰与项链的佩戴艺术

佩戴项链应和服装取得和谐与呼应。例如,当身着柔软、飘逸的丝绸衣裙中,佩戴精致、细巧的项链,看上去会更加动人。

项链的颜色要与服装的色彩形成对比色调为好。例如,单色或素色服装,佩戴色泽鲜明的项链,能使首饰更加醒目。在首饰的点缀下,服装色彩也显得更加丰富。而色彩鲜艳的服装,佩戴简洁单纯颜色的项链,不会被艳丽的服装颜色所淹没,并且可以使服装色彩产生平衡感。

佩戴项链应与衣领相适宜。"V"字领适合佩带较现代和时尚的项链，吊坠垂挂于颈脖和领口中间的位置比较合适。注意，不要让吊坠被衣物所遮盖或者紧紧贴在喉咙部位。项链佩戴在高圆领上面有过于夸张之嫌，但是比较贴合脖子的瘦衣领，可以在领子的外围加上圆形的项链，让线条搭配协调统一。穿小翻领衣服，如果戴的项链过短，本来开口就很小的衣服会让人感到更拥挤；项链过长，又会被衣服遮住。所以让项链长度以垂至衣领开口的中间部位为宜。一字领衣服配以简洁的项链效果更好。应选择与领口线交叉的项链，这样会显得很漂亮，而如果项链过长，就会和衣领没有呼应，而失去应有的效果。穿着有复杂结构的领口衣服的时候，要选择有点分量的项链，使之与露出的肌肤达到一定的平衡。如果选用的项链过细，则质感不足，颈部会显得空荡荡。穿着小圆领衣服可以搭配稍微长一些的项链，让项链坠子垂在衣领的下面，这个时候项链的颜色和衣服的颜色反差大一些，就可以突出重点了。

3）耳饰

（1）脸形、发式与耳饰的选择

三角形脸配圆形或近似圆形的耳环，可以抵消脸形的棱角感，使脸在视觉上显得圆润一些；方型脸则适宜佩戴小巧玲珑的耳钉或狭长的耳坠，也可以佩戴夸张的大耳坠来显示奔放的性格；长形脸可佩戴圆耳环或大的耳环来调节面部形象，使脸部丰满动人；圆形脸配长条有棱角的、几何形状的耳环，可使脸部线条明显一些。

圆形脸与任何长款式的耳坠都相呼应，可使脸部变得秀美，三角形脸配悬持式的耳环，如圆形、惊叹号形，并且以梯形为主（上窄下宽）可使瘦尖的下巴显得丰满一些。长发与狭长的耳坠搭配可显示淑女的风采；短发与精巧的耳钉搭配可衬托女性的精明；古典的发髻搭配吊坠式耳饰使人显得优雅高贵。

（2）耳饰颜色的选择

首先，经常化妆的女性，最好能选择与眼睛所画的眼影色相近的耳环。

其次，根据肤色挑选耳饰。皮肤白的女性应选择白色的金属耳环。肤色偏黄的女性应选择黄色、铜色系的耳环。肤色较暗的女性不宜佩戴过于明亮鲜艳的耳饰，可选择银白色的耳饰。

（3）服装与耳饰的选择

着正装时（职业装）要佩戴设计简单、线条流畅的耳饰，既显得精简干练，又显端庄稳重。夸张的几何形状耳饰与牛仔衣、夹克相匹配，使人更富有豪放的现代感。

着休闲装时要选择和衣服风格相配的耳饰，如可爱的衣服要选择色彩粉嫩、形状可爱的耳饰；淑女装则要选择一些设计精致、颜色干净、亮丽的耳饰。

着民族风格的服装时应选择一些民族风格较浓重的耳饰，比如波西米亚风格的、藏民饰品等；这些耳饰的设计风格也都偏向体型大、耳坠长、色彩绚丽的特点。

4）手镯或手链

手镯也称"钏""手环""臂环"等，是一种戴在手腕部位的环形装饰品。其质料除了金、银、玉外，还有用植物藤制成者。手镯由来已久，起源于母系社会向父系社会过渡时期。据有关文献记载，在古代不论男女都戴手镯，女性作为已婚的象征，男性则作为表示身份或工作性质的标志。此外，在古代社会，还认为戴手镯可以避邪或碰上好运气。

现在，手镯仍可分为男用和女用两种。男用手镯是伴随身份手镯的出现而逐渐流行的。

目前,在我国男性佩戴手镯的人仍较少,一般为银制,后来由于黄金首饰的普及,从而使K金手镯应运而生。

戴手镯颇有讲究,所强调的是手腕与手臂的美丽。故二者不美者应慎戴。选择手镯的正确尺寸是以戴上手镯后尚有一个手指的间隙为宜。太紧了会影响美观和舒适;太松了又会滑向手部。

此外,还应该将手镯的粗细与臂腕的粗细搭配协调。丰满圆润的臂腕适合佩戴宽而松的手镯,因为紧而细的手镯会显得手臂更加粗大。臂腕较细的人应该选择较窄一些的手镯,太宽的手镯会显得手臂越加纤瘦。双臂过于粗壮的人,不适合戴任何类型的手镯。穿长袖衣服、胳膊瘦长的女性,可以戴两个或多个手镯作为装饰,最好两手均戴。

如果只戴一只手镯,应戴在左手上而不可戴在右手上。戴两个手镯时,既可以每只手戴一只,也可以都戴在左手上。戴三只以上手镯的情况比较少见,即使要戴也都应戴在左手上,以造成强烈的不平衡感,达到不同凡响、标新立异的目的。不过应当指出,这种不平衡应通过与所穿服装的搭配来求得和谐,否则会因标新立异而破坏了手镯的装饰美。

若既戴手镯又戴戒指,则应注意两者在材料、颜色上的协调统一。佩戴手镯时还应考虑手镯的款式与自己的身材、身份、风度、场合等相协调的问题。例如,镶嵌浅色宝石的手镯显得十分典雅,适合职业场合佩戴,并适合各种体型和手腕粗、细者佩戴;华美的钻石镶嵌在手镯上显得雍容华贵,这种手镯适合在隆重场合戴。

2.2.7 相关知识

服饰不但有遮体御寒的功能,而且起着美化的作用。它是一种无声的语言,传递着一个人的个性、身份、修养、品位以及心理状态等多种信息。

服饰的选择和色彩搭配必须得体、协调,既要与自己的性别、年龄、职业、身份、气质、个性相符,又要与不同场合、季节、环境相适应,这样才能传递美,才能体现对他人的尊重和对本职工作的热爱。

1. 服装色彩的搭配

"先看颜色后看花。"色彩是体现服装艺术的重要因素,从某种意义上说,其重要性要甚于面料。服装的色彩分为暖色调(红、橙、黄等)、冷色调(绿、青、蓝等。)、中性色调(黑、白、灰等)。一般来说,暖色调给人以温暖、华贵的感觉;冷色调往往使人感到凉爽、恬静、安宁、友好;中性色调则给人以平和、稳重、可靠的感觉。着装首先要注意色彩的协调。

上班场合宜遵循"三色原则",即从头到脚服饰的颜色不超过三种。其他场合虽可随意一些,但也要注意色彩搭配适当。俗话说,没有不美的颜色,只有不美的搭配。

服装色彩搭配是很有学问的,下面介绍一些简单易行的配色方法。

同色搭配:根据色彩明暗度的不同来搭配,即把同一色系的颜色(包括色谱上相邻的颜色,如橙与黄、蓝与绿)按深浅不同进行搭配,形成一种和谐的美感。这种搭配要求服装上深下浅、外深内浅,或相反。但要注意,深浅颜色不能太接近。

红色适宜与金黄色、银灰色、灰棕色、黄色、白色搭配,与黑色搭配效果最佳。橙色与黑色搭配可形成强烈的视觉冲击,引人注目;再加上白色,则显得清新悦目,适宜在秋冬季节的休闲场合穿着。黄色与褐色搭配的效果最好,与其他鲜艳色搭配显得华丽活泼,适宜在运动及休闲场合穿着。粉红色与灰色系搭配,显得青春妩媚,充满魅力;配白色,显得清新娇美,最能博取别人的好感。绿色可与灰、褐、灰棕、黑色搭配,而与白色搭配效果最佳。浅蓝色与粉色系搭配显得优雅恬美、清新可人,极适合少女穿着;配黄色系显得朝气蓬勃,适用于户外;配同等明度的灰色显得高贵典雅,适合职业女性穿着。深蓝色与白色搭配效果极好。灰色适宜暖色系搭配,如红、粉红、桃红等。褐色配色范围很广,与含褐色调的褐绿、褐黄、褐红搭配,显得老练而稳重;与黄色搭配效果极佳。黑色与其他色基本上都可以搭配,尤其适宜与暖色系搭配;金黄色也是它的绝佳配色。

2. 服饰穿戴选择的基本原则

1) 服饰的选择要与穿戴者所处的环境相协调

穿戴者所处环境可以具体分为公务、社交和休闲三大类型。置身于不同的环境、不同的场合,应该穿着不同的服饰。上班时着装应庄重、大方、传统,适合穿制服、西装、中山装、套裙、连衣裙;社交时的穿戴则要时尚、典雅,展现个性,适合穿礼服、时装和民族服装等;休闲时的衣着要求方便、自然、舒适、得体,适合穿家居便装、牛仔装、运动装等,休闲场合不宜佩戴饰物。

2) 服饰的选择要与穿戴者的社会角色相协调

在生活中,每个人都扮演着不同的社会角色。社会心理学家认为,不同的社会角色必须有不同的社会行为规范,在服饰方面也应显示自身的职业特点和敬业精神。比如警察的服装庄严威武,秘书的服装端庄大方,教师的着装朴素雅致,宾馆服务员的职业装美观大方,等等。总之,一定要注意使自己的服饰与自己所扮演的社会角色、与自己的职业身份相协调。

3) 服饰的选择要与穿戴者的自身条件相协调

在选择服装时,必须考虑自己的肤色、身高、胖瘦等身体条件,充分利用服饰的质地、色彩、图案、造型和工艺等因素的变化,扬己之长遮己之短,达到美化自己的目的。比如,肤色偏黑者,一般不宜穿黑色以及深蓝、深紫、深褐、大红色的服装,也不宜选用色调过浅的服装;而适宜选用颜色稍浅色调又不太鲜艳的服装,可以带一些黄色图案。肤色黑红者,最好不要穿粉红、浅绿色的衣服。肤色呈暗褐色的人,则不要选择咖啡色的衣服。肤色较黄者,应避免穿着蓝、绿、紫、粉等色彩的服装,也不宜选用米黄色、土黄色等色调的服装。体型偏胖者不宜穿大花的或带方格、花纹的衣服,应选择色彩强度较低、较深暗的纯色服装;体型偏瘦者可选明度和纯度高的鲜艳色调,可以随意选择花形图案,但要避免选择灰暗、单调的颜色;身体矮小者适宜穿着造型简洁、色彩明快、小花形图案的服饰。

4) 服饰的选择要与穿戴的时节相协调

如果反季节穿戴,会令人感到滑稽可笑。

总之,服饰是一个整体,是成功美化人形象的基础。服饰与发型、脸形、肤色、年龄、身份、环境、季节相协调,才会取得良好的着装效果。

2.3 仪态礼仪

仪态是指人在行为中的姿势和风度。姿势是指身体呈现的各种形态(体态和身姿);风度是指人的举止行为,待人接物时的一种外在表现方式,是内涵的外现。仪态包括一举一动、一颦一笑、站立的姿势、走路的步态、说话的声调、对人的态度、面部的表情等。

常言道:"站如松,坐如钟,行如风,卧如弓。"这既是我国古人对人体姿态美的认识,又体现出人们对保持正确姿态的要求。在人际交往过程中,一个人的仪态十分重要,不仅体现个人的修养,也是礼仪的要求。

2.3.1 站姿

站姿是静态的造型动作,是最容易表现人的特征的姿势。良好的站姿不仅会给人一种挺拔的感觉,也是一切优美体姿的基础。

1. 站姿的分类

站姿分为正步式站姿、分腿站姿及"丁"字形站姿。站姿的分类与标准见表2-1。

表2-1 站姿的分类与标准

分 类	标 准
正步式站姿	两脚并拢,两膝并严,双臂下垂于身体两侧、手指并拢自然弯曲,中指贴拢裤缝;双膝并拢,两腿直立,脚跟靠紧,脚掌分开呈"V"字形,角度呈45°~60°,适用于正式场合示礼前或者各种训练前的预备姿态
分腿站姿	两腿左右分开,与肩同宽,脚尖朝前且两脚平行,手交叉于前腹,也可交叉于后背,此站姿适合男士
"丁"字形站姿	两脚尖略展开,一脚向前将脚跟靠于另一脚内侧中间位置,男士可一手前抬,一手侧放;也可一手侧放,一手后放,显得自然大方。女士可双手交叉于腹前,身体的重心可放在两脚上

2. 站姿要求

最基本的站姿要求是:挺胸、立腰、收腹、精神饱满,双肩平齐、舒展,双臂自然下垂,双手放在身体两侧,头正,两眼平视,嘴微闭,下颌微收,面带笑容;双腿应靠拢,两腿关节与髋关节展直。

如果站立时间较久,可以将双脚分开,但不要超过肩宽。不要耷拉着脑袋,否则会给人以缺少自信、消极悲观的感觉。也不要耸肩,以免给人以事不关己的感觉。不要一手叉腰一手扶墙站立,以免被理解成自满、厌烦或是漫不经心。在一些正式场合不宜将手插在裤袋里,更不要两手抱胸,否则常常会被理解为强烈的傲慢、犹豫、怀疑或冷淡的态度。

对女士而言,站姿要求优美,其规范的站姿为:抬头、挺胸、收腹;两眼平视前方;双手自然下垂,或右手搭在左手上,自然贴在腹部。双脚基本并拢,也可一脚略向前靠在另一脚上,形成小丁字步,重心基本落在后脚上。女子站立时切忌头歪、肩斜、胸凹、腹凸、撅臀、屈膝;双腿切勿叉开,也不要交叉;不要下意识地做些小动作,以免显得拘谨和缺乏自信,也有失仪态的庄重。

3. 不良站姿

头下垂或上仰,收胸含腰,背曲膝松,肩一高一低,臀部后突,两脚分得很开或交叉站立,手插在衣裤口袋里或搓脸、弄头发、抱肘于胸前,玩弄衣带、发辫、衣角、手指等,双臂胡乱摆动或背着手,用脚打拍子,一条腿弯曲或抖动,身靠柱子、桌子、柜台或墙歪斜站立。

2.3.2 坐姿

坐姿是日常工作中使用最多的,也是最重要的人体姿势。优雅的坐姿传递着自信、友好、热情的信息,同时也显示出高雅庄重的良好风范,要符合端庄、文雅、得体、大方的整体要求。

1. 坐姿的分类

坐姿的分类与标准见表 2-2。

表 2-2 坐姿的分类与标准

分类	标准
垂直式	上身与大腿,大腿与小腿,小腿与脚部都呈直角,小腿垂直于地面,双膝双腿完全并拢,正规场合男女适用
标准式	在垂直式坐姿的基础之上,女士两脚保持小丁字步,男士两脚自然分开 45°
交叉式	双腿并拢,双脚在踝部交叉之后略向左侧斜放。坐在办公室后面、主席台上或汽车上时,比较适合采用这种坐姿,感觉比较自然、舒适
屈直式	右脚前伸,左小脚屈回,或左脚前伸,右小腿屈回。大腿靠紧,两脚前脚掌着地,并在一条直线上,适合女士
斜放式	坐在较低的沙发上时,若双腿垂直放置,使膝盖高于腰,则极不雅观。这时最好采用双腿斜放式,即双腿并拢,双脚同时向右侧或左侧斜放,并且与地面形成 45°左右的角,以女士为主
重叠式	右腿叠在左腿膝上部,右小腿内收、贴向左腿,脚尖自然地向下垂,适用于一般场合
分膝式	两膝左右分开,不超过肩宽,小腿和地面垂直,双脚脚尖朝向正前方,双手自然放于两腿之上,适合男士的一般场合

2. 正确的坐姿

(1) 入座时挺胸直腰,落落大方,端庄稳重。如果椅子位置不合适,需要挪动椅子的位置时,应当先把椅子移至欲就座处,然后入座。

(2) 坐在椅子上,应至少坐满椅子的 2/3,宽座沙发则至少坐 1/2。要立腰、挺胸,上体自然挺直。背后有依靠时,背部轻挨靠背,但不要整个背部后仰。

(3) 双肩平正放松,两臂自然弯曲放在腿上,也可放在椅子或是沙发扶手上,以自然得体为宜,掌心应向下。

(4) 双膝自然并拢,双腿正放或侧放,双脚并拢或交叠或成小"V"字形。男士两膝间可分开一拳左右的距离,脚态可取小八字步或稍分开以显自然洒脱之美,但不可尽情打开腿脚,那样会显得粗俗和傲慢。女子入座时,若是裙装,应用手将裙子稍稍拢一下,不要坐下后再拉拽衣裙。女士入座要娴雅、文静、柔美,两腿并拢,双脚同时向左或向右放,两手叠放于左右腿上。如长时间端坐,可双腿交叉重叠,但要注意将上面的腿向回收,脚尖向下。

(5) 离座时应该用语言或动作向对方先示意,随后再站起身来。起身离座时,动作要轻缓,自然稳当。正式场合一般从椅子的左边入座,离座时也要从椅子左边离开。

3. 不良坐姿

(1) 叉开双腿。女性落座后，两膝以上应全方位并拢，斜放时也向同一个方向倾斜。男性两膝也不能分得太开，两脚并拢而两膝外展是不美观的。

(2) 伸腿、摇腿和抖腿。两腿笔直前伸，或一腿盘在另一腿上，腿脚摇晃，或不断颤抖等，均显得粗俗无礼。

(3) 东趴西歪，弯腰弓背，手托下巴，把脚放在桌子或椅子上。

(4) 女性掀起裙子，露出大腿。女性落座时一定要用手抚裙子，而不能撩起裙子。

(5) 两手叉腰，两臂交叉在胸前或摊开在桌上，摆弄手指头，或将手里的扇子不停晃动，把手中的茶杯转来转去，一会儿拉拉衣服，一会儿整整头发，这些动作都不美观。

(6) 有时把一条腿跷在另一条腿上，会给人一种高贵大方的感觉，但女性要注意不能把衬裙露出来。二郎腿不能跷得太高，跷得很高且摇晃很不雅观。在东南亚国家，让别人看到鞋底或脚尖指向别人都是对别人的严重不敬。

(7) 落座声音要轻，不要猛地蹲坐，噼啪作响。特别忌讳忽然坐下或起立，容易造成紧张气氛。

2.3.3 走姿

走姿属于动态美，最能体现出一个人的精神面貌的姿态就是走姿。每个人都是一个流动的造型体，优雅、稳健、敏捷的走姿，会给人以美的享受，产生感染力，反映出积极向上的精神状态。女性脚步应轻盈均匀，穿裙子时要走成一条直线，使裙子的下摆与脚的动作显示出优美的韵律感；男性脚步应稳重、大方、有力，显示出阳刚之气。

1. 正确的走姿

(1) 头正。双目平视，收颌，表情自然平和。

(2) 肩平。两肩平稳，防止上下前后摇摆。双臂前后自然摆动，前后摆幅在30°～40°，两手自然弯曲，在摆动中离开双腿不超过一拳的距离。

(3) 躯挺。上身挺直，收腹立腰，重心稍前倾。

(4) 步位直。两脚尖略开，脚跟先着地，两脚内侧落地，走出的轨迹要在一条直线上。

(5) 步幅适当。行走中两脚落地的距离也就是步长标准为一脚长或1.5脚长，即前脚的脚跟距后脚的脚尖相距一脚的长度为宜，不过不同的性别，不同的身高，不同的着装，会有些差异。

(6) 步速平稳。行进的速度应当保持均匀、平稳，不要忽快忽慢，在正常情况下，步速应自然舒缓，显得成熟、自信。步速为100～120步/分钟为宜。

2. 同行的原则

与他人同时行进时，居前还是居后，居左还是居右，是同礼仪直接相关的。在一般情况下，尤其是在人多之处，往往需要单行行进。通常讲究的是"以前为尊，以后为卑"。

前面行走的人，在位次上高于后面行走的人。因此，一般应当请客人、女士、尊长行走在前，主人、男士、晚辈与职位较低者则应随后而行。不过有两点需要注意：一是不了解或是道路较为坎坷时，主人、男士、晚辈与职位较低者则需主动上前带路或开路。倘若道路状况允许两人或两个以上的人并排行走时，一般讲究"以内为尊，以外为卑"。倘若当时所经过的道路并无明显内侧、外侧之分时,则可采取"以右为尊"的国际惯例。当三个人一起并排行进时,有时也可以居于中间的位置为尊贵之位。以前进方向为准,并行的三个人的具体位次,由尊而卑依次应为:居中者,居右者,居左者。

3. 行走禁忌

(1) 忌行走时低着头或是仰着头。前者给人的感觉是不自信,后者又显得有些自傲。

(2) 忌双手插入裤袋或是反背于身后。前者给人拘谨、小气的感觉,后者给人傲慢、呆板的感觉。

(3) 忌步子太大或太小。步伐太大给人的感觉是不够文雅(特别是女性),而步幅太小又给人以不够大方的感觉。

(4) 行走时忌与人勾肩搭背,或是一边走路一边吃东西,或一边抽烟。

(5) 忌两只脚尖同时向里侧或外侧呈八字形走步,也不要摇晃肩膀、双臂大甩手,不要扭腰摆臀、左顾右盼,脚不要擦地面。

2.3.4 蹲姿

蹲姿不像坐、立、行那样使用频繁,但在日常生活中人们对掉在地上的东西,习惯弯腰或蹲下将其捡起。在欧美国家人们认为"蹲"这个动作是不雅观的,所以只有在非常必要的时候才蹲下来做某件事情。因此,在日常交际活动中我们必须注重蹲姿的一些礼仪常识,否则有失雅观,有损形象。正确的蹲姿应尽量迅速,保持美观、大方、端庄的姿势。

1. 蹲姿要求

(1) 自然、得体、大方,不遮遮掩掩。

(2) 两腿合力支撑身体,避免滑倒。

(3) 应使头、胸、膝关节在一个角度上,使蹲姿优美。

(4) 女士无论采用哪种蹲姿,都要将腿靠紧,臀部向下。

2. 蹲姿方式

蹲姿方式的内涵及要求见表2-3。

表2-3 蹲姿方式的内涵及要求

蹲姿方式	内涵及要求
高低式蹲姿	男性在选用这一蹲姿时往往更为方便,女士也可以选用这种蹲姿。 要求:下蹲时,双腿不并排在一起,而是左脚在前,右脚在后。左脚应完全着地,小腿基本上垂直于地面;右脚则应脚掌着地,脚跟提起。此刻右膝低于左膝,右膝内侧可靠于左小腿的内侧,形成左膝高右膝低的姿态。臀部向下,基本上用右腿支撑身体
交叉式蹲姿	通常适用于女性,尤其是穿短裙的人员,它的特点是造型优美典雅。基本特征是蹲下后双腿交叉在一起。 要求:下蹲时,右脚在前,左脚在后,右小腿垂直于地面,全脚着地右腿在上,左腿在下,二者交叉重叠;左膝由后下方伸向右侧,左脚跟抬起,并且脚掌着地;两脚前后靠近,合力支撑身体;上身略向前倾,臀部朝下

续表

蹲姿方式	内涵及要求
半蹲式蹲姿	一般是在行走时临时采用。它的正式程度不及前面两种蹲姿,但在需要应急时也采用。基本特征是身体半立半蹲。 要求:在下蹲时,上身稍微弯下,但不要和下肢构成直角或锐角;臀部务必向下,而不是撅起;双膝略为弯曲,角度一般为钝角;身体的重心应放在一条腿上;两腿之间不要分开过大
半跪式蹲姿	双腿一蹲一跪,又叫作单跪式蹲姿。它也是一种非正式蹲姿,多用在下蹲时间较长,或为了用力方便时。 要求:在下蹲后,改为一腿单膝点地,臀部坐在脚跟上,以脚尖着地;另一条腿,应为全脚着地,小腿垂直于地面。双膝应同时向外,双腿应尽力靠拢

3. 蹲姿禁忌

(1) 忌突然蹲下。蹲下来的时候,不要速度过快。

(2) 忌离人太近。在下蹲时,应和身边的人保持一定距离。和他人同时下蹲时,更不能忽略双方的距离,以防止彼此"迎头相撞"或发生其他误会。

(3) 忌方位失当。在他人身边下蹲时,最好是和他人侧身相向。正对或背对他人下蹲,通常都是不礼貌的。

(4) 忌毫无遮掩。在大庭广众面前,尤其是身着裙装的女士,一定要避免下身毫无遮掩的情况,特别是要防止大腿叉开。

(5) 忌蹲在凳子或椅子上。有些人有蹲在凳子或椅子上的生活习惯,但是在公共场合这么做是不妥当的。

总之,下蹲时一定不要有弯腰、臀部向后撅起的动作;切忌两腿叉开,两腿展开平衡下蹲,以及下蹲时,露出内衣裤等不雅的动作,以免影响姿态美。因此,当要捡起落在地上的东西或拿取低处物品的时候,不可有只弯上身、翘臀部的动作,而是首先走到要捡或拿的东西旁边,再使用正确的蹲姿,将东西拿起。

2.3.5 手势

手势是人们在交往中不可缺少的最有表现力的一种"体态语言",它是一种"动态美",做得得体适度,会在交际中起到锦上添花的作用。手势表现的含义非常丰富,表达的感情也非常微妙复杂。如招手致意、挥手告别、拍手称赞、拱手致谢、举手赞同、摆手拒绝;手抚是爱、手指是怒、手搂是亲、手捧是敬、手遮是羞等。手势的含义是发出信息,或是表示喜恶的感情。能够恰当地运用手势表情达意,会为交际形象增辉。

在交往中,为了增强说话者的语言感染力,一般可考虑使用一定的手势,但切记手势不宜过多,动作不宜过大。一般认为,掌心向上的手势有一种诚恳、尊重他人的含义;掌心向下的手势意味着不够坦率、缺乏诚意等;握紧拳头暗示进攻和自卫,也表示愤怒;伸出手指来指点,是要引起他人的注意,含有教训人的意味。因此,在引路、指示方向时,应注意手指自然并拢;掌心向上,以肘关节为支点,指示目标,切忌伸出食指来指点。

手势的规范标准是:五指伸直并拢,腕关节伸直,手与前臂形成直线。在做动作时,肘关节弯曲130°左右为宜,掌心向斜上方,手掌与地面形成45°。

有些手势在使用时应注意区域与其他国家的不同习惯,不可以乱用。例如,在某些国家认为竖起大拇指、其余四指弯曲表示称赞夸奖,但澳大利亚则认为竖起大拇指,尤其是横向伸出大拇指是一种污辱;英国人跷起大拇指是拦车要求搭车的意思。"OK"的手势,在欧洲表示赞扬和允诺的意思,然而在法国南部、希腊、撒丁岛等地,它的意思恰好相反,在巴西人们打"OK"这个手势表示的是"肛门"。由此不难看出,每种文化都有自己的"手势语言",千姿百态的手势语言,饱含着人类无比丰富的情感。它虽然不像有声语言那样实用,但在人际交往中能起到有声语言无法替代的作用。

知识链接2-3
常见的手势语言

2.3.6 表情

表情是情绪的外部表现,是人内心的情感在面部、声音或身体姿态上的表现。古人说:"人身之有面,犹室之有门,人未入室,先见大门。"当外部客观事物以物体的、语言的、行为的方式刺激大脑时,人就会产生各种内在反应的情感,这种情感会通过人体相应的表情呈现出来,表现在人的面部、身体、姿态和声音上。人们常说情动之于心、形之于外、传之于声,就是这个道理。

人的面部表情是十分复杂的。现代心理学家总结过一个公式:感情的表达＝言语(7%)＋声音(38%)＋表情(55%)。比如,打电话时看不到打电话的人,但表情却影响传过来的声音,没有哪一个人能以愤怒的表情说出优美、和蔼、动听的问候语。可见,表情在人与人之间的感情沟通上占有相当重要的地位。健康的表情留给人们的印象是美好、深刻的,它是优雅风度的重要组成部分。构成表情的主要因素包括目光和微笑两部分。

1. 目光

目光是面部表情的核心。印度诗人泰戈尔说:"一旦学会了眼睛的语言,表情的变化将是无穷无尽。"在人际交往中,目光是一种真实的、含蓄的语言。在人与人之间进行交流时,目光的交流总是处于最重要的地位。在各种礼仪形式中,目光占有重要的位置。目光运用得当与否,直接影响礼仪的质量。在目光接触中,注视的部位、角度和时间的不同,表明双方的关系也不同。

1) 注视的部位

注视的部位分以下三种:公务注视,即人们在洽谈业务、磋商交易、交办任务和商务谈判时所使用的一种注视,位置在对方双眼或双眼与额头之间的区域;社交注视,即人们在社交场合所使用的一种注视,位置在对方下颌到双眼之间的三角区域;亲密注视,即亲人或恋人之间使用的一种注视,位置在对方双眼到胸之间的区域。

2) 注视的角度

注视的角度不同,目光的含义也不同。俯视,一般表示"爱护、宽容"或"傲慢、轻视";正视,一般多为"平等、公正"或"自信、坦率";仰视,一般体现"尊敬、崇拜、期待";斜视,表示"怀疑、疑问、轻蔑"。初次见面,视线左右扫视,表明已占据优势。交往中视线朝下,手扶着头,眼皮下垂,是"不耐烦"的表现。在与人交谈的过程中,目光以温和、大方、亲切为宜,多用平视的目光,双目注视对方的眼鼻之间,表示重视对方或对其发言颇感兴趣,同时也体现出自己的坦诚。

3）注视的时间

注视对方时间的长短也传递着信息。注视对方的时间短,表示冷落、轻视或反感;长时间地注视对方,特别是对异性的盯视和对初识者的上下打量,也是失礼行为,往往会使对方把目光移开,以示退让,也会引起对方心里不快,从而影响交际效果。

在交往中,目光注视时间的长短,要视关系亲疏和对对方的重视程度而定。一般而言,对初次接触的人,不能直视对方,应先平视一眼,同时微笑、点头、问候或握手,然后转视他人或四周,避免相互长时间的对视。对于熟人、故交,或为了对交往对象表示友好、重视,注视对方的时间则长一些。在谈话中,目光与对方接触的时间累计应达到整个谈话过程的50%~70%,而听的一方注视时间比说的一方要长一些。有时双方目光会出现对视,此时不要迅速躲闪,而应泰然自若地缓慢移开。当然,注视不是凝视,如果盯住对方脸上的某一部位,会使其感到不自然,应该用"散点柔视"。

4）其他要求

要想达到最佳交际效果,必须学会巧妙地使用目光。比如,见面握手、问候时,要亲切、热情地望着对方;与人交谈时,要善于对对方的目光做出积极的反应;当询问对方的身体及家人的近况时,用关切的目光;征询对方的意见时,用期待的目光;在对方表示支持、合作意向时,用喜悦的目光;在得知对方带来好消息时,用惊喜的目光;对对方的谈话内容感兴趣时,用关注的目光;听到有启发性的意见时,用赞赏的目光;中间插话、转移话题或提问时,用歉意的目光;要给对方一种亲切感,用热情而诚恳的目光;要给对方一种稳重感,用平静而诚挚的目光;要给对方一种幽默感,用俏皮而亲切的目光;送别客人时,要"目送"客人远去,以示尊敬友好。那种故意回避对方或闪烁不定的目光,会造成交流的障碍。但当双方缄默不语或别人失言时,不应再注视对方,以免加剧已有的尴尬。总之,应最大限度地运用目光的表现力,创造最佳交际氛围。

2. 微笑

微笑是一种特殊的语言——"情绪语言"。它可以和有声语言及行动相配合,起"互补"作用,沟通人们的心灵,架起友谊的桥梁,给人以美好的享受。工作、生活中离不开微笑,社交中更需要微笑。微笑是社交场合中,最富有吸引力、最有价值的面部表情。在各种场合恰当地运用微笑,可以起到传递情感、沟通心灵、征服对方的积极心理效应。

微笑的基本要领是:放松面部表情肌肉,嘴角两端微微向上翘起,让嘴唇略呈弧形,不露牙齿,不发出声音,轻轻一笑。微笑辅之训练,会使微笑的效果更好。如摆出普通话"一"音的口型,注意用力抬高嘴角两端,下唇迅速与上唇并拢不要露出牙齿。

微笑的礼仪就是要笑得真诚、适度。真诚是指微笑应当出自内心,切忌皮笑肉不笑,在人际交往时,假笑是令人反感的。透着真情和自然神韵的笑脸,才是真正的"诚于衷而形于外"。

【典型案例】希尔顿酒店的"微笑"经营

本 章 小 结

仪容是指一个人的容貌,由发式、面容以及人体所未被服饰遮掩的肌肤所构成。发、眼、鼻、口、颈、手等部位的清洁和修饰是仪容的重要方面。

社交礼仪

　　服饰礼仪是人们在交往过程中为了相互表示尊重与友好，达成交往和谐而体现在服饰上的一种行为规范。在社交场合，要想塑造一个真正美的自我形象，首先就要掌握服饰的礼仪规范，让得体的穿着佩戴来展示自己的才华和美学修养，以获得更高的社会地位。

　　仪态是对人举止行为的统称，包括站姿、坐姿、走姿、蹲姿、手势和表情等，它是无声的语言。在人际交往过程中，一举一动、一颦一笑、站立的姿势、走路的步态、说话的声调、对人的态度、面部的表情都十分重要，不仅体现个人的修养，也是礼仪的要求。

考考你　第 2 章

第 3 章

交 际 礼 仪

> 学习导读

【本章概况】

本章详细介绍了见面、宴请、馈赠与探望等人际交往过程中的礼仪规范、操作要求和注意事项。

【学习目标】

1. 掌握见面礼仪。
2. 了解常见的几种宴请形式,掌握赴宴礼仪规范,学会组织宴请。
3. 掌握中西餐礼仪规范,掌握饮用茶水、咖啡和酒的礼仪规范;熟悉西餐与中餐的差异。
4. 了解馈赠与探望礼仪。
5. 培养学生树立社会主义核心价值观中的文明、友善观念。
6. 掌握中西餐基本礼仪,培养学生用餐的文明行为,从容应对国际交往,在国际交往中做到敬人和敬己。
7. 教育学生自觉遵守和传承中华民族优秀传统文化,具有国际化视野,在涉外交往中加强文化自信,塑造良好的个人形象。

3.1 见面礼仪

见面是交际的开始。一个人在社会中生存、发展,必须以各种形式与他人进行交往。因为没有交往就难以合作,没有合作就难以生存、发展。见面礼仪是与人交往时的最基本、最常用的礼节,也最能反映一个人及社会的礼仪水平,可以帮助我们顺利地通往交往的殿堂。人们见面后互致问候,不熟悉的人之间相互介绍,然后握手、行礼、互换名片、寒暄后进入正题。这看似简单,却蕴含复杂的礼仪规则,表达出丰富的交际信息。掌握基本的见面礼仪,能使人适应各种场合的社交礼仪要求,赢得交际对象的好感。

【引例】记住人名

3.1.1 称呼

称呼是指人们在日常交往应酬中所采用的彼此之间的称谓语。在人际交往中,选择正确、恰当的称呼,可以反映出自身的教养、对对方尊敬的程度,甚至还体现着双方关系发展所达到的程度和社会风尚,因此称呼不能随便乱用。

选择称呼,一是要合乎常规;二是要照顾被称呼者的个人习惯;三是要入乡随俗。日常生活中的称呼应当亲切、自然、准确、合理。在工作环境中,人们彼此之间的称呼要庄重、正式、规范。

1. 称呼的种类

1)泛称呼

在社交场合,由于不熟悉交往对象的详细情况,对男性一律称为"先生",对女性称为"夫人""小姐""女士"。一般而言,对未婚女性称"小姐",对已婚女性称"夫人",对年长但不明婚姻状况的女子或职业女性称"女士"。

2)称呼职务

以交往对象的职务相称,以示身份有别、敬意有加,这是一种最常见的称呼,具体做法上可以仅称呼职务,如"主任""经理";可以使用"姓+职务"来称呼,比如"王主任""范经理"等;也可以采用"姓名+职务",如"王××主任""范××经理",这种称呼仅适用于极其正式的场合。

3)称呼职衔

交往对象有受人尊重的学位、学术性职称、专业技术职称的,在工作中可以以其学位、职称相称。具体做法可以使用"姓+职务"来称呼,如"张博士""王教授""李工程师",有时这种称呼也可约定俗成地进行简化,如"李工程师"可简称"李工";也可用"姓名+职务"来称呼,如"张××博士""王××教授""李××工程师",但这种称呼仅适用于极其正式的场合。

4)称呼职业

在工作中,有时可按职业进行称呼,在职业前加上姓氏、姓名,如"张老师""李医生""胡会计""徐××律师"等。

5)称呼姓名

在工作岗位上称呼姓名,一般限于职务、年龄相仿的同事、熟人之间,有三种情况:直呼其名;只呼其姓,要在姓前加上"老""大""小"等前缀,但这种称呼多在职业人士间常见,不适合在校学生;只呼其名,不呼其姓,通常限于同性之间,尤其是上司称呼下级、长辈称呼晚辈,在亲友、同学、邻里之间也可使用这种称呼。

6)特殊称呼

君主制国家,按习惯称国王、皇后为"陛下";称王子、公主、亲王为"殿下";对其他有爵位的人可以其爵位相称,也可称"阁下"或"先生";对神职人员应根据其身份称为"教皇""主教""神父""牧师"等。

2. 称呼的原则

不同的称呼可以使人产生不同的情感。在交际开始时,只有使用高格调的称呼,才会使交际对象产生同你交往的欲望。因此,使用称呼语

知识链接 3-1　中国古人的名、字、号

时要遵循以下原则。

1) 讲究尊重,善用尊称

交际时,称呼对方要用尊称,现在常用的有:"您"——您好、请您;"贵"——贵姓、贵公司、贵方、贵校;"大"——尊姓大名、大作(文章、著作);"老"——张老、郭老、您老;"高"——高寿、高见;"芳"——芳名、芳龄;等等。

2) 称呼得体,把握分寸

要视交际对象、场合、双方关系等选择恰当的称呼。一般来说,汉族人有从大、从老、从高的心态。对同龄人,可称呼对方为哥、姐;对既可称"叔叔"又可称"伯伯"的长者,以称"伯伯"为宜;对副科长、副处长、副厂长等,也可在姓后直接以正职相称。在与众多的人打招呼时,还要注意亲疏远近和主次关系,一般以先长后幼、先高后低、先女后男、先亲后疏为宜。

3.1.2 介绍

有人说,介绍是一切社交活动的开始。介绍得体,会为以后的深入交流与沟通奠定基础。人与人相互沟通,建立关系是从介绍开始的。

在日常生活与工作中常用的介绍有以下几种类型:自我介绍、介绍他人和集体介绍。

1. 自我介绍

自我介绍是推销自己的一种重要方法和手段。从某种意义上讲,自我介绍是人际交往的一把钥匙。

1) 自我介绍的时机

自我介绍的时机涉及时间、地点、当事人、旁观者、现场气氛等多种因素。一般认为,在下述时机有必要进行恰当的自我介绍。

(1) 社交场合,与不相识者相处或打算介入陌生人的交际圈时,或不相识者表现出结识自己的兴趣,或不相识者请求自己作自我介绍时。

(2) 有求于人,而对方对自己不甚了解,或一无所知时。

(3) 拜访熟人遇到不相识者挡驾,或对方不在,需要请不相识者代为转告时。

(4) 前往陌生单位接洽业务时,或因业务需要,在公共场合进行业务推广时。

(5) 在出差、旅行途中,与他人不期而遇,并有必要与之临时接触时。

(6) 应聘求职或求学面试时。

(7) 交往对象因健忘而记不清自己时。

2) 自我介绍的内容

自我介绍的内容,应兼顾实际需要、所处场景,并应具有鲜明的针对性。一般分为以下五种形式。

(1) 应酬式。主要适用于某些公共场合和一般性的社交场所,如旅行途中、宴会厅里、通电话时,主要面对一般性接触的交往对象,属于泛泛之交。故此内容宜少而精,一般只包括姓名即可。

(2) 公务式。适用于工作场合,为了与对方建立工作关系。内容应包括姓名、单位、部门或从事的具体工作等。

(3) 交流式。主要适用于社交活动,如私人交往、联谊会、网络交流等,希望使对方认识自己、了解自己,与自己建立联系。内容应包括姓名、工作、籍贯、学历、兴趣及与对方共同认识的人等。

（4）礼仪式。适用于讲座、报告、演出、庆典、仪式等正规场合，向对方表示友好、敬意。内容包括姓名、单位、职务等，还可以适当加一些谦辞、敬语。

（5）问答式。一般适用于应试、应聘和公务交往。主要根据提问进行介绍，有问必答。

3）自我介绍的注意事项

（1）自信大方，繁简得当。人们初次相见，相互之间都有一种了解对方并在他人心目中塑造良好"第一印象"的愿望，都有一种渴望得到对方尊重的心理。在自我介绍时，语言表达清楚，泰然自若，大方得体，这是一种自信的表现。一般而言，人们对自信坦诚的人，都会产生好感与相识的愿望。反之，如果在自我介绍时，语言表达模糊不清，唯唯诺诺，会使人感到你不能把握自己，也难以在他人心目中留下良好的第一印象。当然，盲目自信、自视过高、目中无人地自我介绍，同样会引起对方的反感，影响彼此之间的沟通。

另外，进行自我介绍应根据社会交往活动的目的、场合和对方的需要来决定其繁简程度，时间以半分钟左右为佳，最好不要长于一分钟。在社交活动中，如希望新结识的对象记住自己，作进一步沟通与交往，自我介绍时除姓名、单位、职务外，还可提及与对方某些熟人的关系或与对方相同的兴趣爱好。例如，"我叫××，是天外绿色包装公司的秘书，我与您夫人是同学。"又如，"我是×××，是新兴文化公司经理，我和您一样也是个球迷。"在一般情况下，自我介绍应简短明了，你只要把自己的姓名、身份、目的、要求介绍出来就可以了。例如，某公司经理在一次社交活动场合这样介绍自己："您好！我是××公司经理秘书张友，今后希望各位经理多加指教。"在求职面试时应该进一步介绍自己的学历、资历、性格、专长、经验、能力、爱好等。

（2）恰如其分，实事求是。自我介绍不仅仅是对自己基本情况的客观陈述，还包括自我评价的成分，特别是在求职面试时。自我评价应掌握好分寸，既不能过高，给人一种高高在上、自傲自大的印象；也不能过低，显得缺乏自信，丧失展示自己形象的机会，应以给人留下美好的印象为目的。概括地说，应该做到自谦、自信、自知，所表述的各项内容应实事求是、真实可信。

（3）语言文雅，得体有礼。自我介绍的用语应文雅、得体。例如，"我是××公司公关部经理×××，请多指教。"要抓住时机，在适当的场合进行自我介绍。如在对方有空闲，而且情绪较好，又有兴趣时，这样就不会打扰对方。当主动介绍自己时，应适时使用一些表达歉意的语言，如"恕我冒昧""对不起，打扰您了"，等等，表示与对方相识的愿望与原因。

2. 介绍他人

1）介绍的时机和顺序

（1）需要进行介绍的时机和场合是多种多样的。可以说，只要两位素不相识的人在与他们共同认识的第三者面前相遇时，就产生介绍的必要性。例如，在一般规模的社交场合中，女主人应该想方设法在所有互不相识的客人之间进行介绍，使每个客人都能相互认识；在规模宏大的社交活动（如招待会或晚会）中，女主人应同主宾一起站在门口迎候宾客。当每位客人走近女主人打招呼时，女主人应向主宾作介绍，例如，"××小姐，这位是我的同事×××。"主宾向客人伸手相握，客人则说"你好"或"很高兴认识你"；在大型宴会上，如婚礼、庆典、招待会等，你如果想结识某人，应请女主人（或男主人）单独地为你介绍；当参加为某位贵宾举行的社交活动，在门口列队迎客的主人已不在时，你必须自己走到贵宾面前作自我介绍等。

（2）介绍要讲次序。在介绍他人时，介绍者具体应当先介绍谁、后介绍谁，要十分注意。标准的做法是"尊者居后"。也就是说，为他人作介绍时，先要具体分析一下被介绍双方的身份的高低，应首先介绍身份低者，然后介绍身份高者。具体而言：把年轻者介绍给年长者；把职务低者介绍给职务高者；如果双方年龄、职务相当，则把男士介绍给女士；把家人介绍给同事、朋友；把未婚者介绍给已婚者；把后来者介绍给先到者。

2）介绍的内容

根据实际需要的不同，为他人作介绍时的具体内容也有所不同。通常有以下六种。

（1）标准式。适用于正式场合，内容以双方的姓名、单位、职务等为主。

（2）简介式。适用于一般的社交场合，只介绍姓名，甚至只提到姓氏。

（3）强调式。适用于各种交际场合，其内容除姓名外，往往还会刻意强调一下其中一位被介绍者与介绍者之间的特殊关系，以引起另一位被介绍者的重视。例如，"这位是张教授的学生××，这位是李经理，请李经理多多关照。"

（4）引见式。适用于普通的社交场合，将被介绍者双方引导到一起即可。

（5）推荐式。适用于比较正规的场合，有意将某人举荐给另一人，会对前者的优点重点介绍。例如，"这位是李军先生，他是管理方面的专业人才，还是经济学博士。王总，你们细谈吧！"

（6）礼仪式。是最正规的一种，适用于正式场合。语气、表达、称呼上更礼貌、谦恭。

3. 集体介绍

集体介绍是他人介绍的一种特殊形式，是指被介绍者其中一方或双方不止一人，甚至是许多人。

1）将一人介绍给大家

当被介绍者双方的地位、身份大致相当，或难以确定时，人数较少的一方应礼让人数较多的一方。先介绍人数较少的一方或者个人，后介绍人数较多的一方或多数人。

2）将大家介绍给一人

若被介绍者双方的地位、身份存在明显差异，则地位、身份为尊的一方即使人数较少，甚至仅为一人，仍然应被置于尊贵的一方，先介绍人数多的一方。

3）人数较多的双方介绍

若需介绍的一方人数不止一人，可采取笼统的方法进行介绍，如"这是我的家人""他们都是我的同事"等。但最好要对其一一介绍。进行此种介绍时，要按照尊者为先的顺序。

4）人数较多的各方介绍

若被介绍者不止两方，则需要按合乎礼仪的顺序，尊者为先，依次介绍。

【典型案例】
如此介绍不可取

3.1.3 握手

握手是大多数国家相互见面和离别时的礼节。它最早源于欧洲，后来逐渐为全世界多数民族和地区所接受，成为一种"国际化"见面礼节。美国著名盲女作家海伦·凯勒这样描写自己与人握手的经验:"我接触过的手,虽然无言,但都极有表现性。有的人握手能拒人千里,我握着冷冰冰的手指,就像和凛冽的北风握手一样。而有些人的手却充满阳光,他们握住你的手,使你感到温暖。"人们在见面或离别时为表示欢迎、友好、理解、感谢、宽容、敬重、致歉、惜别等各种各样的感情,便伸右手相握。

知识链接 3-2
握手礼的由来

1. 握手的样式

握手的具体样式主要有以下几种。

(1) 支配式握手。用掌心向下或向左下的姿势握住对方的手。在交际双方社会地位差距较大时,社会地位较高的一方易采用这种握手样式与对方握手。以这种样式握手的人想表示自己的优势、主动、傲慢或支配地位。

(2) 谦恭式握手。用掌心向上或向左上的手势与对方握手。用这种样式握手的人,往往性格软弱,处于被动、劣势的地位。

(3) 对等式握手。这是标准的握手样式。握手时两人伸出的手心都不约而同地向着左方,或者说到了最后都不得不将手心向着左方。这样的握手多见于双方社会地位平等时,是一种单纯的、礼节性的、表达友好的方式。

(4) 双握式握手。其具体式样是:在用右手紧握对方右手的同时,再用左手加握对方的手臂、前臂、上臂或肩部。使用这种握手样式的人是在表达一种热情真挚、诚实可靠,表示自己对对方的信赖和友谊。

(5) "死鱼"式握手。握手时伸出一只无任何力度、质感,不显示任何信息的手,给人的感觉就像握住一条腐烂的死鱼——冷漠无情,待人接物消极傲慢。

(6) 捏手指式握手。一般女性与男性握手时,为了表示自己的矜持与稳重,有意或无意地只捏住对方的几个手指或手指尖部。

2. 握手的标准方式(微课)

行至距握手对象 1 米处,双腿立正,上身略向前倾,伸出右手,完全伸出手掌,四指并拢,拇指张开与对方相握,握手时用力适度,上下稍晃动三四次,随即松开手,恢复原状。与人握手,神态要专注、热情、友好、自然,面含笑容,目视对方双眼,同时向对方问候。

男性同女性握手,以握住女性手指部分为宜,且应轻握。与年长者握手,应在右手握的同时左手加握,以示尊敬。

3. 握手的顺序

握手的顺序应遵守尊者为先的原则。

(1) 宾主之间。客人抵达时,主人应向客人先伸手,以示欢迎;客人告辞时,应由客人先伸手,表示感谢。

(2) 长幼之间,年幼的要等年长的先伸手。

(3) 上下级之间,下级要等上级先伸手,以示尊重。

(4) 男女之间,男方要等女方先伸手后才能握手,如女方不伸手,无握手之意,方可用点头或鞠躬致意。

值得注意的是:在公务场合,握手时伸手的先后次序主要取决于职位、身份。而在社交、休闲场合,则主要取决于年龄、性别、婚否。

4. 握手的其他注意事项

（1）握手力度。握手的力度要适中。过紧地握手,或是只用手指部分漫不经心地接触对方的手都是不礼貌的。男士与女士握手时,一般只宜轻轻握女士手指部位。

（2）握手时间。握手时间一般以 1~3 秒为宜。在亲朋好友相遇或谢意难以表达等场合,握手时间可以长一点;在公共场合,如列队迎接外宾等场合,握手的时间一般较短。握手的时间应根据与对方的亲密程度而定。

（3）握手的禁忌。握手时精神要集中,双目注视对方,微笑致意。握手时看着第三者,或者东张西望,都是不尊重对方的表现。军人戴军帽与对方握手时,应先行举手礼,然后再握手。不要在握手时戴着手套或戴着墨镜,另一只手也不能放在口袋里,只有女士在社交场合可以戴着薄纱手套与人握手。多人同时握手时应按顺序进行,切忌交叉握手,要等别人握完后再伸手。忌用左手与他人握手。除长者或女士,坐着与人握手是不礼貌的,只要有可能,都要起身站立。

【典型案例】一次不愉快的合作

3.1.4 常见的其他见面礼

1. 鞠躬礼

鞠躬是人们在日常工作、生活中用来表示对别人的恭敬而普遍使用的一种礼节,又称打躬,是中国、日本、朝鲜等国家的传统礼仪。现在,它既适用于庄严肃穆或喜庆欢乐的仪式,又适用于一般的社交场合,如朋友初见、欢迎宾客、同事之间的问候、演员谢幕等。有时晚辈、下级、学生也应向长辈、老师行鞠躬礼。

1）鞠躬礼的动作要领

鞠躬前应脱帽,手臂自然下垂,两手放于腿的两侧,或放在体前,身体立正站好,并拢双脚,双目注视受礼者,视线由对方脸上落至自己的脚前 1.5 米处（15°礼）及脚前 1 米处（30°礼）。然后将伸直的腰背,由腰开始向前弯曲,弯腰速度要适中。随后恢复原态,受礼者应随即还礼,但长辈对晚辈、上级对下级、老师对学生,还礼时不鞠躬,欠身点头回礼即可。遇到客人表示感谢或回礼时,15°鞠躬。遇到尊贵客人时,30°鞠躬。下弯的幅度越大,所表示的敬重程度就越大。

三鞠躬也是鞠躬礼的一种形式。三鞠躬一般在婚礼上,或参加悼念活动时应用。行礼时应脱帽,摘下围巾,身体上部向前倾 90°,随后恢复原状,连续做三次。

2）鞠躬礼的注意事项

在行鞠躬礼时,应主要注意以下四点。

（1）内外有别。自古以来,中国就有鞠躬礼存在,但是在中国,鞠躬礼多用于需要表达敬谢之意或道歉之意的场合。而在国外,它却主要用于见面或告别之际。

（2）对象特定。在国外,鞠躬礼主要通行于日本、韩国、朝鲜诸国。在欧美各国以及非洲国家,它并不流行。

（3）区别对待。行鞠躬礼时,外国人一般只会欠身一次,但对其具体幅度却十分在意。在正规场合,欠身的幅度越大,越表示自己对交往对象礼敬有加,不过欠身的最大幅度不宜超过 90°。

（4）防止出现以下鞠躬：只弯头的鞠躬,不看对方的鞠躬,头部左右晃动的鞠躬,双腿没有并齐的鞠躬,驼背式的鞠躬,可以看到后背的鞠躬。

3) 其他国家的鞠躬礼

现在世界上,对鞠躬礼运用最多的是日本人。在日本,百货商店、旅馆、饭店的服务员平均每天每人要向顾客鞠躬近1 000次。鞠躬的深度、时间和次数要视彼此身份、地位、相识程度而定。行最高鞠躬礼时,腰要弯到脸面几乎与膝盖相平的程度,要连续鞠躬几次,时间要长,要等对方抬头以后方能把头抬起。

泰国人非常重视老幼尊卑,人们见面时,位卑者或年幼者常要向位尊者或年长者行卑躬屈膝礼,甚至是手足着地,双膝跪地进行。这种礼节来源于他们重视头部、轻视双脚的观念。在马来西亚,人们见面时,男子一般是一边举起右手放在胸前,一边深鞠躬;女子一般是先双腿稍微弯曲,然后鞠躬。朝鲜人见面时也行鞠躬礼,不过男人既可鞠躬,也可握手,而妇女一般只鞠躬。在新加坡,人们见面时通常握手问候,但对东方人则轻轻鞠一躬。

【典型案例】
背后的鞠躬

2. 拱手礼

拱手礼又叫作揖礼,是我国民间传统的会面礼,今天多用于在过年时举行团拜活动,向长辈祝寿,向友人结婚、生子、乔迁和晋升表示祝贺等。拱手礼的基本手势是:右手握拳,左手搭于右手之上,双手抱拳,举至下巴处,自上而下或自内而外,有节奏地晃动二三下。

3. 合十礼

合十礼又称合掌礼,在东南亚、南亚信奉佛教的地区以及我国傣族聚居区,合十礼最为普遍。行合十礼时双掌十指在胸前合拢并齐,掌尖和鼻尖基本持平,手掌稍向外侧倾斜,以示虔诚,双腿立直站立,上身微欠低头,可以口颂祝词或问候对方,也可面带微笑。一般而论,合十的双手举得越高,越体现出对对方的尊重,但原则上不可高于额头。

4. 拥抱礼

拥抱礼是主要流行在欧美国家的一种见面礼节。其他地区的一些国家,在一些官方、民间的涉外迎送宾客或祝贺致谢等隆重社交场合也行有此礼。

1) 拥抱礼的动作要领

行礼时,通常是两人相对而立,各自举起右臂,用右手环抚对方的左后肩;左臂下垂,用左手环抚对方的右后腰。首先各向对方左侧拥抱,其次各向对方右侧拥抱,最后再一次各向对方左侧拥抱,一共拥抱三次。在普通场合行礼,不必如此讲究,次数也不必要求如此严格。

2) 拥抱礼的注意事项

(1) 注意国别。一般来讲,拥抱礼在西方国家广为流行。在中东欧、阿拉伯各国、大洋洲各国、非洲与拉丁美洲的许多国家里,拥抱礼也颇为常见。但是在东亚、东南亚国家一般不使用。

(2) 注意场合。在庆典、仪式、迎送等较为隆重的场合,拥抱礼最为多见,在政务活动中尤为如此。在私人性质的社交、休闲场合,拥抱礼则可用可不用。在某些特殊的场合,诸如谈判、检阅、授勋等,人们则大都不使用拥抱礼。

(3) 注意男女有别。在欧洲、美洲、澳洲诸国,男女老幼之间均可采用拥抱礼。而在亚洲、非洲的绝大多数国家,尤其是在阿拉伯国家,拥抱礼仅适用于同性之人,与异性在大庭广众之前进行拥抱,是绝对禁止的。

5. 亲吻礼

亲吻礼是西方国家常用的见面礼,有时会与拥抱礼同时使用。不同关系、不同身份的人,相互亲吻的部分也不尽相同。长辈亲吻晚辈,应当吻额头;晚辈亲吻长辈,应当吻下颌或吻面颊;同辈之间、同性之间通常应当贴面颊,真正亲吻即吻嘴唇仅限于夫妻与恋人之间,不宜滥用。男士对尊贵的女士往往亲吻一下手背或手指以示尊重,正确的做法是,男士行至女士面前,首先垂手立正致意,然后以右手或双手捧起女士的右手,俯首象征性地轻吻一下其手背或手指。行亲吻礼时,特别忌讳发出亲吻的声音,而且不应该将唾液弄到对方脸上。

3.1.5 名片

1. 名片的样式

自古以来,对名片的制作都是相当讲究的。现在都是用长方形的硬质长片纸制成,印刷精美雅致,规格一般为6厘米×9厘米,分为横式或竖式两种。

1)横式

姓名用大字印在名片中央位置,单位印在左上角,并顶格。职务、职称用小字印在姓名后边。职务也可以印在单位后边。联系地址、电话号码和邮政编码用小字印在右下角。姓名使用楷书、隶书或行楷字体,其他部分可用仿宋体或楷书印刷。单位标志可以印在左上角。

2)竖式

与横式的差别是文字横排改竖排。横式左上角的标志、单位名称改印在右上角,地址等印在左下角。

有些名片还在背面用外文印上与正面一样的内容。

国外的名片要大些,长度为10厘米,宽度为7厘米。

2. 名片的设计要求

名片设计之前需要了解持有者的身份、职业,持有者的单位及其单位的性质、职能,持有者及单位的业务范畴。一个好的名片构思经得起以下几个方面的考核:是否具有视觉冲击力和可识别性;是否别致、独特;是否符合持有人的业务特性。设计定位依据前面几方面的了解确定名片的设计构思,确定构图、字体、色彩等。

名片设计的基本要求应强调三个字:简、准、易。

(1) 简:名片传递的主要信息要简洁清楚,文字简明扼要,字体层次分明,构图完整明确。

(2) 准:注意名片的质量、功效,传递的信息一定要准确。

(3) 易:便于记忆,易于识别,强调设计意识,可让人在最短的时间内获得所需要的信息。

比如,剧作家沙叶新的名片,左下方是自己的漫画像:左手捧书,右手举笔,右上方一个大括号,写着"我,沙叶新,上海人民艺术剧院院长——暂时的;剧作家——永久的;××委员、××理事、×名誉会长、××教授、××顾问——挂名的"。自嘲中不失几分机敏,其性格、情趣可见一斑。

3. 使用名片的礼仪

1) 名片的保管

一般应用较精致的名片夹装名片,最好把它放在左胸内侧的口袋里,将名片放在靠近心脏的地方,表示对对方的一种礼貌和尊重。

2) 名片的递送(名片的递送与接收微课)

递送名片时要注意:地位低的人先向地位高的人递名片;男性先向女性递名片;当面对许多人时,应先将名片递给职务较高或年龄较大者,如分不清职务高低和年龄大小时,则可先和自己对面左侧方的人交换名片。向对方递送名片时,应面带微笑,注视对方,将名片的正面对着对方,用双手的拇指和食指分别持握名片上端的两角送给对方。如果是坐着的,应当起立或欠身递送,递送时可说"我叫×××,这是我的名片,请笑纳"或"我的名片,请您收下"之类的客套话。

3) 名片的接收

接收他人递过来的名片时,应尽快起身,面带微笑,用双手拇指和食指接住名片下方的两角,并说"谢谢"或"能得到您的名片,深感荣幸"等。如果是初次见面,最好是将名片上的重要内容读出来,千万不要看也不看就装入口袋,也不要顺手往桌上一扔,更不要往名片上压东西,这样对方会感到受了轻视。需要交换名片时,可以掏出自己的名片与对方交换。如果自己没有名片或没带名片,应当首先向对方表示歉意,再如实说明理由。如果你想得到对方的名片,而对方没有给你时,不要用生硬的语气说"请给一张名片",而要用委婉谦虚的语气说"可以给我一张您的名片吗""如果方便的话,能给我一张名片吗"。

3.1.6 交谈

交谈,通常是指两个或两个以上的人所进行的对话。交谈是人们传递信息和情感、增进彼此了解和友谊的最为重要的一种方式。

1. 交谈的态度

1) 表情自然,举止得体

人们在交谈时所呈现出来的种种表情和肢体语言,往往是个人心态、动机的无声反映。交谈时目光应专注,表情自然,举止得体,避免过分多余的动作。

2) 注意倾听,谨慎插话

倾听是与交谈过程相伴而行的一个重要环节,也是交谈顺利进行的必要条件。交谈时要认真聆听对方的发言,用表情举止予以配合,从而表达自己的专注。交谈中不应随便打断别人的话,要尽量让对方把话说完再发表自己的看法。如确实想要插话,应向对方打招呼:"对不起,我插一句行吗?"但所插之言不可冗长,一两句点到即可。

3) 礼貌进退,注意交流

参加别人谈话之前应先打招呼,征得对方同意后方可加入。相应地,他人想加入己方交谈,则应以握手、点头或微笑表示欢迎。交谈是一个双向或多向交流的过程,需要各方的积极参与,自己发言时要给其他人发

知识链接 3-3
倾听的技巧

【典型案例】
邹忌听"音"

意见的机会,别人说话时自己要适时发表个人看法,互动式促进交谈进行。

2. 交谈的语言

语言是交谈的载体,交谈过程即语言的运用过程。语言运用是否准确恰当,直接影响着交谈能否顺利进行。

1) 通俗易懂

口头交谈不同于书面交流,语言是稍纵即逝的,给人思考的时间很短暂。因此,交谈时要充分考虑对方的年龄、职业、受教育程度等因素,语言力求通俗易懂,以利于沟通与交流。忌咬文嚼字、矫揉造作,满嘴的专业术语和子曰诗云,堆砌辞藻、卖弄学识。

2) 文明礼貌

在使用语言表情达意的时候,特别要注意讲究礼貌。"言为心声",语言是否有礼貌,反映了说话人的思想素质。在交谈中多使用礼貌用语,是博得他人好感与体谅的最为简单易行的做法。在交谈中,要善于使用一些约定俗成的礼貌用语,如"请""谢谢""对不起"等。在交谈结束时,应当与对话方礼貌道别,如"有空再聊吧""谢谢您,再见"等。即使在交谈中有过争执,也应不失风度,切不可来上一句"说不到一块儿就算了""我就是认为我说的对",等等。交谈中应当尽量避免一些不文雅的语句和说法,不宜明言的一些事情可以用委婉的词句来表达。例如,想要上厕所时,宜说"对不起,我去一下洗手间",或说"不好意思,我去打个电话"。

知识链接 3-4
常见的文雅用语

3) 准确流畅

在交谈中,语言必须准确,否则不利于各方之间的沟通。所谓准确,就是口头表达要合乎语言规范。即讲话时语言通顺,思路清晰,没有多余的话及不应有的停顿。面对面的口语交流与反馈,往往能说出或接收到书面语不能言传的信息,因而格外能抒发感情,增强感染力,取得说话人之间的共鸣。

在交谈中,发音要准确,尽量讲普通话,少用方言,不能读错音、念错字;吐字要清晰,要让人听得一清二楚,而不是口齿不清、含含糊糊;音量要适中,语速要适度;语气要谦和,不要端架子、摆派头,以上压下,以大欺小,官气十足,倚老卖老,盛气凌人,随便教训、指责别人;内容要简明,在交谈时,应力求言简意赅,简单明白,节省时间,少讲废话,不要没话找话,啰里啰嗦,废话连篇,节外生枝,不着边际,让人听起来不明不白。

4) 机智灵活,适度幽默

交谈中的语言往往是临场发挥的,这就需要高度的机智灵活性。尤其是职场上,在各种有目的谈判中,或是针锋相对的辩驳中,要求谈话者要有机敏的应变能力。幽默是语言的一种风格,也反映了人的性格特征。交谈时,运用幽默的语言,可以增加语言的感染力,使紧张的气氛变得轻松。

【典型案例】
老田鸡"退二线"

3. 交谈的内容

交谈的内容往往被视为个人品位、志趣、教养和阅历的集中体现,交谈内容的选择应当遵守一定的原则和要求。选择一个好话题,可使谈话的双方找到共同的语言,往往就预示着谈话成功了一大半。

交谈的内容要符合客观现场环境,符合身份,还要因人而异,考虑对方的性别、年龄、阅历、兴趣、职业等。好内容的标准是：至少有一方熟悉能谈，大家感兴趣爱谈，有展开探讨的余地。社交场合宜选择的交谈内容有：轻松的话题，如体育、旅游、时尚、天气等；高雅的话题，如哲学、历史、文学、艺术、风土、人情、传统、典故等；也可选择自己或者对方所熟知甚至擅长的内容。不宜谈论庸俗低级的内容；对方感到悲哀、难过的内容；商业机密及对方忌讳的话题，尤其在与外国人打交道时忌谈论年龄、婚姻、收入、健康状况、身高体重等被视为隐私的事情。

【典型案例】
赞美的力量

4. 交谈的禁忌

1）忌打断对方

双方交谈时，上级可以打断下级，长辈可以打断晚辈，平等身份的人是没有权利打断对方谈话的。万一你与对方同时开口说话，你应该说"您请"，让对方先说。

2）忌补充对方

有些人好为人师，总想显得知道得比对方多，比对方技高一筹。出现这一问题，实际上是没有摆正位置，因为人们站在不同角度，对同一问题的看法会产生很大的差异。譬如你说北京降温了，对方马上告诉你哈尔滨还下大雪了。当然，如果谈话双方身份平等，彼此熟悉，有时候适当补充对方的谈话也并无大碍，但是在谈判桌上绝不能互相补充。

3）忌纠正对方

不同国家、不同地区、不同文化背景的人考虑同一问题，得出的结论未必一致。一个真正有教养的人，是懂得尊重别人的人。尊重别人就是要尊重对方的选择。除了大是大非的问题必须旗帜鲜明地回答外，人际交往中的一般性问题不要随便与对方争论是或不是，不要随便去判断，因为对或错是相对的，有些问题很难说清谁对谁错。美国人吃螃蟹习惯吃钳子，其余部分都不要，而中国人习惯吃黄吃膏，此时你就不能说"你真傻，吃螃蟹应该吃黄吃膏"。在中国，点头表示同意，摇头表示反对，但在有些国家，如马其顿、保加利亚、尼泊尔，则正好相反，点头表示反对，摇头表示同意。每个人的受教育程度不同，职业背景不一样，考虑的问题也不相同，所谓做人必须宽容，不要把自己的是非判断标准随便强加于人。

4）忌质疑对方

对别人说的话不随便表示怀疑。所谓防人之心不可无，质疑对方并非不行，但是不能写在脸上，这点很重要。如果不注意，就容易带来麻烦。质疑对方，实际是对其尊严的挑衅，是一种不理智的行为。人际交往中，这样的问题值得高度关注。

知识链接 3-5
交往的距离

3.2 宴请礼仪

宴请是人际交往中最常见的交际活动之一。由于各国、各民族都有自己国家和民族的文化特点与生活习惯，不同形式的宴会对礼仪规范和个人行为举止都有不同的要求，如果不注意学习、掌握宴会的礼仪，在宴会中礼仪失当，不仅会贻笑大方，损害个人的形象，也会影响正常的社会交往和友好合作。国际上通用的宴请形式有宴会、招待会、茶会、工作进餐等。

举办宴请活动采用何种形式,通常根据活动目的、邀请对象及经费开支等各种因素而定。

3.2.1 常见的几种宴请形式

1. 宴会

宴会是最正式、最隆重的宴请。宴会为正餐,坐下进食,由招待员顺次上菜。宴会种类繁多,按举行的时间划分,可分为早宴(早餐)、午宴、晚宴;按餐别划分,可分为中餐宴会、西餐宴会、中西合餐宴会;按性质划分,可分为工作宴会、欢迎宴会、节庆宴会;按礼宾规格划分,可分为国宴、正式宴会、便宴和家宴,其隆重程度、出席规格及菜肴的品种与质量等均有区别。一般来说,晚上举行的宴会较之白天举行的更为隆重。

1) 国宴

国宴是国家元首或政府首脑为国家的庆典,或为外国元首、政府首脑来访而举行的正式宴会,因而规格最高。宴会厅内悬挂国旗,安排乐队演奏国歌及席间乐、席间致辞或祝酒。

2) 正式宴会

正式宴会通常是指政府部门和人民团体为欢迎应邀来访的国外宾客,或来访的宾客为答谢主人而主办的宴会。其接待规格仅次于国宴。正式宴会的安排与服务程序大体与国宴相同。宾主按身份排席位或座次,在礼仪上的要求也比较严格。席间一般有致辞和祝酒,有时也设乐队演奏伴宴乐曲。与国宴所不同的是正式宴会不挂国旗、不演奏国歌。

3) 便宴

便宴即非正式宴会,规格可大可小,不拘严格的礼仪、程序。常见的有午宴、晚宴,有时也有早上举行的早餐。这类宴会形式简便,可以不排席位,不作正式讲话,追求一种亲切、随意的进餐环境和效果,是联络感情、沟通信息、交际活动中较为普遍采用的宴请形式之一。便宴较随便、亲切,宜用于日常友好交往。

4) 家宴

家宴即在家中设便宴招待客人。西方人喜欢采用这种形式,以示亲切友好。家宴往往由主妇亲自下厨烹调,家人共同招待。家宴通常没有太多的礼仪限制,旨在深化情感、发展友谊。

2. 招待会

招待会是指不备正餐、较为灵活的宴请方式。它备有食品、酒水、饮料,由客人根据自己的口味选择自己喜欢的食品和饮料,然后或站或坐,与他人一起或独自一个人用餐。招待会一般不安排座次,可以自由活动。常见的招待会有冷餐会、酒会等。

1) 冷餐会

冷餐会又可以叫自助餐宴会。常用于官方正式活动,以宴请人数众多的宾客。这种宴请形式的特点是,不排席位,菜肴以冷食为主,也可用热菜,连同餐具陈设在菜桌上,供客人自取。冷餐会一般在中午12时—下午2时,下午5—7时举办。客人可自由活动,可以多次取食。酒水可陈放在桌上,也可由招待员端送。根据主、客双方身份,招待会规格隆重程度可高可低。我国国内举行的大型冷餐招待会,往往用大圆桌,设座椅,主宾席排座位,其余各席不固定座位,食品与饮料均事先放置桌上,招待会开始后,自动进餐。

2) 酒会

酒会又称鸡尾酒会。适用于各种节日、庆典、仪式及招待性演出前后。这种招待会形式较活泼,便于广泛接触交谈。招待品以酒水为主,略备小吃。不设座椅,仅置小桌(或茶几),

以便客人随意走动。酒会举行的时间也较灵活,中午、下午、晚上均可,请柬上往往注明整个活动延续的时间,客人可在其间任何时候到达和退席,来去自由,不受约束。

鸡尾酒是用多种酒配成的混合饮料。酒会上不一定都用鸡尾酒,但通常用的酒类品种较多,并配以各种果汁,不用或少用烈性酒。食品多为三明治、面包、小香肠、炸春卷等各种小吃,以牙签取食。饮料和食品由招待员用托盘端送,或部分放置于小桌上。

3. 茶会

茶会是一种简便的招待形式。举行的时间一般在下午 4 时左右(也有上午 10 时举行的)。茶会通常设在客厅,不用餐厅。厅内设茶几、座椅。不排席位,但如是为某贵宾举行的活动,入座时,有意识地安排主宾同主人坐到一起,其他人随意就座。会上备茶、点心和数样风味小吃。茶会对茶叶、茶具的选择要有讲究并应突出地方特色。安排有外国人参加的茶会应备有红茶、咖啡和冷饮,席间可安排一些短小的文艺节目助兴。

4. 工作进餐

工作进餐是现代经常采用的一种非正式宴请形式(有的时候由参加者各自付费),按用餐时间分为工作早餐、工作午餐、工作晚餐。利用进餐时间,边吃边谈问题。这类活动一般只请与工作有关的人员,不请配偶。双边工作进餐往往排席位,尤以用长桌更便于谈话。如用长桌,其座位排法与会谈桌席位安排相仿。

3.2.2 宴请的组织工作

宴请作为一种礼仪性的社交活动,对宾客来说是一种礼遇,务必根据宴会的规范和礼仪要求认真组织。为使宴请活动取得圆满成功,要做好以下工作。

1. 确定宴请目的、名义、范围与形式

(1)宴请的目的既可以是为某一件事也可以是为某个人,如节庆日聚会、工作交流、贵宾来访等。

(2)宴请的名义是指以谁的名义邀请。确定邀请者与被邀请者的主要依据是主宾双方的身份应当对等。身份低使人感到冷淡,规格过高也无必要。我国大型正式活动通常是以一个人的名义发出邀请,日常交往的小型宴请可以根据具体情况以个人名义或以夫妇的名义发出邀请。

(3)邀请范围是指请哪些方面人士、请到哪一级别、请多少人、主人一方请什么人出来作陪。这需要考虑多方因素,如宴请的性质、主宾的身份、国际惯例乃至当前政治环境等。

邀请范围与规模确定之后,即可草拟具体邀请名单。被邀请人的姓名、职务、称呼、对方是否有配偶等信息都要准确。多边活动尤其要考虑政治关系,对政治上相互对立的国家是否邀请其人员出席同一活动,要慎重考虑。

(4)宴请采取何种形式,在很大程度上取决于当地的习惯做法。一般来说,正式、规格高、人数少的以宴会为宜,人数多则以冷餐或酒会更为合适,妇女界活动多用茶会。

2. 确定宴请时间、地点

(1)宴请的时间应安排在主宾双方都较为合适的时候。在具体时间的确定上,要避免对方的重大节假日、已有重要活动的时间或禁忌日。例如,对信奉基督教的人士不要选十三号,更不要选十三号星期五;伊斯兰教在斋月内白天禁食,宴请宜在日落后举行。小型宴请应首先征询主宾意见,最好口头当面约请,也可用电话联系。主宾同意后,时间即被认为最后确定,可以按此约请其他宾客。

(2) 选择宴请的地点,要根据邀请的对象、活动性质、规模大小及形式等因素来确定。例如,官方正式、隆重的宴会一般安排在政府议会大厦或客人下榻的酒店。

3. 确定宴请规格

不同宴请规格对礼仪规范的要求是不同的。宴请的规格与种类是密切联系、互相影响的,它们都受宴请目的所决定和制约。

宴请规格的确定,首先应考虑宾主双方谁是这次宴会活动的主办者,以及主办者的身份、地位如何。假如是客户突然来访,主人举行宴会,那么就应以来访者身份地位最高者作为这次宴会活动规格的基本参数。其次主方出席人员的地位与身份应当和对方相等或略高于对方。假如是主方有准备的、主动发起的宴会,就应考虑是组织集体的庆典活动,还是个别部门的业务交往需要,或者只是部门之间的友情宴会等,一般是以主方活动的性质和准备出席的人的最高身份或客方可能应邀出席者的身份地位来确定宴会的规格。规格过低显得失礼,过高没有必要。

规格基本确定以后,就要根据规格和活动的性质、内容、目的来选择宴请的活动种类。

4. 宴会邀请

邀请有两种形式,即口头邀请和书面邀请。口头邀请就是当面或者通过电话把这个活动的目的、名义以及邀请的范围、时间、地点等告诉对方,然后等待对方的答复。书面邀请即给对方发送请柬,将宴会活动的内容告知对方,这样做,既是出于礼貌,也是对客人的提醒和备忘。

宴会邀请时间一般以提前3~7天为宜。过早,客人会因日期长久而遗忘;太迟会使客人措手不及,难以如期应邀出席。请柬一般提前1~2周发出(有的地方须提前1个月),以便被邀请人及早安排。需安排座位的宴请活动,为确切掌握出席情况,往往要求被邀者答复能否出席。

请柬内容包括活动形式、举行的时间及地点、主人的姓名(如以单位名义邀请,则用单位名称)。请柬行文不用标点符号,所提到的人名、单位名、节日名称都应用全称。中文请柬行文中不提被邀请人姓名(其姓名写在请柬信封上),主人姓名放在落款处。请柬格式与行文中外文本差异较大,注意不能生硬照译。请柬可以印刷也可以手写,但手写字迹要美观、清晰。

5. 菜单拟定和酒水搭配

宴会菜单的拟定要根据宴请的规格,在规定的标准内安排。拟定菜单时要考虑以下因素。

(1) 菜肴的选定与酒水的搭配,不是以主人的好恶为标准,而要以主宾的口味习惯为依据。要注意尊重对方的民族饮食习惯和宗教信仰,如印度教徒不吃牛肉,回族不吃猪肉等。

(2) 菜肴的营养构成、荤素搭配要合理。时令菜、特色菜、传统菜应合理选择,另外要注意菜点与酒水、饮料的搭配,应力求照顾多数客人的需求。

(3) 菜肴不一定要选名贵菜,而应以精致、干净、卫生、可口取胜。菜肴的量要适中。宴请注重的是气氛,而不一定是吃喝的内容。

(4)量力而行。"力"是指经费的合理开支,以及厨师的烹饪技艺是否达到了拟定菜肴的烹饪制作水准。

由此可见,宴请的菜单是很有讲究的,这不仅需要从规格、标准上考虑,而且更需适合客人的习惯与爱好。菜单一经确定,即可印制,印制要精美大方。宴会菜单宜每桌上放两三份,规格较高的宴请可每人一份,供客人留作纪念。

6. 安排席位

1)桌次安排

桌次的安排要遵循以远为上、以右为上、居中为上、面门为上的原则。具体来说有两种情况。

(1)由两桌组成的小型宴会,可以采取两桌横排或两桌竖排的形式,如图3-1和图3-2所示。两桌横排时,桌次讲究以右为高,以左为低(左和右的位置由面对正门的位置来确定);两桌竖排时,桌次讲究以远为上,以近为下(远近以距离正门的远近而言)。

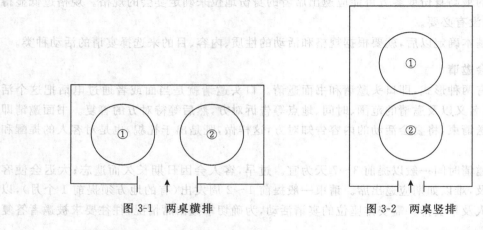

图3-1 两桌横排　　　　　　　图3-2 两桌竖排

(2)由三桌或三桌以上所组成的宴会,除了遵循以上原则外,还应兼顾其他各桌距离主桌的远近,距主桌越近,桌次越高;距主桌越远,桌次越低。图3-3~图3-5所示为三桌及以上的排法。

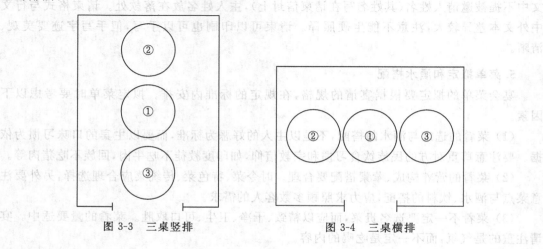

图3-3 三桌竖排　　　　　　　图3-4 三桌横排

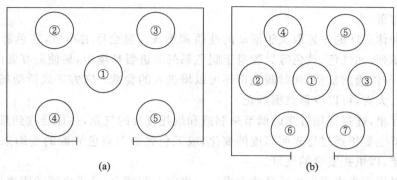

图 3-5　三桌以上

2）座次安排

方法一：主人在主桌面对正门之位就座。

方法二：多桌宴请时，每桌都要有一位主人的代表在座。位置一般和主桌主人同向，有时也可以面向主桌主人。

方法三：各桌位次的尊卑，以距离该桌主人的远近而定，以近为上，以远为下。

方法四：各桌距离该桌主人相同的位次，讲究以右为尊。

如果主宾身份高于主人，为表示尊重，也可以安排在主人位子上就座，而请主人坐在主宾的位子上。

凡正式的宴会，均应事先为每个赴宴者安排好桌次和位次，并且事先通知到每个人，以便使其心中有数；也有的只安排部分主宾的席位，其他人只排桌次或自由就座。

不同形式的宴会，席位的排列各有不同。排列的依据，主要是国际惯例和本国的礼宾顺序。除此之外，还应考虑客人之间的政治关系、身份地位、语言沟通、专业兴趣等因素。但是不论如何排列，都应先把主宾夫妇和主人夫妇置于最为尊贵的位置。国外习惯，男女穿插安排，以女主人为准，主宾在女主人右上方，主宾夫人在男主人右上方。我国习惯按各人本身职务排列以便于谈话，如夫人出席，通常把女方排在一起，即主宾坐男主人右上方，其夫人坐女主人右上方。

为了保证全体赴宴者临场不乱，都能迅速找到自己的席位，应在请帖上注明桌次；还可以在宴会现场悬挂桌次图，在每张餐桌上放置桌次牌、座次牌或姓名牌。

一个主位和两个主位的宴会座次如图 3-6 和图 3-7 所示。

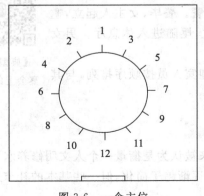

图 3-6　一个主位

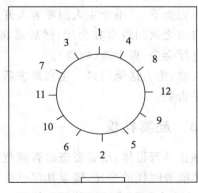

图 3-7　两个主位

7. 现场布置

宴会厅和休息厅的布置取决于活动的性质和形式。宴会厅的布置,在色彩选择上要尽量选用暖色系列,如红色、黄色等。置身于暖色系列的进餐环境中,易使赴宴者的情绪饱满、开朗、有交流与沟通的欲望,同时暖色调还可以增进人的食欲。官方正式活动场所的布置应该严肃、庄重、大方,可以少量点缀鲜花。

在宴会厅里,通过运用灯光的调节来制造和烘托宴会的气氛,往往会收到意想不到的效果。灯光调节主要指通过灯光明暗度的变化,或无色光源与有色光源的变幻来调动和调节进餐者的情绪,以烘托宴会的气氛。

宴会可以用圆桌也可以用长桌或方桌。一桌以上的宴会,桌子之间的距离要适当,各个座位之间也要距离相等。如安排有乐队演奏席间乐,不要离得太近,乐声宜轻。宴会休息厅通常放小茶几或小圆桌,与酒会布置类同,如果人数少,也可按客厅布置。

冷餐会的菜台用长方桌,通常靠四周陈设,也可根据宴会厅的情况,摆在房间的中间。如坐下用餐,可摆四五人一桌的方桌或圆桌。座位要略多于全体宾客人数,以便客人自由就座。

酒会一般摆小圆桌或茶几,以便放花瓶、烟灰缸、干果、小吃等,也可在四周放些椅子,供妇女和年老体弱者就座。

8. 宴请程序及现场工作

主人一般在门口迎接客人。官方活动,除男女主人外,还有少数其他主要官员陪同主人排列成行迎宾,通常称为迎宾线。其位置宜在客人进门存衣以后进入休息厅之前。与客人握手后,由工作人员引进休息厅。如无休息厅则直接进入宴会厅,但不入座。休息厅内有相应身份的人员照料客人,由招待员送饮料。

主宾到达后,由主人陪同进入休息厅与其他客人见面。如其他客人尚未到齐,由迎宾线上其他官员代表主人在门口迎接。主人陪同主宾进入宴会厅,全体客人就座,宴会即开始。如果休息厅较小,或宴会规模大,也可以请主桌以外的客人先入座,贵宾席最后入座。

如果有正式讲话,一般正式宴会可在热菜之后甜食之前由主人讲话,接着由主宾讲话。也有一入席双方即讲话的。冷餐会和酒会讲话时间则更灵活。

吃完水果,主人与主宾起立,宴会即告结束。

外国人的日常宴请在女主人为第一主人时,往往以她的行动为准。入席时女主人先坐下,并由女主人招呼客人开始就餐。餐毕,女主人起立,邀请全体女宾与之共同退出宴会厅,然后男宾起立,尾随进入休息厅。男女宾客在休息厅会齐,即上茶(咖啡)。

【典型案例】
宴会上的洗手水

主宾告辞,主人送至门口。主宾离去后,原迎宾人员按顺序排列,与其他客人握手告别。

3.2.3 赴宴礼仪

赴宴举止是否得体,用餐姿态是否规范,历来被认为是衡量一个人文明修养水平的标准之一。虽然随着时代的变迁,餐桌礼仪已由烦琐逐渐趋于简化,但一些基本的礼节规范却依然保存着,成为人们相沿成习的行为标准。

1. 准备赴宴

应邀出席宴会，要讲究相关礼节，做一位懂礼貌、有教养的赴宴者。接到宴会邀请，能否出席都应尽早回复，以便主人安排。答复对方，可打电话或复以便函。一旦接受邀请，不宜随意改动。应邀出席宴会前，要核实宴请的时间和地点、是否邀请了配偶、有无服装要求等，以免搞错。

赴宴一定要注意着装得体。在欧美国家参加正式宴会，男士们通常着深色西装、配白色或浅色衬衣，系领带、领结或领花，穿擦拭干净的黑色皮鞋；女士出席正式宴会通常穿礼服，一般长袖礼服配短手套，而短袖礼服则配长手套，礼服应与高跟鞋搭配。

2. 掌握出席时间

出席宴请活动，抵达时间的迟早、逗留时间的长短在一定程度上反映对主人的尊重，应根据活动的性质和当地的习俗掌握。按时出席宴会是最基本的礼貌。迟到、早退、逗留时间过短被视为失礼。身份高者可略晚些到达，一般客人宜提前或晚一二分钟抵达，去得太早，主人可能还没准备好；去的太晚，甚至比主宾还晚，就更失礼了。出席酒会可以在请柬注明的时间内到达。有事需提前退席，应向主人说明后悄悄离开；也可事先打招呼，届时离开。

3. 礼貌入座

入座应听从主人安排。正式宴会，进入宴会厅之前，先掌握自己的桌次和座位。入座时应注意桌上座位卡是否写有自己的名字，不可随意入座。入座要讲究顺序，礼让尊长，从左入座，背对座椅，轻轻落座。入座后坐姿要端正，不可用手托腮或将双肘放在桌上。不可玩弄桌上的酒杯、盘碗、刀叉、筷子等餐具，不要用餐巾或纸巾擦餐具。

4. 文雅进餐

入座后，主人招呼，即开始进餐。在我国是男主人为主，西方是女主人为主。招呼的方法是将餐巾拿起来，意思是"可以进餐了"。

取菜时，不要盛得太多。盘中食物吃完后，如不够，可以再取。如果由服务员分菜，遇到不爱吃的菜肴，可取少量放入盘内。对不合口味的菜，勿显露出难堪的表情。

进餐过程中，动作要文雅，切不可将胳膊肘放在餐桌上。吃东西时不要舔嘴唇或咂嘴发出声音。如果汤、菜太热，待稍凉后再食用，不要用嘴吹。吃剩的菜，用过的餐具、牙签及鱼刺、骨头等，都要放入骨盘内，勿置于桌上。不要面对其他客人张嘴剔牙，剔牙时应该用餐巾或纸巾遮住口部；边走边剔牙更是不雅观的行为。

进餐时，如不慎碰掉了餐具，不必俯身去拾，服务员会立刻过来拾起并重新为你换上干净的。不需要向服务员道歉，重要的是不动声色，好像什么都不曾发生一样，以免吸引周围人的注意。

知识链接 3-6
筷子的使用礼仪

5. 学会祝酒

祝酒也叫敬酒，是宴会进行过程中不可缺少的项目，重要的宴请活动，还有专门的祝酒仪式。参加宴会的人，要事先准备好为何人、何事祝酒，何时祝酒，等等，以便做到心中有数，避免失礼。主人和主宾致辞、祝酒时，应暂停进餐和交谈。奏国歌时应肃立。主人和主宾致辞后往往会到各桌敬酒，各桌宾客应起立举杯。碰杯时，主人和主宾先碰，人多时可同时举杯示意,不一定碰杯。主桌未祝酒时,其他桌不可先起立或串桌祝酒。宴会上互相敬酒,可以活跃气氛,但要适可而止,不能强人所难。

敬酒的顺序一般情况下应按年龄大小、职位高低、宾主身份为序,敬酒前一定要考虑好敬酒的顺序,分明主次,避免出现尴尬的情况。即使你分不清或职位、身份高低不明确,也要按统一的顺序敬酒,比如先从自己身边按顺时针方向开始敬酒,或是从左到右、从右到左等。

6. 席间谈话注意事项

宴会上沉默寡言会使宴会气氛显得沉默,男女主人应主动引出交谈的话题,促使客人们相互谈论大家都感兴趣的内容,使宴会始终保持愉快的气氛。无论是主人还是宾客都应与同桌的人交谈,特别是左邻右座,不要只同几个熟人或一两个人谈话,不可哈哈大笑、窃窃私语,或者大声招呼。注意,不要边吃食物边讲话,或边摆弄刀叉边讲话;想说话时,要等吃完了嘴里的食物再说。

7. 宴会结束注意事项

等大部分客人已停止进餐之时,主人把餐巾放在桌上,或者从餐桌旁站起来,表明宴会到此为止。只要看到这种信号,宾客即可把餐巾放下,起身离席。离开餐桌时,不要将座椅拉开就走,而应将椅子再挪回原处。男士应帮助身边的女士移开座椅,然后再把座椅放回餐桌旁。一般情况下,贵宾是第一位告辞的人,客人在分手时要对主人的盛情款待表示感谢。离席时应让身份高者、年长者或女士先走。

【典型案例】
她为什么不辞而别

3.2.4 西餐礼仪

1. 正式的全套西餐顺序

(1) 头盘。头盘也称为开胃品,一般有冷盘和热头盘之分,常见的品种有鱼子酱、鹅肝酱、熏鲑鱼、奶油鸡酥盒、焗蜗牛等。

(2) 汤。汤大致可分为清汤、奶油汤、蔬菜汤和冷汤四类,品种有牛尾清汤、各式奶油汤、海鲜汤、美式蛤蜊汤、意式蔬菜汤、俄式罗宋汤、法式葱头汤。

(3) 副菜。通常,水产类菜肴与蛋类、面包类、酥盒菜肴均称为副菜。西餐吃鱼类菜肴讲究使用专用的调味汁,品种有鞑靼汁、荷兰汁、酒店汁、白奶油汁、大主教汁、美国汁和水手鱼汁等。

(4) 主菜。肉、禽类菜肴是主菜。其中最有代表性的是牛肉或牛排,肉类菜肴配用的调味汁主要有西班牙汁、浓烧汁精、蘑菇汁、白尼丝汁等。禽类菜肴的原料取自鸡、鸭、鹅;最多的是鸡,可煮、可炸、可烤、可焗,主要的调味汁有咖喱汁、奶油汁等。

(5) 蔬菜类菜肴。蔬菜类菜肴可以安排在肉类菜肴之后,也可以与肉类菜肴同时上桌,蔬菜类菜肴在西餐中称为沙拉。与主菜同时搭配的沙拉,称为生蔬菜沙拉,一般用生菜、番茄、黄瓜、芦笋等制作。

(6) 甜品。西餐的甜品是主菜后食用的,可以算作第6道菜。从真正意义上讲,它包括所有主菜后的食物,如布丁、奶酪、水果等。

(7) 茶或咖啡。饮咖啡一般要加糖和淡奶油。

2. 西餐礼仪

1) 入座

西方宴会中的座次安排与中方有所不同,除了讲究身份地位的差异,还要讲究"以右为尊,远门为上,女士为尊,主客间隔,男女间隔,夫妻分开,交叉落座"的原则,这是为了方便大家交流,结识新朋友。西餐的宴会一般选用长桌,座次的排列有不同的方法。第一种方法是男女主人在长桌中央对面而坐,客人按主次分坐于男女主人两边,餐桌两端可以坐人,也可以不坐人;第二种方法是男女主人分坐两头,门边为男主人,另一端为女主人,男主人右手边是女主宾,女主人右手边是男主宾,其余依序排列。有时也会把桌子拼成其他图案。西餐座次的排列方式如图 3-8 所示。

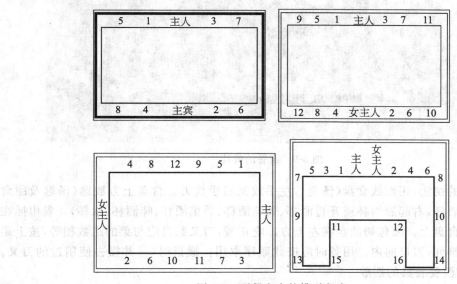

图 3-8 西餐座次的排列方式

西餐入座时一般是从椅子的左侧入座。当椅子被拉开后,身体在几乎要碰到桌子的距离站直,领位者会把椅子推进来,腿弯碰到后面的椅子时,就可以坐下来了。用餐时,上臂和背部要靠到椅背,腹部和桌子保持约一个拳头的距离。

2) 餐巾的使用(微课)

在西餐中,餐巾也是一个重要的角色。同中餐巾相比,虽有许多用途、用法相似,但也有更严格的特殊之处,需多加注意。餐巾应平铺在自己并拢的大腿上。如果是大的正方形的餐巾,应将它折成等腰三角形,下角朝向膝盖方向;长方形餐巾,应将其对折,然后折口向外平铺在腿上;小餐巾可直接铺在腿上。

餐巾对服装有保洁作用,防止菜肴、汤汁落下来搞脏衣服;也可以用来揩拭口部,通常用其内侧,但不能用其擦汗、擦餐具;还可以用来遮掩口部,在必须剔牙或吐出嘴中的东西时,可用餐巾遮掩,以免失态。

西餐以女主人为第一主人,当女主人铺开餐巾时,暗示用餐开始;当女主人把餐巾放于桌上时,暗示用餐结束。就餐者如果中途离开,一会儿还要回来继续用餐,可将餐巾放在本人所坐的椅面上;如果放在桌面上,则暗示用餐已经结束。

3) 西餐餐具（微课）

西餐餐具的摆设与中餐不同。西餐餐具有刀、叉、匙、盘、杯等。刀分为食用刀、鱼刀、肉刀（刀口有锯齿，用以切牛排、猪排）、奶油刀、水果刀；叉分为食用叉、鱼叉、龙虾叉；匙有汤匙、茶匙等；杯的种类更多，茶杯、咖啡杯均为瓷器，并配小碟，水杯、酒杯多为玻璃制品，不同的酒使用的酒杯规格也不相同。宴会上几道酒，就配有几种酒杯。公用刀叉规格一般大于食用刀叉。图 3-9 所示为西餐的餐具。

图 3-9　西餐的餐具

西餐餐具的摆法：正面放食盘（汤盘），左手放叉右手放刀。食盘上方放匙（汤匙及甜食匙），再上方放酒杯，右起烈酒杯或开胃酒杯、葡萄酒杯、香槟酒杯、啤酒杯（水杯）。餐巾插在水杯内或摆在食盘上。面包奶油盘在左上方。吃正餐，刀叉数目应与菜的道数相等，按上菜顺序由外至里排列，刀口向内。用餐时应按此顺序取用。撤盘时，一并撤去使用过的刀叉。图 3-10 所示为西餐餐具的摆放。

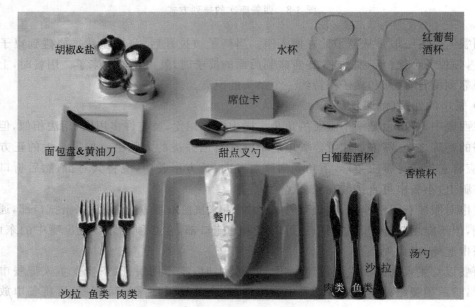

图 3-10　西餐餐具的摆放

4)刀叉的使用

使用刀叉进餐时,从外侧往内侧取用刀叉,要左手持叉,右手持刀,正确姿势是:用左手拇指、食指、中指拿住叉;用右手食指压在刀背上以出力,其余手指拿住刀把。

刀叉的使用方法有两种:一种是英国式的,要求在进餐时,餐具不换手,用刀切东西时左手拿叉按住食物,右手执刀将其切成小块,一边切割,一边食;另一种是美国式的,先右手持刀左手持叉,把餐盘的食物全部切割好,然后把右手的餐刀斜放在餐盘的前方,将左手叉换到右手再食用。

使用刀时,刀刃不可向外,尽量不要使其碰撞以免发出声音。进餐中放下刀叉时应摆成"八"字形,分别放在餐盘边上。刀刃朝向自身,表示还要继续吃。每吃完一道菜,将刀叉并拢放在盘中。如果是谈话,可以拿着刀叉,无须放下。不用刀时,可用右手持叉,但若需要做手势,就应放下刀叉,千万不可手执刀叉在空中挥舞摇晃;也不要一手拿刀或叉,而另一只手拿餐巾擦嘴;也不可一手拿酒杯,另一只手拿叉取菜。要记住,任何时候,都不可将刀叉的一端放在盘上,另一端放在桌上。图3-11所示为西餐用餐时刀、叉摆放的含义。

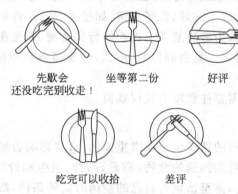

图 3-11 西餐用餐时刀、叉摆放的含义

5)喝汤的礼仪

喝汤时不要端起盘子来喝,不要舔嘴唇或咂嘴发出声音,吃东西时要闭嘴咀嚼。如果汤菜过热,可待稍凉后再喝,不要用嘴吹,或用匙搅拌降温。喝汤时,用汤勺从里向外舀,汤盘中的汤快喝完时,用左手将汤盘的外侧稍稍翘起,用汤勺舀净即可。吃完汤菜时,将汤匙留在汤盘(碗)中,匙把指向自己。

6)其他注意事项

吃鱼、肉等带刺或骨的菜肴时,不要直接往外吐,可用餐巾捂嘴轻轻吐出。如盘内剩余少量菜肴时,不要用叉子刮盘底,更不要用手指相助食用,应以小块面包或叉子相助食用。吃面条时要用叉子先将面条卷起,然后送入口中。吃鸡时,欧美人多以鸡胸脯肉为贵,吃鸡腿时应先用刀将骨去掉,不要用手拿着吃。吃鱼时不要将鱼翻身,要吃完上层后用刀叉将鱼骨剔掉后再吃下层。吃肉时,要切一块吃一块,块不能切得过大,或一次将肉都切成块。

喝咖啡时,如添加牛奶或糖,添加后要用小勺搅拌均匀,将小勺放在咖啡的垫碟上。喝时应右手拿杯把,左手端垫碟,直接用嘴喝,不要用小勺一勺一勺地舀着喝。吃水果时,不要拿着水果整个去咬,应先用水果刀切成四五瓣,再用刀去掉皮、核,用叉子叉着吃。

3.2.5 中餐礼仪

中国是文明古国,也是礼仪之邦,历来崇尚礼仪。礼的产生始于饮食。《礼记》的《礼运篇》中记载"夫礼之初,始于饮食"。《论语·乡党》篇中强调"'食不语,寝不言''虽疏食菜羹,瓜祭,必齐如也''席不正,不坐''乡人饮酒,杖者出,斯出矣'"等都是餐饮礼仪。文献记载表明,最迟在周代,我国的饮食礼仪已自成体系。这些礼仪日臻成熟与完善,它们在古代社会发挥过重要的作用,对现代社会依然产生着影响,成为文明时代的重要行为规范。

餐饮是一种常见的社交活动,其中中餐是指具有中华民族传统风格的餐食菜肴,遵守中国人的饮食习惯和礼仪规范。

中餐宴请活动就其目的性质而言,一般分为三种:第一种是礼仪性质的,如为迎接重要的来宾或政界要员的公务性来访、为庆祝重大的节日或举行一项重要的仪式等举行的宴会,都属于礼仪上的需要,这种宴会要有一定的礼宾规格和程序,对于到场人数、穿着打扮、席位排列、菜肴数目、音乐演奏、宾主致辞等,往往都有十分严谨的要求和讲究;第二种是交谊性质的,主要是为了沟通感情、表示友好、发展友谊,如接风、送行、告别、聚会等;第三种是工作性质的,主人或参加宴会的人为解决某项工作而举行的宴请,以便在餐桌上商谈工作。这三种情况又常交相为用兼而有之。宴会的目的、形式、性质虽各有不同,但宾主所遵循的基本礼仪是一致的。

在具体的就餐过程中,需要注意以下礼仪规范。

1. 用餐地点的选择

在社交聚餐时,用餐地点的选择也是非常重要的,直接影响着餐宴的效果。比如饭店的远近、方便程度、服务态度、可供挑选的食物、质量、品种、卫生和价格;饭店的设施、装饰、服务项目、营业时间、交通情况,甚至饮食者自己的空闲时间等条件,都会对宴请活动产生不同的影响。在用餐地点的选择上,要注重以下两点。

1)环境优雅

宴请不仅是为了"吃东西",也要讲究环境的优雅。如果用餐地点环境欠佳,卫生状况堪忧,即使菜肴再有特色,也会食而无味,使宴请效果大打折扣。在可能的情况下,争取选择清静、优雅的用餐地点。

2)交通便利

选择用餐地点,对于交通方便与否,也要高度加以关注。要充分考虑聚餐者来去交通是不是方便,有没有公共交通线路通过,有没有停车场,是不是要为聚餐者预备交通工具等一系列的具体问题,以及该地点设施是否完备。

总之,选择宴请的地点,要根据主人意愿,邀请的对象,活动性质、规模大小及形式,商谈的内容等因素来确定。一场宴会,少则十几人,多则上千人,要想让一种宴会环境满足所有与宴者的心理要求是很难的,这就要求主办者在尽量满足大多数赴宴者的客观要求的同时,侧重迎合其中少数特殊人物的心理要求。比如,当主宾的地位、身份、影响高于主人时,以主宾为主;当主宾的身份、地位低于主人时,则要以主人为主,一些部门和单位领导宴请时,即应如此;平民百姓、普通顾客宴请时,宴会设计要以"买单"者为主。会议宴请,要以会务组人员及大会主席为主。

2. 点菜礼仪

1）点菜的基本原则

点菜是宴请活动中最关键的一环。如果菜点安排太少,就会怠慢客人;反之,安排得过多,则又会造成浪费。如果所安排的菜点,色泽一致,口味一样,盛器相同,则显单调。尽是荤,有肥腻之忌讳;尽是素,有清淡之嫌。点菜应掌握以下基本原则。

（1）明确宴请的目的

宴请有正规待客的,有好友相聚的,论功行赏的,有联络感情的,林林总总。不同的宴请目的决定了菜的质量和品种的不同。

（2）了解客人的喜好

知己知彼方可百战不殆,掌握同席之人的口味乃点菜之先。选菜不以主人的爱好为准,主要考虑的是主宾的喜好与禁忌。

（3）注重菜肴特色

中餐宴请时通常应该考虑以下几点。

① 有中餐特色的菜肴。尤其宴请外宾的时候,这一条更要重视。像炸春卷、煮元宵、蒸饺子、狮子头、宫保鸡丁等,并不是佳肴美味,但因为具有鲜明的中国特色,所以受到很多外国人的推崇。

② 有本地特色的菜肴。比如西安的羊肉泡馍,湖南的毛家红烧肉,上海的红烧狮子头,北京的涮羊肉,在当地宴请外地客人时,上这些特色菜,要比千篇一律的生猛海鲜更受欢迎。

③ 餐馆的特色菜。很多餐馆都有自己的特色菜,上一份本餐馆的特色菜,能说明主人的细心和对客人的尊重。

（4）讲究搭配合理

点菜时要注重高、中、低不同档次菜肴的搭配。以中国菜而言,并不要求每个菜都出色精彩,但讲究一桌菜的五味俱全,且要搭配合理,咸淡互补,鲜辣不克,让每种味、每道菜都发挥到极致。菜肴应强调荤素、浓淡、干湿多种烹调方法搭配,原料尽量不重复。

（5）考虑来宾的饮食禁忌

在安排菜单时,还必须考虑来宾的饮食禁忌,特别是对主宾的饮食禁忌要高度重视。饮食方面的禁忌主要有以下几项。

① 宗教的饮食禁忌。

② 出于健康的原因,对于某些食品,也有所禁忌。比如,心脏病、脑血管、脉硬化、高血压的人不适合吃狗肉;肝炎病人忌吃羊肉和甲鱼;胃肠炎、胃溃疡等消化系统疾病的人也不合适吃甲鱼;高血压、高胆固醇患者要少喝鸡汤等。

③ 不同地区,人们的饮食偏好往往不同。对于这一点,在安排菜单时要兼顾。比如,湖南人普遍喜欢吃辛辣食物,四川人爱吃麻辣食物等。

④ 有些职业,出于某种原因,在餐饮方面往往也有各自不同的特殊禁忌。例如,国家公务员在执行公务时不准吃请,在公务宴请时不准大吃大喝,不准超过国家规定的用餐标准,不准喝烈性酒。

2）点菜的技巧

根据饮食习惯,与其说是"请吃饭",还不如说成"请吃菜"。所以对菜单的安排马虎不得。很多人请客吃饭,对各个菜系尚不熟悉,就经常会出现"乱点鸳鸯谱"的情况。目前,中国最具有代表性的八大菜系是鲁、川、粤、闽、苏、浙、湘、徽。有人用拟人化的手法将它们的特色描绘得淋漓尽致：苏、浙菜好比清秀素丽的江南美女；鲁徽菜犹如古拙朴实的北方壮汉；粤、闽菜宛如风流典雅的公子；川、湘菜就像内涵丰富充实、才艺满身的名士。

不同的菜肴，也有不同的烹调方法。比如，焖就是将煎、炸、炒或水煮的原料，加入酱油、糖等调味汁，用旺火烧开，再用小火长时间加热，制品形态完整，不碎不裂；烩就是将加工成片、丝、条、丁的多种原料一起用旺火制成半汤半菜的菜肴。此外，还有烘、煮、炸、烤、滚、爆、蒸、炖、煨等方法。了解基本的烹调技巧，也有助于点出主宾双满意的菜单。

（1）讲究点菜的顺序

一般情况下，一顿标准的中餐菜单结构包括：前菜（开胃菜）、汤（羹汤）、主菜（大菜）、面类或米饭、点心（甜点）。开胃菜通常是由四种冷盘组成的大拼盘，有时种类可多达十种。最具代表性的是凉拌海蜇皮、皮蛋等。有时冷盘之后，接着出四种热盘。常见的是炒虾、炒鸡肉等。不过，热盘多半被省略。主菜紧接在开胃菜之后，又称为大件、大菜，多于适当时机上桌，如菜单上注明有"八大件"，表示共有八道主菜。主菜的道数通常是四、六、八等的偶数，因为中国人认为偶数是吉数。在豪华的餐宴上，主菜有时多达十六或三十二道，但普遍的是六道至十二道。这些菜肴是使用不同的材料、配合酸、甜、苦、辣、咸五味，以炸、蒸、煮、煎、烤、炒等各种烹调法搭配而成。其出菜顺序多以口味清淡和浓腻交互搭配，或干烧、汤类交配列为原则。点心是指主菜结束后所供应的甜点，如馅饼、蛋糕、包子、杏仁豆腐等。最后则是水果。

（2）注意点菜的数量

菜肴的数量按实际就座的人数安排，一般来说，冷菜加热菜的总量是人数的2倍就可以了。无论从节约的角度还是从营养学的角度，崇尚奢华，数量多多益善不但造成浪费，而且有损健康。

3. 餐具使用礼仪

1）筷子

筷子是中餐中最主要的进餐用具。握筷姿势应规范，握筷子时，一般用右手握筷子。握筷子的位置要适中，不可握得过高或过低，规范的执筷姿势的取位处，以成人为例，一般应是拇指捏按点在上距筷头（顶）约占三分之一筷长（或略少于三分之一）处为宜。这样既看起来雅观大方，又便于筷子的适当张合使用。

而用筷子取菜、用餐的时候，要注意下面几个问题。

（1）不要迷筷，即拿着筷子犹豫不决夹哪道菜。

（2）不要架筷，即用完筷子不将筷子放在筷架上，而架在碗碟上。

（3）不要探筷，即用筷子在碗盘里翻找。

（4）不要插筷，即把筷子竖插在食物上面。

（5）不要敲筷，即用筷子敲打碗盘的边缘。

（6）不要转筷，即用筷子在汤碗中不断搅拌混合。

（7）不要空筷，即已经用筷子夹起了食物，但是不吃又放回去。

（8）不要舔筷，即不论筷子上是否残留着食物，都不要去舔。

（9）不要磨筷，即拿着筷子相互摩擦筷尖。

（10）不要指筷，即和人交谈时，一边说话一边像指挥棒似地挥舞着筷子，甚至用筷子指着别人,而不将筷子暂时放下。

2) 勺子

勺子也是常用的餐具,它同使用筷子一样,也有一定的讲究。使用勺子时,右手持勺子的柄端,食指在上,按住勺子的柄,拇指和中指在下支撑。它的主要作用是喝汤。有时,用筷子取食时,也可以用勺子来辅助。使用时,要注意以下几点。

(1) 不要将勺子碰碗、盘发出声响。从外向里舀(吃西餐则应从内往外舀),勺子就口的程度,要以不离碗、盘正面为限,切不可使汤滴在碗、盘的外面。

(2) 尽量不要单用勺子去取菜。用勺子取食物时,不要过满,免得溢出来弄脏餐桌或自己的衣服。在舀取食物后,可以在原处"暂停"片刻,汤汁不会再往下流时,再移回来享用。

(3) 暂时不用勺子时,应放在自己的碟子上,不要把它直接放在餐桌上,或是让它在食物中"立正"。用勺子取食物后,要立即食用或放在自己的碟子里,不要再把它倒回原处。而如果取用的食物太烫,不可用勺子舀来舀去,也不要用嘴对着吹,可以先放到自己的碗里等凉了再吃。不要把勺子塞到嘴里,或者反复吮吸、舔食。

3) 盘子

中餐的盘子有很多种,稍小点的盘子就是碟子,主要用来盛放食物,即食碟,在使用方面和碗略同。盘子在餐桌上一般要保持原位,而且不要堆放在一起。

食碟的主要作用,是用来暂放从公用的菜盘里取来享用的菜肴的。用食碟时,一次不要取放过多的菜肴,看起来繁乱不堪。不要把多种菜肴堆放在一起,弄不好它们会相对"窜味",不好看,也不好吃。不吃的残渣、骨、刺不要吐在地上、桌上,而应轻轻取放在食碟前端,放的时候不能直接从嘴里吐在食碟上,要用筷子夹放到碟子旁边。如果食碟放满了,可以让服务员更换。

4) 水杯

水杯主要用来盛放清水、汽水、果汁、可乐等软饮料。不要用它来盛酒,也不要倒扣水杯。另外,喝进嘴里的东西不能再吐回水杯。

5) 餐巾

中餐用餐前,比较讲究的话,会为每位用餐者上一块湿毛巾。它只能用来擦手。擦手后,应该放回盘子里,由服务员拿走。有时,在正式宴会结束前,会再上一块湿毛巾。和前者不同的是,它只能用来擦嘴,却不能擦脸、抹汗。

6) 牙签

牙签也是中餐餐桌上的必备之物。它有两个作用,一是用于扎取食物;二是用于剔牙。但尽量不要当众剔牙。非剔不可时,需用一只手掩住口部,剔出来的东西,不要当众观赏或再次入口,也不要随手乱弹、随口乱吐。剔牙后,不要长时间叼着牙签,更不要用来扎取食物。

4. 席位排列礼仪

1) 桌次排列

在中餐宴请活动中,往往采用圆桌布置菜肴、酒水。排列圆桌的尊卑次序,有两种情况。

(1) 由两桌组成的小型宴请。这种情况,又可以分为两桌横排和两桌竖排的形式。当两桌横排时,桌次是以右为尊,以左为卑。这里所说的右和左,是由面对正门的位置来确定的。当两桌竖排时,桌次讲究以远为上,以近为下。这里所讲的远近,是以距离正门的远近而言。

(2) 由三桌或三桌以上的桌数所组成的宴请,即多桌宴请。在安排多桌宴请的桌次时,除了要注意"面门定位""以右为尊""以远为上"等规则外,还应兼顾其他各桌距离主桌的远近。通常,距离主桌越近,桌次越高;距离主桌越远、桌次越低。

在安排桌次时,所用餐桌的大小、形状要基本一致。除主桌可以略大外,其他餐桌都不要过大或过小。

为了确保在宴请时赴宴者及时、准确地找到自己所在的桌次,可以在请柬上注明对方所在的桌次,在宴会厅入口悬挂宴会桌次排列示意图、安排引位员引导来宾按桌就座,或者在每张餐桌上摆放桌次牌(用阿拉伯数字书写)等。

2) 座次安排

正式宴会,一般都事先安排座次,以便参加宴会者入席时井然有序,同时也是对客人的一种礼貌。这时,桌子上要摆桌次牌和姓名标志牌。非正式的宴会,只安排部分人的桌次和席位,其他客人仅安排桌次,甚至完全不预先排定,但通常就座也要有主次之分。

(1) 单桌实席的席位安排

① 主人席位的确定。第一主人(正主人)的席位一般面对宴会厅的入口处,以便环视整个宴席的进展情况。第二主人(副主人)位设于正主人位的对面,正副主人位与桌中心呈一条直线相对。

② 宾客席位的安排。第一客人(主宾)位应设于主人位的右侧,第二客人(副主宾)位应设于副主人位的右侧,使主宾位与副主宾位呈相对式;第三客人位与第四客人位分别在主人位与副主人位的左侧,也呈相对式。如主宾、副主宾均携夫人出席时,此席位则分别为夫人席位;主宾与副主宾位的右侧分别为翻译席位;第三客人与第四客人位的左侧分别为陪同席位。

(2) 多桌宴席的席位安排

当某一个餐厅由一家单位举办多桌宴会时,首先要确定主桌,然后再确定主位。主桌位置的确定十分重要,要视餐厅结构、门的朝向、主体墙面(或背景墙面)等因素而定。一般情况下,主桌台面设在面对大门、背靠主体墙面(指装有壁画或加以特殊装饰布置、较为醒目的墙面)的位置,但不是所有的主体墙面都是面对大门的,有的餐厅大门开在侧边,这时,主桌应以主体墙面为背景,放在背靠主体墙面的位置。

一般而言,圆桌离入口处最远的位置,或是大厅中央的桌次,属于上座,其次是主桌的左边,再次是右边,依序而下。而接近入口的座位是下座。按国际惯例,桌次高低由离主桌位置的远近而定。近者为高,远者为低;平行者以右桌为高,左桌为低。

确定了主桌席面以后,主人席位也是根据主桌的确认方法来设定的。一般情况下,主人席就是主桌中正对大门、背靠有特殊装饰的主体墙面的一个席位。但有些餐厅的门不是正开,此时,主人席要以背靠主体墙面的位置为准。即使有的餐厅门是正门,但装饰特殊的主体墙面不与正门相对,此时应根据实际情况以主体墙面为主要参照物,确定主人席位。其他桌的主人席位应与主桌主人呈对面式或侧对式。

正式宴会,一般都事先安排座次,以便参加宴会者入席时井然有序,同时也是对客人的一种礼貌,非正式的宴会不必提前安排座次,但通常就座也要有上下之分。安排座位时应考虑以下几点。

① 以主人的位置为中心。如有女主人参加,则以主人和女主人为中心,以靠近主人者为上,依次排列。

② 要把主宾和夫人安排在最主要的位置。通常是以右为上，即主人的右手是最主要的位置。离门最远的、面对着门的位置是上座，离门最近的、背对着门的位置是下座，上座的右边是第二号位，左边是第三号位，依此类推。

③ 在遵从礼宾次序的前提下，尽可能使相邻者便于交谈。

④ 主人方面的陪客应尽可能插在客人之间，以便与客人交谈，避免自己的人坐在一起。

5. 取菜礼仪

中国菜的特色之一是一大盘或一大碗菜由一桌的人依序自取，而如汤类会滴下汁液或不易取用的菜肴，有时会由服务生帮忙分菜，不过，绝大部分都是自己取用。在取菜过程中应注意以下几点。

（1）一道菜上桌后，通常应等主人或长者动手后，其他人才可取食。若需使用公筷或公用调羹的菜，应先用公用餐具将菜肴取到自己的碟盘中，然后用自己的筷子和勺子慢慢食用。

（2）取菜时，不要盛太多。盘中食物吃完后，如不够，可以再取。如由服务生分菜，需增添时，待服务生送上时再取。

（3）应视自己的需要酌量拿取菜肴，不要猛夹猛拿，无视他人存在。不要刚夹一样菜放于盘中，紧跟着又夹另一道菜；也不要把夹起来的菜放回菜盘中，又伸筷夹另一道菜。有些菜比较零碎，如花生米等，可用勺子舀到自己的碗碟里来吃。

6. 席间交谈礼仪

良好的餐桌礼仪，应是既掌握吃喝技巧，又精于交谈，从而使宴会达到预期的效果。无论是赴宴会，还是招待会，"吃饭当哑巴"这句俗语是不适用的。人们通常把联系工作、拉家常、谈古论今、结识新交看得比饭食本身更重要。但是餐桌上的交谈与日常交谈有所差异，应该做到以下几点。

1）众欢同乐，切忌私语

在餐桌上应尽量多谈论一些大部分人能够参与的话题，得到多数人的认同。因为个人的兴趣爱好、知识面不同，所以话题尽量不要太偏，避免唯我独尊，神侃无边，而忽略了众人。特别是尽量不要与人贴耳小声私语，给别人一种神秘感。

2）求同存异，避免冲突

餐桌上的交谈不是演讲，并非一定要语惊四座，重要的是保持双方谈话的共同兴趣。在与人交谈时，还要学会求同存异，避免冲突，学会聆听和沉默，对别人多肯定少否定。

3）语言得当，诙谐幽默

餐桌上也可以显示出一个人的才华、学识和修养，有时一句诙谐幽默的语言，会给客人留下很深的印象，使人无形中对你产生好感。所以，应该知道什么时候该说什么话，语言得当、诙谐幽默很关键。

7. 吃中餐的禁忌

（1）入座后姿势端正，脚踏在本人座位下，不可任意伸直，手肘不得靠桌缘或将手放在邻座椅背上。

（2）取菜的时候，不要左顾右盼，翻来覆去，在公用的菜盘内挑挑拣拣。要是夹起来又放回去，就显得缺乏教养。多人一桌用餐，取菜要注意相互礼让，依次而行，取用适量。不要好吃多吃,争来抢去,而不考虑别人用过没有。够不到的菜,可以请人帮助,不要起身甚至离座去取。

(3) 用餐的时候,不要当众修饰。比如梳理头发,化妆补妆,脱袜脱鞋等。如确有必要可以去化妆间或洗手间。用餐的时候不要离开座位,四处走动。如果有事要离开,也要先和旁边的人打个招呼,可以说声"失陪了""我有事先走一步",等等。

(4) 不要大口地塞食,食物未咽下,不能再塞入口。口内有食物,应避免说话。

(5) 不要用手指掏牙,应用牙签,并以手或手帕遮掩。避免在餐桌上咳嗽、打喷嚏、打嗝。万一不禁,应说声"对不起"。

(6) 如欲取用摆在同桌其他客人面前的调味品,应请邻座客人帮忙传递,不可伸手横越,长驱取物。

(7) 饮食过程中可以建议他人品尝某道菜肴,但不能擅自做主,主动为别人夹菜、添饭。这样做不仅不卫生,而且还会让对方勉为其难。

知识链接 3-7
中国八大菜系

3.2.6 酒的礼仪

中国酒文化历经数千载而不衰。不论是喜庆筵席、亲朋往来,还是逢年过节、日常家宴,人们都要举杯畅饮,以增添一些喜庆气氛。酒能在很多场合使朋友间更加融洽、陌生人之间不拘束。

1. 上酒礼仪

若无特殊规定,正式的中餐宴会通常都要上白酒和葡萄酒两种酒水。具体来说,在搭配菜肴方面,中餐所选的酒水讲究不多,爱喝什么酒,就可以喝什么酒。想什么时候喝酒,也可完全自便。

在正式的西餐宴会上,酒水绝对是主角,而且它与菜肴的搭配也十分严格。一般每上一道菜,侍者就会奉上一次酒,酒随菜不同而不同。

西餐用酒分饭前、进餐和饭后三类。

1) 饭前酒

饭前酒又称开胃酒,是在入席前请客人喝的酒类,常用的有鸡尾酒、威士忌、麦亨登、马丁尼及啤酒等。

2) 进餐酒

进餐酒又称佐餐酒,是上菜时配合菜肴用的酒水。西餐里佐餐酒均为葡萄酒。

酒和菜的搭配原则上是"白肉配白酒,红肉配红酒"。白葡萄酒适合于开胃菜等小菜或者虾、螃蟹、贝类、鱼类等。炖牛肉等味浓的肉食菜,配红葡萄酒。油炸的肉食,配味淡的红葡萄酒。按国别选酒也是可以的:法国菜选法国的葡萄酒,意大利菜选基安蒂葡萄酒,吃腊肠和火腿肠为主的德国菜,应选德国的葡萄酒。上最后一道菜或甜品时就用香槟。

酒和酒的搭配原则是:低度酒在先,高度酒在后;有气在先,无气在后;新酒在先,陈酒在后;淡雅风味在先,浓郁风味在后;普通酒在先,名贵酒在后;白葡萄酒在先,红葡萄酒在后。最好选用同一国家、地区的酒作为宴会用酒。

3) 饭后酒

饭后酒又称助消化酒,常用的有白兰地及薄荷酒等。

2. 斟酒

一般来说，除主人和服务人员外，其他宾客一般不要自行给别人斟酒。如果主人亲自为来宾斟酒，应用本次宴会上最好的酒，并应当场启封。宾客要端起酒杯致谢，必要的时候起身站立，或欠身点头为礼。斟酒时要注意：要面面俱到，一视同仁地为每一位来宾斟酒，切勿只为个别人斟酒；要注意顺序，可依顺时针方向进行；斟酒要适量，在西方，正确的斟酒方法是只倒半满的酒在杯子里，而吃中餐时，习惯于给客人斟满酒杯，表示对客人的敬意。

3. 敬酒

在饮酒时，通常要讲一些祝愿、祝福类的话，甚至主人和主宾还要发表一篇专门的祝酒词。祝酒词内容越短越好。

在饮酒特别是祝酒、敬酒时进行干杯，需要有人率先提议，可以是主人、主宾，也可以是在场的人。提议干杯时，应起身站立，右手端起酒杯，或者用右手拿起酒杯后，再以左手托扶杯底，面带微笑，目视其他，特别是自己的祝酒对象，同时说着祝福的话。有人提议干杯后，要手拿酒杯起身站立，即使是滴酒不沾，也要拿起杯子做做样子，将酒杯举到眼睛高度，说完"干杯"后，将酒一饮而尽或喝适量。然后，还要手拿酒杯和提议者对视一下，这个过程就算结束。

在中餐里，干杯前，可以象征性地和对方碰一下酒杯。碰杯的时候，应该让自己的酒杯低于对方的酒杯，表示对对方尊敬。当离对方比较远时，也用酒杯杯底轻碰桌面。主人亲自敬酒干杯后，要求回敬主人，和他再干一杯。

一般情况下，敬酒应以年龄大小、职位高低、宾主身份为先后顺序，一定要充分考虑敬酒的顺序，分明主次。即使和不熟悉的人在一起喝酒，也要先打听一下身份或是留意别人对他的称号，避免出现尴尬。

在西餐里，祝酒干杯只用香槟酒，并且不能越过身边的人，而和其他人祝酒干杯。

知识链接 3-8
喝酒为什么要碰杯

4. 饮酒

饮酒也能反映一个人的格调、品位和修养。在饮酒时要注意以下几点。

1）适量饮酒

饮酒之前，要对自己的酒量心知肚明。不论碰上何种情况，都不要饮酒过量。在正式的酒宴上，更要主动将饮酒限制在自己平日酒量的一半以下，免得醉酒误事。在赴宴之前，最好先吃些点心，否则空肚子饮酒，容易醉酒。在任何时候，饮酒都不要争强好胜。

2）礼貌拒酒

因某些原因不能饮酒时，要学会礼貌拒酒。通常有三种方法：一是客观诚恳地说明不能喝酒的原因，主动以其他饮料代替酒；二是让对方在自己的杯子里稍许斟一些酒，然后轻轻以手推开酒瓶，按照礼节，杯子里的酒是可以不喝的；三是当敬酒者向自己的酒杯里斟酒时，用手轻轻敲击酒杯的边缘，这种做法的含义就是"我不喝酒，谢谢"。当主人或朋友向自己热情地敬酒时，东躲西藏，把酒杯翻过来放，或将他人所敬的酒悄悄倒在地上，都是失礼的。

知识链接 3-9
鸡尾酒会礼仪常识

3）注意仪态

会喝酒的人在饮酒前,应先礼貌地品一下酒。先举杯看看酒的颜色是否漂亮,再闻一闻酒的香味,最后小口品尝。不要为显示自己的海量,举起酒杯看也不看,一饮而尽。不要灌酒,祝酒干杯需要两相情愿,要坚持只祝酒,不劝酒。不要酗酒,在餐桌上饮酒失态是有失身份的。

3.2.7 茶水礼仪

饮茶嗜好遍及全球。全世界有50余个国家种茶,寻根溯源,中国是茶的发源地,被誉为"茶的祖国"。它发于神农,闻于鲁周公,兴于唐朝,盛在宋代。如今,茶已成了风靡世界的三大无酒精饮料(茶叶、咖啡、可可)之一,是中华民族的骄傲。当今社会,客来敬茶成为人们日常社交和家庭生活中的常见礼仪。

1. 选茶

我国茶叶品种繁多,大体上可分为绿茶、红茶、白茶、黄茶、黑茶、青茶六大类。各类茶都具有与众不同的特色,而不同的人对茶有不同的爱好。以茶待客,应该投其所好,在为客人沏茶前可以先征求其意见。就接待外国客人而言,美国人喜欢喝袋泡茶,欧洲人喜欢喝红茶,日本人喜欢喝乌龙茶。

2. 装茶

装茶是指向客人的杯(碗)中放入茶叶。装茶前要清洗双手,并洗净茶杯或茶碗。要特别注意茶杯或茶碗有无破损或裂缝,残破的茶杯或茶碗是不能用来招待客人的。还要注意茶杯或茶碗里有无茶迹,有的话一定要清洗掉。不可以直接下手抓茶叶,而要用茶匙取茶。

3. 上茶

用茶待客时,由谁为来宾奉茶,往往体现对来宾的重视程度。在家里待客,通常由家里的晚辈为客人上茶。接待重要的客人时,最好是女主人,甚至主人自己亲自奉茶。在工作单位待客时,一般应由秘书、接待员为来客上茶。接待重要的客人时,应该由本单位在场的、职位最高的人亲自奉茶。

主人给客人奉茶时,应起立,并用双手把茶杯递给客人,然后说"请"。客人也应起立,以双手接过茶杯,说"谢谢"。由接待员上茶时要先给客人上茶,如果客人较多,应先给主宾上茶。上茶的具体步骤是:先把茶盘放在茶几上,从客人的右侧递过茶杯,右手拿着茶托,左手扶在茶托旁边。要是茶盘无处可放,应以左手拿着茶盘,用右手递茶。注意,不要把手指搭在茶杯边上,也不要让茶杯撞击在客人的手上,或把茶溅洒在客人身人。如果有茶点心,应先上点心,点心应给每个人上一小盘,或几个人上一大盘。点心盘应放在客人右前方,待其用毕,即从右侧撤下。

4. 斟茶

中国人待客讲究酒满茶半,上茶时还有"茶满欺人"的说法,因此茶斟得七分满就可以了。主人如果是真心诚意地以茶待客,最适当的做法就是要为客人勤斟茶,勤续水,一般客人喝了几口,马上就给斟上。这种做法的寓意是"慢慢喝,慢慢叙"。在斟茶过程中,客人应该有所示意,或起身,或欠身,或用弯曲的食指中指轻轻敲击桌面三下,以表谢意。

主人可以适时地向客人劝茶,劝茶时态度要热情,但要注意免生误会。以前,我们待客有"上茶不过三杯"一说。第一杯叫作敬客茶,第二杯叫作续水茶,第三杯则叫作送客茶。如果一再劝人用茶,而又不说话,往往意味着提醒来宾"应该打道回府了"。所以,在用茶招待老年人或海外华人的时候,不要再三劝茶。

5. 饮茶

饮茶时,应当慢慢地、一小口一小口地仔细品尝,不应大口吞咽,或喝得咕咚咕咚直响。遇到漂浮在水面上的茶叶,可用杯盖拂去,或轻轻吹开,切不可用手从杯里捞出来扔在地上,也不要吃茶叶。

3.2.8 咖啡礼仪

"滴滴香浓,意犹未尽"。人类饮用咖啡至少已有500多年的历史了,它早已成为西方人生活的必备品。喝咖啡,除了作为饮料自身的功能外,更重要的是在人际交往中,借以促进人与人之间的交际,展现个人自身的教养和素质。越是正式的场合,就越是这样。在正式场合,喝什么咖啡和怎样喝咖啡,不仅是个人习惯,也涉及身份、教养、见识的问题。

在家里用咖啡待客,不论是会友还是纯粹作为饮料,不要超过下午4时,因为有很多人在这个时间过后不习惯再喝咖啡。邀人外出,在咖啡厅会客时喝咖啡,最佳的时间是傍晚或午后。正式的西式宴会,咖啡往往是"压轴戏"。而一些正式的西式宴会一般在晚上举行,所以在宴会上喝咖啡通常是在晚上。不过为照顾个人嗜好,在宴会上上咖啡的同时最好再备上红茶,由来宾自己选择。饮用咖啡是大有讲究的,要注意以下几个方面。

1. 杯碟的使用

在西餐厅里,餐后喝的往往是咖啡,其份量是普通咖啡的一半。而盛咖啡的杯子,杯耳很小,指头无法穿过。但即使是用较大的杯子,也不要用手指穿过杯耳端杯子。正确的拿法是用你的食指和大拇指握住杯耳,轻轻端起杯子,慢慢品尝。

咖啡是盛入杯中,放在碟子上一起端上桌子的。碟子是用来放置咖啡匙,并接收溢出杯子的咖啡的。喝咖啡时,可以用右手拿着咖啡的杯耳,左手轻轻托着咖啡碟,慢慢地移向嘴边轻啜。不要满把握杯大口吞咽,也不要俯首去吸咖啡。遇到不方便的情况,如坐在远离桌子的沙发中,可用左手将咖啡碟置于齐胸的位置,用右手端着咖啡饮用,饮毕应立即将咖啡杯置于咖啡碟中,不要让二者分家。添加咖啡时,不要把咖啡杯从咖啡碟中拿起来。

2. 咖啡匙的使用

咖啡匙是专门用来搅拌咖啡的,搅拌时不宜太用力,也不要用咖啡匙来捣碎杯中的方糖,因为糖和牛奶很快就会溶化。不要用咖啡匙舀着咖啡喝。咖啡匙用毕,要放在碟子上,不要放在杯子里。这样显得不雅,而且不小心会把咖啡匙打翻在地。

3. 咖啡的饮用

饮用咖啡应该像品茶品酒一样,有一个循序渐进的过程。咖啡端上来,应该先闻其香,然后吹开咖啡油再轻啜一口,这便是咖啡的原味,之后再随个人喜好加入糖、牛奶,一般是先加糖后加牛奶。给咖啡加糖时,砂糖可用咖啡匙舀取,直接加入杯中;方糖可先用糖夹子夹在咖啡碟的近身一

知识链接 3-10
咖啡的由来

侧,再用咖啡匙把方糖加入杯子里。如果直接用糖夹子或手把方糖放入杯中,可能会使咖啡溅出,从而弄脏衣服或台布,这是极不礼貌的。饮用咖啡时不能一口气把咖啡喝完,而要慢慢啜饮,切记不要发出声响。如果咖啡太热,可以用咖啡匙在杯中轻轻搅拌使之冷却,或等自然冷却后再饮用,不要用嘴去把咖啡吹凉。

知识链接 3-11
国际标准交谊舞常识

有时喝咖啡可以吃一些点心,但不要一手端着咖啡杯,一手拿着点心,吃一口喝一口地交替进行,这样的行为是非常不雅观的。饮咖啡时应当放下点心,吃点心时则要放下咖啡杯。

3.3　馈赠与探望礼仪

馈赠礼品是一种重要的人际交往手段,能表达情意、促进友谊、加强沟通、增进理解。

【引例】千里送鹅毛

3.3.1　馈赠礼仪

1. 礼品的选择

1) 馈赠的六要素

馈赠礼品首先要掌握六要素:5W1H。

Who(送给谁),要考虑对方的性别、年龄、职业、兴趣爱好等,不要犯了对方的禁忌。

Why(为什么送),是用于迎接客人,还是告别送行;是慰问看望,还是祝贺感谢;是节假良辰,还是婚丧喜庆等。目的不同,用途不同,选择的礼品也大不相同。

What(送什么),选择礼品时要考虑其思想性、艺术性、趣味性、纪念性等多方面因素,力求别出心裁、不落俗套。

When(何时送),赠送礼品宜掌握时机,选择恰当的时机,可以使馈赠礼品显得自然亲切。拜访别人时应该见面之初拿出礼品,这叫登门有礼,对主人表示尊重、重视。主人呢,一般在客人告辞时送,外地客人临行前送。公务礼品一般是主管领导会见对方或者告别宴会送。

Where(什么场合送),公务交往的礼品,一般在办公地点送;私交礼品,应该在私人地方送。

How(如何送),但凡有可能,须亲自赠送。

2) 礼品选择的原则

馈赠是友好的表示,礼品是友好的象征。要尽可能本着"君子之交淡如水"和"礼轻情义重"的原则,根据自己的经济承受能力送应该送的礼,坚决抵制走后门拉关系的送礼。

(1) 适应性

所谓"宝剑赠侠士,红粉送佳人"。赠送礼品时要尽可能符合对方的某种实际需要,或是有助于对方的工作、学习或生活,或是可以满足对方的兴趣爱好。简而言之,选择礼品时,要站在受赠者的立场为受赠者考虑,尽量投其所好。如果礼品适合受赠者的兴趣和爱好,它的作用就会倍增;否则,会成为包袱,留之无用,弃之可惜。一般来说,对家贫者,以实惠为佳;对富裕者,以精巧为佳;对爱人,以纪念性为佳;对朋友,以趣味为佳;对老人,以

【典型案例】
朋友的礼物

实用为佳;对孩子,以启智新颖为佳;对外宾,以特色为佳。

（2）纪念性

馈赠的礼品是情意的载体而不是商品,商品的价值反映在价格上,而情义无价。送人礼品务必着重突出其纪念意义,即要讲究"千里送鹅毛,礼轻情意重",而无须过分强调其价值、价格。不提倡动辄以大额的现金、高档的商品、名贵的珠宝赠送与人。这样做是把馈赠的礼品金钱化了、商品化了,与馈赠的本意相悖,往往弄巧成拙,让人怀疑馈赠者的动机。

【典型案例】
北京大学赠送
连战的礼物

（3）独创性

选择礼品时,非常忌讳"老生常谈""千人一面",应当精心构思,匠心独运,富于创意,力争使其新、奇、特。赠送具有独创性的礼品给人,往往可以令人耳目一新,既兴奋又感动。礼物的价值不是以金钱的多少来衡量的,而是以礼物本身的意义来体现的,要让受礼者感觉到馈赠者在礼品选择上是花了一番心思的,是真诚的。因此,选择礼物时要考虑其思想性、艺术性、趣味性、纪念性等多方面因素,力求别出心裁、不落俗套。

【典型案例】
麦琪的礼物

（4）适俗性

馈赠礼品一定要因时、因人、因事而异,了解受礼者的风俗,尽可能随俗,要不然,很容易犯忌,事与愿违。不同民族、不同地区、不同性别、不同年龄的人,在风俗习惯上有许多不同的禁忌,馈赠礼品时一定要有所顾忌。比如在我国,一般不能把与"终"发音相同的钟送给上了年纪的人;友人之间忌讳送伞,因为"伞"与"散"谐音。意大利人忌讳送手帕,因为手帕是亲人离别时擦眼泪之物;而向女性赠送内衣,这在欧美国家的风俗中是很失礼的。另外,"13"这个数字在欧美一些国家更是送礼时应当避开的。茉莉花和梅花也不要送给香港商人,因为"茉莉"与"没利"谐音,梅花的"梅"与倒霉的"霉"同音。

知识链接 3-12
一般社交活动中
不宜送的礼品

2. 馈赠的礼仪

1）精心包装

送给他人的礼品,尤其是在正式场合赠送的礼品,一定要认真包装。精美的包装不仅使礼品的外观更具艺术性和高雅的情调,显现出赠礼人的文化素养和艺术品位,而且还可以使受赠者感到自己备受重视。包装要选择合适的材料、颜色、图案及其捆扎、包裹方式。包装好后要随礼品附上自己的名片或简短的留言卡片。

2）表现大方

赠送礼品,通常是为了表达对对方的尊敬、喜爱等美好的心意,所以应当光明正大、举止大方、神态自然。赠送礼品时,应当郑重其事地起身站立,走近受赠者,双手将礼品递给对方;若礼品过大,可由他人帮助递交,但赠送者本人最好还要参与其中,并援之以手;同时向多人赠礼,最好先长辈后晚辈、先女士后男士、先上司后下级、先外宾后内宾,按照次序,依次有条不紊地进行。

3）认真说明

赠送礼品时,要辅以适当认真的说明,一言不发是失礼的行为,大体上需要说明送礼的原因、礼品的用途、寓意、对对方的心意等。

3. 受赠的礼仪

1）欣然笑纳

一般情况下，对于对方真心赠送的礼物，只要不是违法违规的物品，最好的方式应该是欣然笑纳。接受他人馈赠时，应起立双手接捧，不要一只手去接礼品，特别是不要用左手去接礼品。在接受礼品时，要面带微笑，从容大方，双目注视对方的两眼，并向对方表示感谢，不能虚情假意，反复推辞，或是心口不一，嘴上说"不要，不要"，手却早早地伸了过去。

在接受他人赠送的礼品后，如果条件允许，比方说，时间充裕，人数不多，礼品包装考究等，应当尽可能当面拆封，这是符合国际惯例的，这表示对对方的看重。拆封时，动作要井然有序，不能乱扯乱撕。拆封后还要以适当的动作和语言，表达自己对礼品的欣赏之意，并对礼物所包含的意义表示感谢。如"哦，多精致的手工！""这么罕见的颜色。""我从没见过这样的东西！"或只是一句"你想得真周到。"让对方感受到你的愉快。

2）拒绝有方

有时候，出于一些原因，不能接受他人所赠送的礼品，拒绝时一定要讲究方式、方法，依礼而行。

（1）婉言相告法

婉言相告法即采取委婉的、不失礼貌的语言，向赠送者暗示自己难以接受对方的好意。比如，当对方向自己赠送手机时，可告之"我已经有一台了"。

（2）直言缘由法

直言缘由法即直截了当而又所言不虚地向赠送者说明自己之所以难以接受礼品的原因。公务交往中，此法尤为适用。例如，拒绝他人所赠的大额现金时，可以说"我们有规定，接受现金要算受贿的"。拒绝他人所赠的贵重礼品时，可以说"按照有关规定，你送我的这件东西，必须登记上缴"。

（3）事后退还法

有时，拒绝他人所送的礼品，若是在大庭广众前进行，往往会使受赠者有口难张，使赠送者尴尬异常。遇到这种情况，可采用事后退还法加以处理。即当时接受下来礼品，但不拆启其包装。事后，尽快地单独将礼品再物归原主。要强调的是，采取此方法时，退还礼品的时间不宜拖延太久，最好于接受礼品起的 24 小时之内退还。

3）依礼还礼

来而不往，非礼也。许多时候，接受他人礼品之后，即应铭记在心，并在适当的时间，以适当的方式，向对方还礼。

如果还礼过早，别人不是以为"等价交换"，就是怀疑"划清界限"；如果拖延太久，等事情完全冷淡了再还礼，效果也不好。

选择还礼的时间，要讲"后会有期"。我们推荐几种很好的机会：一是和对方赠送自己的相同的机会；二是在对方或家人的某个喜庆活动；三是在此后登门拜访时。

还礼不是"还债"，而且要讲自觉自愿。还礼次数也不要过多，完全没有必要再三再四地还礼，成了双方的一种负担。在还礼的时候要选择得体的还礼形式。如果还礼的形式不对路，还不如不还。还礼的形式主要有以下几种：一是赠送同类物品，如你送我书刊，我可以给你影碟；二是可以选择和对方相赠礼品价格差不多的物品作为还礼；三是可以用某种意在向对方表示尊重的方式来代替，不必非要还礼，一般对方也是非常愿意接受的，如在受礼后，口头上或书面上向对方致谢，或者见面的时候使用对方的赠礼等。

4. 送花

在社交活动中赠送鲜花，是一种越来越受人们欢迎的形式，即可以向受赠方表达感情、歌颂友谊，也可以提升馈赠行为的品位与境界。

1) 送花的形式

鲜花在礼仪交往中主要有以下几种应用形式。

(1) 花束：包括普通花束和新娘捧花。主要使用各类包装纸、丝带等配材，对组合好的鲜花进行各种不同风格的包装，单手可握，双手可捧。可用于迎送客人、访友、庆典仪式上的献花、馈赠礼品、结婚等场合。

(2) 花插：使用针盘、花瓶等容器将花材固定在花泥等固定物上，形成不同的风格。可用于办公室、餐厅、接待处、饭店前台、会议室等场所。

(3) 花篮：使用各式花篮，在篮内放入花泥，将鲜花插于花泥上，创作出不同风格的插花形式。可用于馈赠礼品、舞台摆放、厅堂装饰、庆典开幕以及追悼会等场合。可分为礼品花篮、庆典花篮、装饰花篮、悼念花篮等几个类型。

(4) 装饰花：包括胸花、头花、腕花、肩花等。一般用于出席各类大型集会、重要会议、晚会、开幕式、结婚典礼等场合佩戴于胸前、头上、腕上。只需较少的花材和配叶，制作出典雅大方的花形，起到装饰的效果。

(5) 礼品盆花：对种植于花盆中的观花、观叶、观果等鲜花，进行礼品的包装，使之成为馈赠品。主要应用于拜访亲戚、朋友时作为礼品。

2) 花的选择

在人际交往中，送花时要针对不同的对象、不同的时机选择不同的鲜花。

热恋中的男女，一般送玫瑰花、百合花，这些花美丽、雅洁、芳香，是爱情的象征。

祝贺新婚，宜送玫瑰、百合、郁金香、香雪兰、非洲菊、红掌、天堂鸟等。

夫妻之间，可互赠百合花。百合花象征着百年好合，长相厮守。

给友人祝贺生日，宜送月季、红掌、麒麟草、满天星，象征着火红年华，前程似锦。

朋友远行，宜送剑兰、红掌，寓意一路顺风，前程似锦。

节日期间看望亲朋，宜送吉祥草、百合、郁金香，象征幸福吉祥。

探病送花是对病人的安慰、好意，希望病患能早日康复。此时应选用花色素净、香气淡雅的鲜花，如马蹄莲、郁金香、兰花、金桔、玫瑰及康乃馨等，也可送给病人平常就偏爱的或生命力比较旺盛的花卉，可以让病人心情舒畅利于健康。尽量避免送白、蓝、黄色或香味过浓的花。香味很浓的花对手术病人不利，易引起咳嗽；颜色太浓艳的花，会刺激病人的神经，激发烦躁情绪；探望病人时不能送盆栽的花以免病人误会为久病成根。

拜访德高望重的老者，宜送兰花，因为兰花品质高洁，又有"花中君子"之美称。

对长辈宜送万寿菊、龟背竹、百合花、万年青、报春花等具有延年益寿含意的花草为好，如赠送国兰或松柏、银杏、古榕等盆景，则更能表达尊崇的心意。

新店开张、公司开业，宜送月季、红掌、黄菊、天堂鸟、金桔等，这些花花期长、花朵繁茂，寓意兴旺发达，财源广进。

乔迁新居，宜送可以改善家庭新居污染的花卉或含有财源广进的观叶植物，一般以吊兰、常春藤、芦荟、仙人掌、发财树、摇钱树、富贵龙、绿萝、荷兰铁为宜。

春节宜送新颖别致的小盆花，如报春花、富贵菊、仙客来、荷包花、紫罗兰、报岁兰等。

在我国，哀悼逝者，除送花圈外一般不送花束，但可以送白色菊花。对灵台致祭或习俗扫墓应以白花为主，搭配其他时花，也可以在墓前栽种塔柏、南洋杉、雪松等常绿植物。

3）送花注意事项

送花是一门学问，也是一门艺术。同一种花在不同的国家、民族往往会被赋予大不相同的寓意，所以在送花时，必须了解和注意交往对象的特点和花的民俗寓意，不要弄巧成拙。

（1）花的品种

在不同的习俗里，同一品种的花，寓意上也有所不同。因此，送花时应根据对方的情况选择不同的花种。中国人喜欢菊花，而在西方，黄菊代表死亡，只能在丧葬活动中使用。中国人赞赏荷花"出淤泥而不染"的性格，并喜欢它。但在日本，荷花却代表死亡。在法国不要送康乃馨，因为康乃馨表示不幸。在我国广东、海南、港澳地区，送花宜送金桔、桃花，表示"吉利""红火"之意，而梅花、茉莉、剑兰、牡丹花在这些地区却表示"霉运""没利""见难""失业"的意思，因此不宜送人。

（2）花的色彩

不同的习俗，对于花的色彩也有不同的理解。我国喜爱红色的花，特别是结婚时，送红色的鲜花才算吉利而得当。节日到亲友家做客、拜访时，送的花篮或花束色彩要鲜艳、热烈，以符合节日的喜庆气氛，可选用红色、黄色、粉色、橙色等暖色调的花，忌送整束白色系列的花束。而西方人认为白色鲜花象征纯洁无瑕，送给新娘才是最合适的。黄色鲜花，不宜送给西方人，因为他们认为黄色暗含断交之意。巴西人认定紫色是死亡的征兆，故对紫色鲜花比较忌讳。

（3）花的数量

在中国，喜庆活动中送花要送双数，意思是"好事成双"。在丧葬上要送单数花，表示"祸不单行"。不过因为读音的原因，在国内特别是沿海地区，送4枝花给别人，不受欢迎，因为4的发音与"死"相近。

在西方国家，送花讲究单数，送1枝花表示"一见钟情"，送11枝表示一心一意，送99枝表示天长地久，等等。但忌讳"13"这个数字。

知识链接3-13
花言花语

3.3.2 探望礼仪

当亲戚朋友因病住院时，适时探望不仅能增进双方友情，也能令病人得到莫大的心理安慰和情感满足。躺在病床上的病人，除了生理上的病痛外，还常有一种孤独感、愁闷感或恐惧感，感情比较脆弱，情绪更为敏感。这时，作为亲朋好友，去医院探望病人时，就更要注意自己的一言一行。如果方法得当，会增添病人战胜病魔的勇气，心中重新燃起生活的热情；如果处理不好，则可能适得其反，成了好心办坏事。

1. 遵守院规

一般医院对探望病人的时间都有规定。所以，探望病人时应遵守医院的探望时间。否则，会影响医院的正常工作秩序，又会影响病人的治疗和休息。由于病人的饮食和睡眠比常人更为重要，所以不宜在早晨、中午、深夜以及病人吃饭或休息时间前往探视。

2. 事先了解病情

探望病人前，应当对病人所患的疾病和病情有所了解，包括得的是什么病、严重程度、治疗情况、病人目前的心理状态等。这样做一方面可以尽量避免探望时言语不当，也方便选择合适的礼物。如果病人患的是传染病，还要注意自身的防护。

3. 举止得当

病人在患病期间，心理状态比较特殊和敏感。因此，在探望病人时，如果语言不慎或举止不当，往往会增加病人的思想负担和强化他们的猜疑心理，给他们增添不必要的精神压力。为此，探望病人时要注意以下几点。

（1）探望病人时穿着要日常化，不可过于鲜艳华丽。进屋时轻轻敲门，让病人感到自己仍然受人尊重。进屋后，见到病人要主动握手，这样可以消除病人的戒备心理。同时尽可能找把椅子挨着床边坐下，尽量与病人保持平视状态而避免居高临下的俯视，不要离病人远远地站着，眼睛东张西望，让人怀疑你的诚意。

（2）见到医院的各种治疗仪器，千万不要大惊小怪，以免增加病人的压力。要注意说话的语气，不要用惊讶的语气问："你怎么啦？""病重不重啊？"最好用非常平常的、温和的、自然的语气问："你今天感觉好多了吧？"

（3）探望病人，说话一定要同病人家属、医生的口径一致，以免引起病人的怀疑；更不要说令人敏感的、不吉利的话，以免影响治疗效果。要有分寸地用乐观的话语鼓励病人，不要提及使病人不愉快或有损病人自尊心的事情。探望病人时间不宜太长，一般以15分钟为好，否则会影响病人休息。

4. 慎选礼物

探望病人总要携带些礼物。礼物的挑选要考虑病人的病情，不可随随便便。选择探望病人的礼物，应更多地注重精神效应。如一本有趣的画册、一束香味淡雅的鲜花、一份可口的食品，都会使病人感到生活的乐趣，增强战胜疾病的信心。

知识链接 3-14
探望病人送礼小百科

 课堂头脑风暴

【主题讨论】

如果你是一位宴请者，根据你家乡的风俗习惯，你会在宴会的前前后后注意哪些礼仪规范？请详细列表。

【讨论解析】

调查整理家乡在宴请方面的一些风俗习惯，分析哪些符合现代礼仪规范，哪些不符合。

本章小结

人际交往中我们会面对很多情况，例如与人见面、交谈、参加宴会、探望病人、赠送礼品等，在这些交往过程中需要遵守一定的行为礼仪。

与人见面时涉及的礼仪规范包括：正确地称呼他人、自我介绍和介绍他人，行握手、鞠躬、合十等常见的见面礼节，正确地交换名片，与人交谈时注意话题的选择和交谈礼仪。

宴请礼仪包括宴请的形式、宴会的组织、赴宴礼仪、西餐礼仪、中餐礼仪，及酒、茶、咖啡的礼仪。

馈赠与探望礼仪包括礼品的选择、馈赠礼仪、受赠礼仪、送花礼仪、探望礼仪。

考考你 第3章

第 4 章

通 联 礼 仪

学习导读

【本章概况】

本章详细介绍了人们使用电话、书信、网络等与人通联过程中的礼仪规范、操作要求和注意事项。

【学习目标】

1. 掌握使用电话时的礼仪规范。
2. 了解书信礼仪规范，熟悉几种常见的专用公函的礼仪。
3. 了解网络礼仪规范，熟悉电子邮件(E-mail)礼仪。
4. 培养学生在通联过程中的礼仪意识，使学生在通联过程中注重细节，塑造良好的个人形象。
5. 培育学生文明上网的良好习惯，自觉营造积极健康的网络环境。

4.1 电话礼仪

电话是人们联系工作、传递信息、表达情感的通信工具，接打电话是人们日常生活中非常重要的交际方式。在电话沟通的过程中，尽管我们很难和对方面对面，但是通过打电话时的语言、语音、语调，也可以判断一个人的知识修养。人们对一个组织的了解也常常是通过电话开始的，电话处理得好，打电话的人就会对该组织产生良好的印象，办事的成功率就高。因此，掌握正确的、礼貌待人的接打电话方法是非常必要的。

【引例】接听电话

4.1.1 电话形象

由于电话形象在人际交往中发挥着重要的作用，日常生活或工作中在使用电话时要注意维护自身的电话形象，维护单位的电话形象。为了正确地使用电话，树立良好的"电话形象"，无论是发话人还是受话人，都应遵循接打电话的一般要求。在国内外，许多企业给刚刚进入单位的人所上的第一课，通常就是教给他们如何合乎礼仪规范地打电话、接电话，以及如何得体地在公共场合使用各种各样的与电话有关的通信工具，甚至连打电话、接电话时"开口发言"的第一句话，许多企业都有各自统一的规定。

电话形象是指人们在通电话的整个过程中的语音、声调、内容、表情、态度、时间等的集合。它能够真实地体现出个人的素质、待人接物的态度以及通话者所在单位的整体水平。电话形象是由以下三个要素构成的。

1. 时间和空间的选择

时间和空间的选择，就是电话什么时间打，在哪里打。

1）时间的选择

例如跟私人通话，首先要选择效率高的时间，休息时间不要给人家打电话，除非万不得已；晚上10点之后，早上7点之前，严格讲没有什么重大的急事也别打电话，万一有急事打电话，第一句话要说的是："抱歉，事关紧急，打搅您了"；就餐的时间别打电话。特别要注意，节假日不是重大事情不要打电话，尽量不要占用对方的节假日。如果是外国人，尤其是美国、欧洲这样距离较远的国家，打电话时还要注意时差的问题。

2）空间的选择

打电话要注意空间。一般来讲，私人电话就是在家里打的，办公电话是在办公室打的，不用公家的电话办私事。打电话如果要在公众空间的话实际上是一种噪声骚扰，尽量不要在公众场所打电话。影剧院、会议中心、餐厅、商场等都要注意不要随便打电话。

2. 通话的态度、语言、表情和动作

1）态度礼貌友善

不管另一方是什么人，在通电话时都要注意态度友善、语调温和、讲究礼貌。不管是在公司还是在家里，从电话里讲话的方式，就可以基本判断出其"教养"水准。

2）传递信息简洁

由于现代社会中信息量大，人们的时间概念强，因此，商务活动中的电话内容要简洁而准确，忌海阔天空地闲聊和不着边际地交谈。

3）控制语速语调

由于主叫和受话双方语言上可能存在差异，因此，要控制好自己的语速，以保证通话效果；语调应尽可能平缓，忌过于低沉或高亢。善于运用、控制语气、语调是打电话的一项基本功。要语调温和、音量适中、咬字清楚、吐字比平时略慢一点。为让对方容易听明白，必要时可以把重要的话重复一遍。

3. 注意谁先挂的礼仪

标准化的做法是地位高者先挂。如果身份、地位、年龄差不多，被叫的人先挂。

4.1.2 拨打电话的礼仪

1. 做好相应的准备工作

每次通话之前，做好充分准备。首先要确认所打电话号码、单位名称和所找人的姓名或职务是否正确；其次如果通话内容多，需简要记一下问题的要点和次序，准备好必要的资料和文件；最后要准备好记录用的纸、笔，边讲边看边记录，应尽量避免打完电话后发觉遗漏了问题又去麻烦别人。

2. 注意通话的时间

拨打电话，首先要考虑在什么时间最合适。打私人电话应先考虑对方的时间，以不影响对方的休息和工作为前提。如果不是特别熟悉或者有特殊情况，一般不要在早7时以前、晚10时以后打电话，也不要在用餐时间和午休时打电话，否则，有失礼貌，也影响通话效果。公务电话应尽量打到对方的工作单位，并且尽量在对方上班10分钟以后和下班30分钟以前拨打，这样对方会比较从容地应答。最好避开临近下班的时间，这时打电话，对方往往急于下班，或对方需要调查一番方能答复的话，很可能得不到满意的答复。在周末和节假日最好不要拨打公务电话，以免占用对方的休息时间。

其次要考虑通话的时间长短。在正常的情况下，一次打电话的全部时间，应当不超过3分钟。除非有重要问题必须字斟句酌地反复解释、强调，一般在通话时都要有意识地简化内容，尽量简明扼要。通话不超过3分钟的做法又称"打电话的3分钟原则"，它是所有商务人员都要遵守的一项制度。随想随说或没话找话，使通话时间过长是很失礼的。过长的通话时间会妨碍别人休息，使人生厌，也容易耽误事情。因此，在日常社交活动中，要尽量把"打电话的3分钟原则"付诸实践。尤其是身为发话人时，更要牢记此点，一般来讲，在打电话时主要的决定权在发话人手里，因为在通话时先拿起、先放下话筒的通常是发话人。

3. 礼貌的开头语

当对方拿起听筒后，应当有礼貌地称呼对方，亲切地问候"您好！"切勿一上来就"喂"对方，或是开口便说自己的事情。然后要自报家门，比如"您好！我是某某某。"如果是公务电话，还需要报出自己的单位、职务，比如，"您好！我是××公司的××，请问李先生在吗？"只询问别人，不报出自己是不礼貌的。自我介绍后要简明扼要地说明通话的目的，如果预计需要通话的时间较长，应在通话开始时询问对方此时是否方便，如可问："现在与您谈话方便吗？"如果对方愿意谈，但此时不方便，要有礼貌地请对方指定下次通话的时间。电话接通后说好第一句话是直接影响交谈效果的。生活中有些人往往不注意打电话的起始语，给对方留下无礼和没有修养的印象，从而不想与其再交往。

4. 注意举止形象

拨打电话时要面带微笑，讲话时语言流利、吐字清晰、声调平和，能使人感到悦耳舒适。再加上语速适中、声调清朗、富于感情、热情洋溢，使对方能够感觉到你在对他微笑，这样富于感染力的电话，一定能打动对方，并使其乐于与你对话。

打电话时，态度要文明，不能说脏话。对受话人，不要厉声呵斥或态度粗暴，也不能低三下四，阿谀奉承。要多使用"请""谢谢""劳驾"之类的礼貌用语。

拨打电话时，应起身站立或保持端正坐姿，不要趴着、仰着、坐在桌角上或架高双腿，也不要把话筒夹在脖子下面，不要抱着电话机随意走动。不良的打电话姿势会直接影响一个人的情绪和声音，也会让对方感到不舒服。此外，不要一边打电话一边跟其他人聊天、吃东西或做其他事情，这会使对方对你有心不在焉的感觉。

5. 礼貌的结束

打完电话，应当有礼貌寒暄几句"再见""谢谢""祝您成功"等恰当的结束语。若缺少了这些，就会使终止通话显得有些突如其来，并使自己的待人以礼有始无终。

放下话筒时，应双手轻放，不要用力一摔，令对方震耳欲聋。

4.1.3 接电话的礼仪

1. 左手持听筒、右手拿笔

大多数人习惯用右手拿起电话听筒,但是,在与发话人进行电话沟通过程中往往需要做必要的文字记录,尤其是在接听公务电话时。这时很多人会将话筒夹在肩膀上面,这样,电话很容易夹不住而掉下来发出刺耳的声音,从而给对方带来不适。为了消除这种不良现象,应提倡用左手拿听筒,右手写字或操纵电脑,这样就可以轻松自如地达到与对方沟通的目的。

2. 及时接听

得体的接听应该是在电话铃声响过两声之后,迅速地在响三声之内拿起听筒,即铃声不过三的原则。如果电话铃声响了三次之后仍然无人接听,会让人在等待时感到急躁,进而给对方留下不好的印象。如果是工作电话,客户往往会认为这个公司员工的精神状态不佳。如因特殊原因,致使铃声响过较久后才接电话,须在通话之初向发话人表示歉意。但是,需要注意的是,也不要太快接起电话,如果铃声才响起一次,就立即拿起听筒也显得操之过急,有时,还会让发话人大吃一惊。

3. 自报家门

在电话接通之后,接电话者应该先主动向对方问好,并自我介绍:"您好!我是×××。"如果是在工作单位接电话,问好之后要立刻报出本公司或部门的名称,例如,"您好,这里是××公司。"如果是在家中或个人办公室,由于自己的身份明确,打电话者一般是熟悉的人,接电话时一声"您好"式的简洁问候,对方就可回音了,若有必要,接着再做自我介绍。随着年龄的增长,很多人的身价会越来越放不下来,拿起电话往往张口就问"喂,找谁,干吗……"这是很不礼貌的,应该注意改正,彬彬有礼地向对方问好。

4. 确定来电者身份姓氏

接下来还需要确定来电者的身份。对方打来电话,一般会自己主动介绍,如果没有介绍或者你没有听清楚,就应该主动问。可以说"请问,您是哪位?我能为您做什么?"或者礼貌地问"对不起,可以知道如何称呼您吗?"切不可唐突地问"你是谁?""喂!哪位?"这会让对方觉得陌生而疏远,缺少人情味。电话是沟通的命脉,很多规模较大的公司的电话都是通过前台转接到内线的,如果接听者没有问清楚来电者的身份,在转接过程中遇到问询时就难以回答清楚,从而浪费了宝贵的工作时间。在确定来电者身份的过程中,尤其要注意给予对方亲切随和的问候,以避免对方不耐烦。

5. 听清楚来电目的,认真处理

了解清楚来电的目的,有利于对该电话采取合适的处理方式。电话的接听者应该弄清楚以下一些问题:本次来电的目的是什么?是否可以代为转告?是否一定要指名者亲自接听?是一般性的电话行销还是电话来往?不要因为不是自己的电话就心不在焉。如果自己手头有工作在忙,则可委婉地告诉对方换个时间再打,或忙完后给对方打回去;如果对方要找的是其他人,接听者要热情地告诉对方,如"好的,请稍候",然后用手捂住话筒,

【典型案例】
打错电话

轻声招呼对方要找的人接电话;如果对方要找的人不在,应该告诉对方,并询问:"需要留言吗?我一定转告。"切忌一声"不在"或"没看到"即挂断。若是接到打错的电话也不要发火,要亲切地向对方说明"对不起,您打错了"。如有可能,还应主动向对方提供帮助,或者为其代转电话。

6. 保持正确姿势,注意语音语速

在接听电话的过程中,应该始终保持正确的姿势。通话过程中如果是弯腰趴着或躺在椅子上,对方听你的声音就是懒散的、无精打采的;若坐姿端正,发出的声音也会亲切悦耳、充满活力。因此,接电话时,即使对方看不见拨打人,也要当作对方就在眼前,尽可能专一并注意自己的姿势。保持端坐的姿势,尤其不要趴在桌面边缘,这样可以使声音自然、流畅和动听。此外,保持微笑也能够使对方感受到你的愉悦。

接电话时,适当地提高声调显得富有朝气、明快清脆。人们在看不到对方的情况下,大多凭第一听觉形成初步印象。因此,讲话时有意识地提高声调,声音会格外悦耳优美。讲话速度也会影响声音和对方,急性子的人听慢话,会觉得断断续续、有气无力,颇为难受;慢吞吞的人听快语,会感到焦躁心烦;年龄高的长者,听快言快语,难以充分理解。因此,应视对方情况,灵活掌握语速,随机应变。

7. 认真聆听,复诵来电要点

通话过程中,认真聆听对方讲话,并不时用"嗯,对"等给予对方积极的反馈。切不可三心二意,心不在焉,或是把话筒置于一旁,任其自言自语。电话接听完毕之前,还要记得复诵一遍来电的要点,防止记录错误或者偏差而带来的误会,使整个沟通的效率更高。例如,应该对会面时间、地点、联系电话、区域号码等各方面的信息进行核查校对,尽可能地避免错误。

8. 礼貌结束通话

结束通话一般应当由打电话的对方提出。如果对方是领导或顾客,更应该让对方先挂电话。放下电话前,要礼貌地感谢对方来电,然后客气地道别,说一声再见,等待两三秒再轻轻把话筒放好。不可只管自己讲完就挂断电话,更不可"啪"的一声扔下话筒,这样极不礼貌。无论通话多么完美得体,如果最后毛毛躁躁地"咔嗒"一声挂断电话,则会功亏一篑,让对方感到很不愉快。当通话因故暂时中断后,一定要耐心等候对方再拨进来。既不要扬长而去,也不要为此而责怪对方。

【典型案例】
电话里的女高音

4.1.4 代接电话礼仪

1. 认真转接

接听电话后,得知对方要找的是其他人,不要口出不快,拒绝对方代为接听的请求,尤其是不要对对方所找之人口有微词。如果对方要找的人就在你旁边时,应回答"请稍候",然后用手捂住话筒,轻声招呼他人接电话。

如果对方要找的人不在,可以委婉地告诉对方:"对不起,让您久等了,××现在不在,请问有什么需要转告的吗?"如果要找的人正在开会或正在处理紧急公务,应有礼貌地告知对方请对方稍后再打来,或询问对方是否需要转告。

2. 尊重隐私

代接电话时,不要询问对方与所找之人的关系。当发话人有求于己,要求转达某事给某人时,则要严守口风,切勿随意扩散。即使对方要找的人就在附近,也不要大喊大叫。当别人通话时,应该做自己的事或自觉走开,不要在旁边故意侧耳旁听,更不要插嘴。

3. 认真记录

对方如果有事情需要转告,应认真做好记录。当对方讲完之后,还应重复一遍,以验证自己的记录是否正确无误。记录他人电话,应包括通话者单位、姓名、通话时间、通话要点、是否要求回电话、双方约定的回电话时间等内容。当电话交谈结束时,可询问对方:"请问,还有什么事情吗?"这既是尊重对方,也是提醒对方通话结束。

【典型案例】
特殊场合打电话

4.2 书信礼仪

【引例】写给老师的一封信

书信的历史悠久,我国在公元前 600 多年前就出现了最早的书信,当时称为"书"。之后,书信又有了"简(柬)""札""帖""函""笺、素""尺牍"等别名,有些仍沿用至今。尽管现在大家越来越多地使用电话、智能手机、网络,但书信在表达情感、体现个性、便于珍藏等方面具有不可比拟的特殊意义,仍然是工作交往中的重要通信方式之一。使用信函通信,显得更加传统和正式。

书信可分一般性社交书信和公务书信。社交书信一般指私人间来往的信件;公务书信指用在公务活动中的各种信件,如介绍信、证明信、保证书、申请书等。掌握各种书信的规范格式和写作要求,明确写作的语言表达和词语运用,能够很好地交流感情、传递信息、沟通联络、联系事物。

知识链接 4-1
鸿雁传书

4.2.1 一般书信往来的礼仪

书信的最大功效和目的在于传递信息,因此其内容必须完整无缺,其表述必须准确清楚。而要使信函的内容完整无缺,表述准确清楚,关键一点就在于要严格遵守书信的书写格式。

1. 信封的书写礼仪

要使用规范信封。我国的信封有国家统一标准、统一格式。旧时用的是竖式信封,写法从右往左,右上方写收信人地址,左下方写寄信人地址,这种信封现在已不多见。现在常见的是横式信封,如图 4-1 所示。

中国的标准信封长 220 毫米,宽 110 毫米。信封左上角为收信人所在地址的邮政编码,在 6 个小方格中分别填上 6 个数字。为了保证投递及时,一定要书写准确。邮政编码下一行为收信人地址,要写清收信人所在省市、自治区、县(区)城区、街道、门牌号码等的全称,尤其是发往单位的信件,不能只写单位名称,还应在单位名称前写明详细地址。不管是省市、自治区还是单位名称都要写全称,不能写简称。

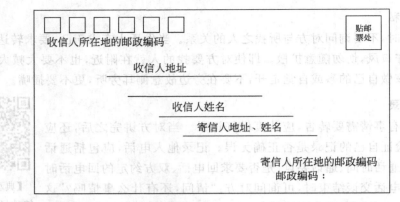

图 4-1 横式信封

在收信人地址下方即信封的正中央写收信人称谓。收信人称谓又可分为三个组成部分：其一，是收信人姓名；其二，是供传递信件者对收信人所用的称呼，如"先生""女士""同志"等，不要使用写信人对收信人的亲属称谓或者收信人的行政职务，如"××姨妈""××局长"，因为信封主要是给投递人员看的，这样写对投递人员是不礼貌的；其三，是专用的启封词，如"收""启"等。后两部分内容，有时可以省略。

信封的右下方是发信人落款。具体而言，它又被分作四个小的组成部分：其一，是发信人地址；其二，是发信人姓名；其三，是用来表示敬意的缄封词，如"缄""谨缄"等；其四，是发信人所在地址的邮政编码。

书写信封的时候不能用铅笔或红色墨水，字迹要工整、清楚，不能潦草，以便于邮政人员辨识以及微机检索。

最后，不要忘记贴上邮票。贴邮票处在信封的右上角，邮票应贴足并贴正，一般不要将邮票反贴、贴歪或贴在信封背面或信封封口处，这样会使信封看起来不规范。

2. 信件书写礼仪

信件通常包括称谓、问候、正文、结尾、署名和日期、补遗等几部分。

1）称谓

称谓又称抬头，是指写信人对收信人的称呼。称呼要在第一行顶格书写，且要单独成行，之后加上冒号。称呼应根据写信人与收信人的关系来确定，还要了解地域习俗，注意礼貌礼节，使之合乎身份、地位，同时也要表现出写信人的真诚。

收信人如果是朋友、同学、同事等，关系一般的，称呼由姓名和称谓组成，如"××同志""××先生"等；关系密切的，可以省去姓氏，如"小丽友"等；写给亲属的，可以按平时的称呼写，如"爸爸""伯父"等，兄弟姐妹之间，大对小的可以直接写名字；对领导，为了表示郑重，往往写姓加职务、职称，如"李主任"等；对德高望重的老人，在姓之后加上"老"字，如"李老"，以示尊敬；对自己的老师、师傅，应在姓后加"老师""师傅"。称呼前还可以加以修饰，表示更深、更浓的感情，如"敬爱的""亲爱的"等。

2）问候

写正式的内容以前，问候一下，是一种礼貌礼节，它体现写信人对收信人的一种关心、惦念，同时也作为正文前的过渡。

问候应根据情况，区分对象，恰当使用。常用的问候语有"您好""近好"，如恰逢节日，可作针对性问候，如"春节好""新年好"，也可问候对方的身体状况或学习情况等。问候语一般在称呼之下另起一行空两格书写，并单独成行。

3）正文

正文要另起一行，前面空两格。正文是书信的主体，对收信人要说的话、要表示的感情等，都要在这里写出来。正文一般包括缘由、主体、总括三部分。缘由即说明写这封信的原因。如果是写回信，往往注明"来信已于×月×日收到"，然后回答对方提出的问题。主体就是要准确、清楚地表达写信人的意图。总括放在主体之后，对主体内容加以概括总结，或对重点加以强调。

正文的字要写得规范些、漂亮些，不宜用铅笔书写，忌用红色笔书写。正文要把话说得清清楚楚、明明白白，以免产生歧义，或使对方捉摸不定。语言要简洁、明快，避免东拉西扯。正文的语言要符合双方的身份、关系，措辞要有礼貌、带感情，使对方感受到你的真挚、诚恳。要说的事情很多时，应分段来写，一事一段，眉目清晰，让对方读起来方便。正文事情写完了，总结一下，把正文收住。

4）结尾

结尾又称祝词。结尾表示正文主体已写完，并对收信人礼貌致意或表示祝颂。例如，给长辈，应写"敬颂崇安"等；给平辈，一般用"顺颂安好"；给晚辈，用"即问日佳"；对知识界，可用"敬请教安""敬颂撰安"等，根据时令，用"顺颂夏安"等，还有通俗化的，如"祝您健康""恭祝近安""此致敬礼"；等等。

祝颂语要分两行来写，祝颂语前半部分为一般祝颂语，如"祝您""敬祝"等，可以紧接正文写，也可另起一行空两格写；后半部分是特殊祝颂语，如"健康""快乐"，常另起一行顶格写。

5）署名和日期

署名和日期一般都写在祝颂词下一行末端处。署名占一行，日期另起一行，在署名之下写。

署名也有谦称、敬称等。如果是给朋友、同学的信，可直接署上自己的名字或习惯的自称，如王军、小王、小军等；如果是写给父母长辈的信，通常要在署名前加上相应的自称，如小儿（女）、儿子（女儿）等；如果是长辈给晚辈的信，一般只写自称，如爸爸、妈妈或父字、母字等。夫妻之间的书信，则可随意，可署名、可自称或爱称。如果是普通的私交书信，则应郑重起见，以示尊重；如果是学生给老师的信，则可署"您的学生××"，后面还要写上"敬上""谨上"等，以示尊敬；如果是公务信函，则可在署名前加上单位或部门名称，然后再署全名，有的也可在姓名前署上自己的职务、职称等。

署名之下应写上写信的时间，一般写年、月、日或仅写月、日，有时还可以在年、月、日之后写上具体时辰和写信地点，如"7月5日晚8时于湖城"。

6）补遗

所有内容都写完后，将书信再读一遍，如有别字或不通顺之处，要加以修正。如果发现有遗漏的内容，可以补写。方法是，提行在开头处写"另外""另""又及""还有"等字样，再加补写的内容。

3. 收信礼仪

1）小心拆信

拆阅他人寄来的信件时，具体做法是否得当，不仅涉及来信能否完整无缺，而且也间接体现收信人的个人素养。拆信时,一要确保信笺的完好;二要注意信封拆启后的美观。应从信封的封口处拆封,最好用刀、剪拆信,不宜直接用手撕,把信封撕得犬牙交错。不经别人允许,不得私拆、偷阅他人信件,不得侵犯别人的隐私。

2) 妥善保存

收到他人来信后,切勿乱扔、乱塞。未经发信人允许,不要随便将对方的来信公开发表,或到处传阅。需要长期保存的书信,可整理在一起妥善收藏。无须保留的书信,可集中起来,用碎纸机进行处理,不宜将其作为垃圾直接扔掉或当成废纸卖掉。

3) 及时回复

收到他人来信后,要及时回信。对他人的来信,只收不复,或能拖便拖,不但会令写信人担心其来信是否丢失,还有可能会耽误正事。对他人来信中提及的问题,应及时在回信中给予答复,对确需延后的回答或不能解答的问题,在回信时要说明具体原因,或是将延后回答所需要的大致时间及时告诉对方。不要避而不谈,或含糊作答。

4. 信纸的选择

一般社交场合,用普通纸即可。但应注意以下几点。

(1) 与公务无关的事,最好不要用公务信笺。

(2) 丧事和其他不幸事件的信应选用素色信笺信封。喜事可选用有颜色的信笺。

(3) 情书的信笺则更考究。初交用淡青色以示和谐;初恋用紫莲色以示娴雅;求爱用淡黄色或雪白色以示追求和希望;热恋用粉红色以示甜蜜温馨,等等。

5. 书信折叠意义

在书信交往中,注意信函的叠法及其寓意,不但能表示礼节,还可以传达一定的意义;特别是那些在感情方面"只可意会,不可言传"的青年朋友,更可以得到"此处无言胜有言"的效果。

公函的叠法:将信纸纵向对折,然后将折线处再往里重折叠回 2 厘米,最后横向对折。此法也适用于有文化修养、知识阶层的人。

谦让的叠法:将信纸纵向 3 等分折叠,在横向折叠时,有意让两端一高一低,即起头端高,自己落款处低,以示谦虚。

尊重的叠法:使用正反重叠的方法,让对收信人亲切称呼的部分首先露在外面,使收信人打开时一目了然,备感亲切。

4.2.2 几种常见的专用公函的礼仪

每一种特定公函都有相应的写作规范和使用要求,应当予以严格遵守。

1. 祝贺函

1) 格式要求

祝贺信函一般由标题、称谓、正文、落款 4 部分构成。标题即在首行正中位置书写的"贺信"两字。称谓即被祝贺单位或个人的名称。落款即发函者的署名及发函日期。祝贺信函的正文由 3 部分构成:一是以简要的篇幅向对方表示热烈祝贺,写清向谁祝贺、为什么祝贺等;二是祝贺的内容,即所贺之事的重大意义;三是发函者的希望和祝愿。上级写给下级的可写希望、要求;写给会议的,则可用"祝大会圆满成功"等话语。

2) 注意事项

祝贺信函的语言要充满热情、喜悦之意和温暖、愉快之感,并给人以鼓励和希望。颂扬与赞美之词要恰如其分,不能过分夸大或拔高。祝贺信函的发送要及时,要赶在有关活动的前边。

2. 慰问函

慰问函是机关单位或个人对某人、某集体表示慰问而写的信件。在对方取得突出成绩时,或在对方遇到困难、遭到不幸时,均可以写慰问信表示慰勉、鼓励、安慰和同情。

1) 格式要求

慰问函的构成同祝贺函基本相同,在格式上也很相似,只是正文内容有所区别。慰问函的正文由两部分构成:一是慰问的背景和原因,并致以诚恳亲切、充满关怀之情的慰问之语;二是对对方辛劳的工作或所受的遭遇表示深切的同情和慰勉,或对对方所取得的重大贡献和所具有的某种精神表示褒扬和嘉奖。

2) 注意事项

要根据不同的对象用不同的写作素材及慰勉用语。感情要真挚热情,充满亲切之情。文字应简练,篇幅须短小。

3. 邀请函

邀请函又叫请柬,也称请帖,是单位、团体或个人邀请有关人员出席隆重的会议、典礼,参加某些重大活动时发出的礼仪性书信。它不仅表示礼貌庄重,也有凭证作用。

1) 格式要求

请柬一般由标题、称谓、正文、落款 4 部分组成。标题即用大字书写的"请柬"两字,在第一行中间,或者占用一页,当作封面。称谓即被请者的单位名称或姓名,另起一行或一页顶格书写,姓名之后写上职务、职称等,如"同志""先生""教授""经理""主任"等。正文应写清活动时间、地点、内容、要求,并用"敬请参加""敬候光临""敬请届时光临"等敬语结束。落款即发函者的署名与发函日期。

2) 注意事项

请柬是一种比较正规、隆重的文书,是一种具有特殊意义的书信。因此,发请柬者一定要注意请柬的设计、制作,因为它代表着你对所邀者的真诚、重视,也体现着你自身的形象。请柬的形式要美观大方,不可用书信纸或单位的信函纸草草了事,而应用红纸或特制的请柬填写。请柬上的文字最好由发柬者自己书写,所用语言应恳切、热忱,文字须准确、简练、文雅。请柬一般应提前 4~10 天寄出或亲自送达,以便受邀者及早做出应邀与否的决定或准备。

4.3 网络礼仪

4.3.1 网络礼仪的含义

网络礼仪是指在网上交流信息时被嘉许的、通过电子信息媒介而体现的、规定的社会行为和方式,用以表示尊重对方的过程和手段,是一个人内在修养和素质的外在表现。

随着信息技术的不断发展,网络在人类的工作、学习、生活中扮演着越来越重要的角色,网络已逐渐成为人们在人际交往中所使用的一种最高效、最便捷的工具。网络世界给了我们最大的言论自由,但决不意味着我们可以肆无忌惮,为所欲为。真实世界需要礼仪和道德约束,网络生活也不例外。上网时遵守网络礼仪既是尊重他人,也是尊重自己。真诚待人,维护网络文明,在网络生活中能体现一个人的人格。

4.3.2 网络礼仪的特点

1. 虚拟性

我们所熟知的礼仪交际存在于现实生活中,它需要我们面对面的交流。在网络中,人们并不直接见面,而是通过互联网,利用一个虚拟的身份来进行间接的交流。

网络上的社交分为两类:一类是"陌生人社交",它是指你与交流对象互不了解,拥有比现实生活更广泛的言论自由,不必担心这些言论会影响现实生活;另一类则是"朋友圈社交",它是指你可以通过QQ、微信等社交软件,添加现实生活中的朋友和亲人来进行交流,由于和这些人在生活中关系较为紧密,所以在发表言论时,会慎重考虑所发表的言论对现实生活造成的影响。不论是"陌生人社交"还是"朋友圈社交",它们都是通过网络来实现的。而由于网络社交具有虚拟性,决定了网络礼仪也具有虚拟性。

2. 普遍性

马克思认为,要努力做到使私人关系之间应该遵循那种简单的道德和正义的标准,成为各民族之间关系中至高无上的准则。当个体和群体中的其他人进行交往时,存在着一种道德和正义的标准,这种标准应当由私人推大到群体。网络社交作为一种随着科技发展而产生出来的新型社交方式,属于群体社交的一部分,所以它也应当遵循在道德和正义指导下制定出来的社交礼仪准则。例如,遵守不同国家在文化上的差异,待人热情真诚等,这些准则同时适用于现实生活社交和网络社交。

3. 开放性

网络比现实更具开放性:一方面表现在信息的获取上。网络信息的庞杂性超出了人们的想象,其中既有各个国家的历史文化典籍,也有暴力色情的信息。获取这些信息的门槛是非常低的,也不需要特别的操作技巧;另一方面表现在社交上。虽然我们在现实生活中也会面对着来自不同国家和地区的人,但是由于诸如地理上的限制、性格的特点、语言的差异等,我们交流的机会是少之又少的,交流的过程也是十分困难的。而在网络上,我们可以突破时空限制与来自海外的朋友进行交流;我们可以避免因羞怯而造成的尴尬局面;我们可以在屏幕前更好地组织语言来表达自己的观点。

4.3.3 倡导网络礼仪的必要性

随着互联网技术的发展,网民数量也快速增长。根据中国互联网络信息中心发布的第51次《中国互联网络发展状况统计报告》显示,截至2022年12月,我国网民规模为10.67亿,互联网普及率达75.6%;我国手机网民规模为10.65亿,网民中使用手机上网的比例为99.8%。网络是真实社会生活在虚拟世界的投影,已成为人们学习、生活和娱乐的重要平台。然而,在现实的网络世界里,大量转发垃圾信息、在微信、微博、QQ群等社交平

【典型案例】
网络礼仪

台污言秽语、发布不健康的内容、公开讨论人家隐私等各种丑陋现象堂而皇之地存在着。诸如"人肉搜索"、暴力色情图片的传播、网络赌博等各种形式的网络暴力层出不穷。这些都对网民,特别是青少年网民,造成严重的身心伤害。面对这些情况,除了诸如《中华人民共和国计算机信息系统安全保护条例》等一系列法律规定外,还必须得有相关的网络礼仪来规范这些行为。

4.3.4 网络礼仪的原则和要求

1. 基本原则

1) 遵纪守法

遵纪守法这是最基本的要求。具体来说,要做到不发表违法言论和不传播不实的言论,不任意谩骂、贬低、侮辱、攻击、挑拨他人。千万不要以为在网上就可以做违法的事情或者降低道德标准,如果做了违法的事情,同样也会受到追究的。网络实名制保证我们的权利受到保护,同时违法行为也可以被追查。

知识链接 4-2
面对网络暴力
的正确做法

2) 真诚

真诚是做人的基本道德准则,在网络礼仪中则有特殊的意义。网络的显著特点在于虚拟化,可以在未见其人、未闻其声、未知其真名、未看其笔迹的情况下进行交流。因此,在网络生活中真诚待人,更能体现一个人的品格。因此在做一件事情或发表一些言论之前想想这么做会不会伤害别人。当然,在不伤害他人的前提下,利用虚拟的网络生活,隐去自己真实身份,适当幽默,未尝不可。

3) 公平

公平是法律生活的基本准则,在网络礼仪中也同样适用。网络世界给了人们最大的言论自由,但决不意味着可以肆无忌惮,为所欲为,还是要牢记己所不欲,勿施于人。你希望别人怎样待你,首先必须怎样对待他人。不能只顾自己发泄,不管他人感受。如果你不喜欢一个人,你可以选择不去关注他的动态,但不要在他的微博、抖音等账号上随意地去发表负面言论。

4) 慎独

慎独是古人强调的君子品格,在网络礼仪中显得尤为重要。网络生活的多样性、虚拟性和隐蔽性,容易使人想入非非,进入歧途。在目不暇接、流连忘返之时,也有可能眼花缭乱、头晕目眩,一旦落入圈套就深受其害,悔之莫及。因此,人们在畅游网络世界的时候,应具有较强的自律意识。

2. 具体要求

1) 记住别人的存在

互联网给予来自五湖四海的人一个共同的地方聚集,这是高科技的优点,但往往也使得我们面对着计算机屏幕时忘了我们是在跟其他人打交道,我们的行为也因此容易变得更粗鲁和无礼。因此,网络礼节的第一条就是记住别人的存在。当着别人的面不会说的话,在网上也不要说。

2) 注意自己的语言文明,塑造正面形象

因为网络的匿名性质,别人无法从你的外观来判断,因此你的一言一语都会成为别人对你印象的唯一判断。不论是在网上发帖，还是与人聊天，都要恰当地运用语言，仔细检查语法、用词是否正确，是否会引起对方的误解，不要故意挑衅和使用脏话，文明地传播图片和视频。随着现在网络监管越来越严，一些恶意的攻击者都会得到相应的惩罚，所以要在网络上谨言慎行，树立正面的形象。

现在网络上出现了很多符号语言、表情包，在聊天时可以代替传统语言，有时还可以活跃气氛，增进情感交流。此外，还有一类新词语，它们当中一些是词语首字母的缩写，例如xfxy（腥风血雨）、zqsg（真情实感）、yyds（永远的神），还有一些是词语的缩写，例如李涛（理性讨论）。如果不解释这些缩写的含义，常常会让人困惑不已。虽然使用这些词语的人并没有恶意（他们大多秉持着使交流更快速的理念），但是这也形成了一种藩篱，将不懂这些词语含义的人隔离在外，不利于人们的交流。所以，对于这些符号、表情包、新词语的使用要有选择性，特别是在工作群联系工作或与客户正式会谈时，这些新语言的使用更要慎重。我们对字符、图片和视频的文明使用，体现了我们良好的礼貌礼仪。

3）及时回复，尊重别人的时间

在用微信、QQ等社交软件进行即时聊天或是联络工作时，要及时回复对方的消息，即使当时在忙，也要回复别人"稍等"，忙完后及时与人联系。如果有特殊原因，过了很长时间才看到，也要解释清楚缘由。进入一段聊天以后，最好全神贯注，有事退出要提前说明，让别人空等就是浪费别人的时间，这是极大的不礼貌和不尊重。

尊重别人的时间，不要不分时间地发语音、打语音电话或视频电话。尽量避免发语音，除非特殊情况，比如你在外面走路或腾不出手来打字，或者觉得文字表达容易产生歧义等情况。尤其是不要发60秒的长语音，也不要发OK一类的1秒语音，特别是对于不熟悉的人。因为听语音比读文字信息要更花时间。不能只图自己省事，而不考虑对方是否方便听语音。打语音电话或视频电话前最好询问一下对方是否方便。最好不要在群里发广告、砍价链接等，群的氛围需要群里的所有人共同维护，总是发广告，会打扰别人。如果只和群里的某个人聊一些事情，最好是直接私聊，以免影响其他群成员的感受。在节假日，不要群发千篇一律的内容，这样容易让人觉得自己不受重视。

4）尊重他人隐私，保护自己安全

现在，网络的功能越来越多，我们工作和生活中的事务越来越多地依赖网络，在处理这些事务的时候经常会用到我们的电话号码、身份证号码、银行账号等，要注意保护这些信息的安全，不要随意泄露给别人。不要随意点开不知名的链接、广告等。电子邮件、通话记录或微信、QQ等私聊的记录应该是隐私的一部分，不经别人同意，不能随意发布出去。拍到别人的照片尽量别擅自发朋友圈，因为有的时候不合适的照片会让被拍到的人不高兴，不但不能加深彼此的感情，反倒会影响关系。在发和别人的合影时记得先征得别人的同意。不要随意把朋友的账号或名片发送给陌生人。出于安全考虑，自己在利用一些社交媒体记录自己的生活时，要把头像照片、地址等隐私信息打上马赛克。

5）尊重他人的劳动成果

别人上传到网上的照片、视频、文字等都属于别人的劳动成果，要尊重别人的劳动成果和知识产权。不要随意剽窃别人的作品、不要试图对别人的作品做一些作者明确禁止的事情。转载文章、登载别人照片等都要征得作者的同意，并注明出处、原作者，附上原文链接，否则可能会引发矛盾，甚至受到法律制裁。

6) 宽容和理解

网络社交分为两种：一种是同不认识的陌生人因为网络而有交集；另一种是现实生活中熟悉的人通过网络平台联系。

对于第一种情况，讲究求同存异。在网上我们会遇到各种各样成长背景的人，和自己迥异的三观，和自己不同的成长经历，要学会宽容和理解，而不是胡乱给别人贴上"键盘侠""杠精"等标签。当看到别人写错字、用错词，问一个低级问题或者写篇没必要的长篇大论时，不要在意。如果真的想给他建议，最好私聊，人都是爱面子的，要平心静气地争论。

对于第二种情况，要注意解读的尺度。网络平台上的社交与传统社交相比，一大特点就是信息传递被阉割，在网络平台对话，双方捕捉不到对方的肢体语言，细微的表情变化，不能察言观色，这样就很容易产生误解，因为文字传递的信息极为有限。所以，一方面我们在发送语言文字时，注意检查用词是否准确，避免引起别人的误解，另一方面对于别人发送的信息更要学会宽容，要注意解读的尺度。

知识链接 4-3
全国青少年
网络文明公约

4.3.5 电子邮件礼仪

电子邮件是建立在计算机网络上的一种通信形式。使用电子邮件进行对外联络，不仅方便快捷，清晰度高，不受篇幅的限制，而且还可以大大降低通信费用，已成为工作交流的最常用通信方式之一。即使是在即时通信软件盛行的当下，电子邮件在工作中仍然被广泛应用。电子邮件礼仪具体如下。

1. 发送电子邮件的礼仪与规范

1) 慎重选择发信对象

发送电子邮件之前，须确认收信对象是否正确，以免造成不必要的困扰。若要将信函副本同时转送相关人员以供参考时，可善用抄送的功能。要正确使用发送、抄送和密送功能。发送对象即收件人是要受理这封邮件所涉及的主要问题的，理应对邮件进行回复；而抄送人是只需要知道这件事，没有义务对邮件进行回复，当然如果他有建议，也可以回复；密送即收信人不知道发件人是谁，一般情况下不使用。要确保只给需要信息的人发邮件，否则将占用别人的时间和邮箱空间，制造了一大堆不必要的垃圾。转发邮件之前也要确保所有的收件人需要此信息。此外，转发敏感或机密邮件时要小心谨慎，不要把内部信息转发给外部人员或未经授权的接收人。

2) 主题要明确且具描述性

电子邮件一定要注明主题，因为有许多网络使用者是以主题来决定是否继续详读邮件内容的。一定不要使用空白主题，这是最失礼的。邮件主题要简短，不要冗长，应尽量写得具有描述性，写明与内容相关的主旨大意，让人一望即知，以便对方快速了解与记忆，切忌使用含义不清的主题，如"有个问题""李先生收"等。一封邮件尽可能只针对一个主题，不在一封邮件中谈及多件事情，便于日后整理；可适当使用大写字母或特殊符号，如"！"来突出主题，吸引收件人的注意，但要适度；回复对方邮件时，可以根据回复内容需要更改标题。

3) 格式规范，内容简洁

工作交往当中的电子邮件，应当按照传统信函的格式来书写，称谓、启词、正文、结束语、落款几部分都要完备。电子邮件的内容应力求简明扼要，信息冗长不会引起收件人的注意，也不容易让人看下去。如果具体内容确实很多，正文应只做摘要介绍，然后单独写个文件作为附件进行详细描述。

邮件行文要明白流畅，通俗易懂，邮件中不能出现生僻字、异体字、错别字。所引用的数据、资料要正确无误，而且最好标明出处，以便收件人核对。合理利用表格、图片等来进行阐述，以便让内容更清晰明确，合理提示重要信息。最好在一次邮件中把相关信息说清楚，说准确。不要过两三分钟后，又发一封"补充"或"更正"之类的邮件，这会让人很反感。

避免使用太多不必要的标点符号，特别是感叹号的使用，如"！！！！！"。若真要强调事情，应该在遣词用字上特别强调。在工作邮件中避免使用笑脸之类的情绪符号，以便显得轻佻。

4) 小心附件功能的使用

如果附件内容不长，请把附件内容直接撰写于信件中，以便于收信人不打开附件也可阅读。如果带有附件，应在正文中提示收件人查看附件。附件文件应用有意义的名字命名，正文中应对附件内容做简要说明，特别是带多个附件时。附件数目不宜超过4个，数目较多时应打包压缩成一个文件。如果附件是特殊格式文件，应在正文中说明打开方式，以免影响使用。当然要尽量使用通用格式，以免收件人为了阅读你的邮件而专门安装特别的软件。如果附件过大，应分割成几个小文件单独发送。

5) 定期检查计算机系统的时间与日期

电子邮件传送时会以所用计算机的设定日期与时刻来标示邮件发送的时间，为避免不必要的误会或窘态发生，使用者须定期检查计算机系统时间与日期的设定是否正确。

2. 回复电子邮件的礼仪与技巧

1) 及时回复

要定期查看自己的邮箱，新邮件一般要在一天之内予以回复。对一些紧急重要的邮件，理想的回复时间是 2 小时内。如果事情复杂，不能及时解决的，也应该及时地回复说"收到了，我们正在处理，一旦有结果就会及时回复"，等等。如果你正出差或休假，应该设定自动回复功能，提示发件人，以免影响工作。

2) 认真回复

回复他人邮件时，必须扣紧主题，尽量避免非相关主题的言论涉入回复信函的内容中。当回件答复问题的时候，最好把相关的问题抄到回件中，然后附上答案。应该对问题进行必要地阐述，让对方一次性理解，避免再反复交流，浪费资源。回复不能过于简短，如果对方给你发来一大段邮件，你却只回复"对""谢谢""已知"等字样，是非常不礼貌的。

不要就同一问题多次回复讨论，如果收发双方就同一问题的交流回复超过三次，这只能说明双方沟通不畅，说不清楚。此时应采用电话等其他沟通方式进行交流后再做判断。

要回复他人信件时，请使用"回复"功能，并明确回复对象。如果只需要单独一个人知道的事，单独回复给他一个人即可；如果需要让所有人知道，就要回复全体。

3) 收到误送邮件时，尽可能代为传递或通知发信人

忽视或删除他人误发给自己的电子邮件而不回复，都是不好的行为。因为发信人通常会焦虑地等待回信，甚至怀疑信件是否到达了该去的地方。如果收信者能从信件内容看出正确的收信者，应迅速转送出去。若无法辨认，也应即刻回复发信人并简单解释传送的错误。在网络空间，要有宽容互助的心胸，原谅别人无心的错误并热心给以帮助。

4) 转发邮件，要征得同意

对发件人而言，邮件内容是针对收件者所撰写的私人信函，不见得适合他人阅读。若要把他人的邮件转发给第三者，要先征询发件人的同意，否则可能会侵犯别人的隐私，引起对方的不满。

 课堂头脑风暴

【主题讨论】

大学生的网络礼仪意识如何？你认为应如何加强网络礼仪的教育？

【讨论解析】

设计问卷调查周围大学生的网络礼仪意识，在使用网络进行沟通时会遵守哪些礼仪？让人讨厌的网络行为有哪些？

本 章 小 结

通联礼仪是指人们进行通信、联络时所应遵守的基本行为规范。它包括电话礼仪、书信礼仪、网络礼仪等。

使用电话时要注意维护自身的电话形象，拨打电话时要做好准备工作，选择合适的通话时间，且礼貌地开始和结束。通话过程中还要注意自己的行为举止。接听电话要及时，要主动问好，确定来电者的身份、目的，并认真处理。

书信礼仪要注意：首先信封的书写要规范，其次信件的书写内容要完整，通常包括称谓、问候、正文、结尾、署名、日期等几部分。祝贺函、慰问函、邀请函等专门公函都有相应的写作规范和使用要求，应当予以严格遵守。

网络在人类的工作、学习、生活中扮演着越来越重要的角色，使用网络要遵纪守法、真诚、公平、慎独，要注意语言文明，尊重别人的时间、隐私和劳动成果，保护自己的安全。

考考你 第 4 章

第 5 章

职场礼仪

学习导读

【本章概况】

本章详细介绍了人们在职场上所要面对的求职、公务拜访与接待、各种会议、仪式活动的礼仪规范、操作要求和注意事项。

【学习目标】

1. 了解求职基本礼仪规范,学会撰写个人简历和求职信,掌握面试技巧。

2. 掌握拜访与接待礼仪规范。

3. 了解会议基本类型,掌握会议组织程序与礼仪规范,熟悉商务洽谈会礼仪、新闻发布会礼仪、展览会礼仪、茶话会礼仪。

4. 掌握开业典礼、剪彩仪式、签字仪式相关商务礼仪规范。

5. 提高学生的人际交往能力、就业能力和从业能力,促进社会主义精神文明建设。

6. 树立社会主义核心价值观,在会务、商务活动中通过规范的安排、得体的举止体现出敬人和敬己的道德素养。

5.1 求职礼仪

求职者的求职过程,就是一个"推销"自己的过程。戴尔·卡耐基说:"推销自己是一种才华,是一种艺术。有了这种才能,你就能安身立命,使自己处于不败之地。"在求职过程中,如何才能使自己脱颖而出得到用人单位的青睐?在面试中如何体现自己的身价,展示自己个性化的魅力?求职面试中如何应对自己最忌讳的问题?如何顺利得体地度过尴尬时刻?要想觅得一个良好的工作,一定要学会"推销"自己。

【引例】"吹牛信"——东方朔的求职信

在求职的整个过程中,求职者不仅要掌握应聘技巧,还要遵守不同环节中的礼仪要求。求职者在求职过程中,在语言、文字、仪态、行为、举止、穿着打扮等各方面的表现,都体现了其内在的素质,也将影响求职的最终结果。

5.1.1 撰写个人简历和求职信

个人简历和求职信是求职必备的资料,是求职应聘的敲门砖。吸引人的面试材料可以帮助自己在众多的竞争者当中脱颖而出,获得面试的机会。

1. 个人简历的书写礼仪

求职时需要准备的个人简历,要求简明、扼要、准确,不能弄虚作假。同时,这份简历是招聘部门了解求职者的最重要的背景材料,在这份个人简历中应系统地把个人身份、学业、资历、工作经验、特长等充分体现出来,更要通过它给招聘单位一个深刻的印象,以利于达到求职者获得理想工作的最终目标。

1) 个人简历的内容

(1) 个人基本情况。个人基本情况包括姓名、性别、地址、电话号码、年龄、民族、政治面貌等方面的内容。

(2) 受教育程度。需简要叙述你参加过的教育和训练项目,按时间顺序依次列出就读学校的名称,在学校时期的学习课程,获得的文凭、学位或学分,以及取得的学术成就等,一般还应介绍求职者曾经获得的特别奖励或荣誉。

(3) 工作经历。这一条适用于已经参加工作的人士。着重介绍最近的工作经历。一份好的简历,看起来就像一座倒金字塔,最近的经历最详细,占篇幅最大,其他早期的工作经历只需简单地提一下。

(4) 其他特长和技能。这里包括应聘者获得的各种技能等级证书(如计算机应用、英语能力等)、体育特长、音乐特长等。

(5) 从事过的社会活动。现代社会强调实践经验,单纯学习好的学生不一定能获得用人单位的赏识,因此强调这一方面对应聘是很有益处的。对于在校学生而言,应写在校时发表的文章、参加的专业实践、专业性实习及其他社会活动,以供用人单位参考。

2) 个人简历的书写要求

(1) 简历中填写的内容,应实事求是,不能说假话、空话。

(2) 简历的内容要简洁、明确,重点突出,切忌烦琐、冗长,一般不超过两页的篇幅,以整一页为佳。

(3) 个人简历表内的文字书写要整洁、规范,最好使用打印机而不是手写,注意不要出现错字、别字。

(4) 应聘者的学历证书、专业技术等级证书等材料,可以作为附件,将其复印件附在简历的后面即可。

(5) 个人简历中的内容应与求职信内容保持一致,不要自相矛盾。

(6) 可以提供证明人,以提高简历的可信程度。如果让某人做证明人,事先应征得其同意,注意证明人的姓名、职务、联系电话等内容。

(7) 个人简历不用或少用鉴定式评语,应措辞客观、准确。

2. 求职信的书写礼仪

求职信也称自荐信,是求职者在应聘时以书面形式向有关单位举荐自己,提出供职请求和愿望,希望得到任用的一种专门书信。带有明显的自我推销色彩,其目的在于激发起用人单位对你的兴趣,从而最终被录用。

1) 求职信的格式

求职信的基本格式与书信一样,主要包括收信人称呼、正文、结尾、署名、日期和附件六方面的内容。

(1) 求职信称呼。求职信的称呼比一般书信的称呼要正规。一般来说,收信人应该是单位里有权录用你的人,要特别注意此人的姓名和职务,称呼要准确而有礼貌。求职信往往是首次交往,未必对用人单位有关人员的姓名熟悉,所以在求职信中可以直接称呼职务头衔,比如:"尊敬的××司长(局长、处长等)""尊敬的××董事长(总经理)先生""尊敬的××校长(教授等)"。

称呼之后应有问候语,这是必不可少的礼仪。问候语可长可短,最常用的如"您好!"

(2) 求职信正文。这是求职信的主体部分。一般要说明求职信息来源、应聘岗位、求职者的个人基本情况、工作能力、工作成绩、求职的愿望和要求等。正文内容要简练,突出重点,要充分展示自己的特点,包括专业知识、工作经历、个人能力、自身特长等。针对不同类型的单位,使用不同的表述,重点表述自身背景中与未来雇主最有关系的内容,把自身与所求职位之间最重要的信息表述清楚。

(3) 求职信结尾。求职信结尾一般包括两部分内容:希望对方给予答复,并盼望能有机会参加面试;简短的表示敬意、祝愿之类的祝颂语。祝颂要热诚,如"祝您安康""祝贵公司兴旺发达"等,也可用"此致,敬礼"之类约定俗成的句式。祝颂语一般分两行来写,上一行前空两格,下一行顶格。

(4) 署名。给用人单位领导写信,署名可写"求职者××",也可直接签上自己的名字。

(5) 日期。日期一般写在署名右下方,最好用阿拉伯数字写,并把年、月、日写上。

(6) 求职信附件。求职信一般要同时附上简历和一些有效证件,如学历证、学位证、职称证、身份证、资格证书、获奖证书等复印件,最好在正文左下方注明。

2) 求职信的写作要求

(1) 求职信要表现出明确的意向性,针对性要强,如求职愿望、自身条件等,以给用人单位留下深刻的印象。

(2) 求职信的篇幅要适中,不宜过长,内容要简明扼要。

(3) 求职信要书写规范,内容要实事求是,不能虚夸,但也应恰如其分地掌握好谦虚的分寸,以给用人单位留下态度诚恳、不骄不躁的印象。

(4) 求职信用词要恰当,并注意礼貌、含蓄。

5.1.2 求职前的准备

1. 信息准备——知己知彼

求职信例文

求职者在求职择业前广泛收集职业需求信息,对这些信息进行归纳、分析。在此基础上,确认求职目标,并拟订求职方案,然后针对职业信息分析的结果及自己制定的目标进行各方面的准备,如心理准备、求职资料的准备等。

求职本来就是一场战斗,正所谓"知己知彼、百战不殆"。面试前要先收集应聘单位的资讯,了解一下单位的基本情况:总公司所在地、规模、架构、背景、经营模式、目前的发展状况和未来的发展规划等概况,此外还包括近期业绩表现、活动的规模,以及今后预定拓展的业务等。这些信息最好是在投简历的时候就要了解。面试时要适时表现自己对该单位的了解及对工作的企盼之心。

在面试前一定要总结并看清自己的优势和劣势所在，认识自己的长处、兴趣、人生目标和工作倾向，还要对自己应聘的单位需要什么样的人才，什么样素质的劳动者具有一定的了解，做到心中有数，有备而往。不妨换位思考，站在面试官的角度想一想：对于目标职位来说，你最可取的地方在哪里；你参与竞争的优势和劣势是什么；你对这个职位有兴趣吗；待聘的工作职位真的适合你吗；应该如何给职业定位。

2. 物质准备

除个人简历、求职信等必要的材料外，参加面试之前还应准备好身份证、户口本、照片，以及学历和获奖证书或其复印件、招聘广告或有关该工作机会信息来源的材料等。有时也可携带上学校、导师或领导的推荐信。这些材料要少而精，按一定顺序整理好，以供应聘的需要。

3. 心理准备——充分自信

面对严峻的就业形势，面对众多的竞争对手，要想获得求职的成功，没有充分的心理准备，没有良好的竞技状态是不行的。对职场的迷茫、对自身的认识不足、没有做好有针对性的准备，都很有可能影响自己面试时的临场发挥。

1) 4 种不良心理状态

（1）迎合心理

迎合心理也称逢迎心理。具有较强逢迎心理的人往往极力在各种场合为自己塑造一个人见人爱的形象。但是，他们的资本不是自身的真才实学及良好的仪表风度，而是逢迎的表情和语言。这种人在面试中常常会不失时机地恭维主考官几句，在回答问题时也往往顺着主考官的弦外之音而进行，希望以此来博得主考官的好评。事实上在大多数情况下，这种做法的结果往往适得其反，它非但不能得到考官的"恩宠"，而且还会减损他们对于应聘者真实素质的评价，因而是不可取的。

（2）羞怯心理

每个人都存在程度不同的羞怯心理，只是那些性格较内向、平时不太喜欢社交的人表现得更加明显。在羞怯心理的支配之下，由于心情紧张，个人呈现出极不自然的面部表情或姿态，无法自然流畅地进行语言表达。因而在一定程度上妨碍了自身真实水平的发挥。羞怯心理产生的根本原因在于缺乏自信，包括对自身的外部形象、内在素质及能力等，而这又导致优柔寡断的个性。在面试中，羞怯心理较强的应聘者由于过分专注于自身举止与言语的选择与表现，无法集中精力回答问题，在一定程度上影响自身能力的正常发挥。一旦意识到自己的表现没有达到预期要求，应聘者便会产生一种自责心理，与之相伴的是心情更趋紧张，由此形成一个恶性循环，最后应聘者只能带着诸多遗憾离开考场。因此，对于需要参加面试的人来说，事先有意识地加强社交方面的训练是很有必要的。

（3）自卑心理

自卑感较强的人往往多愁善感、自惭形秽，觉得自己一无是处，各方面都不如别人。为了不使自己的自尊心受到伤害，往往实行自我封闭，不愿同别人进行较多的接触和交往。在面试过程中，这类人往往会将自己与考官在多方面进行对比，尤其是习惯于拿自己的短处同对方的长处相比,因而越比就越没信心,自卑感也就越强。其实,他也希望能够给考官留下一个较好的印象,却又不相信自己能够做到。于是导致在面试中出现种种窘态和难堪,如脸红、出冷汗、喉头战栗、发音吐字不清等。在这种状况下,应聘者的真实水平是无法发挥出来的。

(4) 侥幸心理

由于面试、特别是非结构化面试的题目带有较大的偶然性,面试也不像笔试那样有统编教材用作应考准备,所以有些应聘者总是寄希望于侥幸取胜,或希望能抽到好题,或寄希望于考官的网开一面,等等。心存侥幸的应聘者在面试前一般不会做太充分的应考准备,而常常只做一些猜题押宝工作,聊以自慰。这显然是很难获得好成绩的。

2) 克服不良面试心理的技巧

(1) 积极的自我暗示

"自信人生二百年,会当水击三千里。"每一个应聘者都要先问问自己,是否充分相信自己?有没有信心应聘成功?信心会给应聘者带来洒脱和豪情。对任何人来说,相信自己的实力,相信自己的水平,相信自己能够干出一番事业,才会热情地、努力地去投身到这个事业中去。所以说,自信是对自己的实力有充分的估计和坚定的信心。在面试前,面试者习惯于叙述一些自身的事情。这些叙述通常是讲给别人听的,然而,却无意中暗示着自我。面试焦虑者的叙述常常是消极的,消极的暗示会破坏良好的心境,分散注意力,降低应聘者自己的信心,将会把应聘者引入胡思乱想之中,以致应聘者无法在面试中积极地发挥自己的水平,其面试结果不幸被应聘者的消极暗示所言中。相反,假如能对自己进行积极的暗示,应聘者就会充满自信,心境悠然,注意力集中,思维敏捷,在面试中就会积极地表现自我,而面试结果也会常常被自己的积极暗示所击中。

(2) 具有竞争意识

对于应聘者来说,必须强化自己的竞争意识,崇尚竞争,敢于竞争。"物竞天择,适者生存"是生物界生存和发展的普遍法则。在社会生活中,"优胜劣汰"已逐渐成为历史发展的主要趋势。敢于竞争,就要扬长避短。要从实际出发,对自己所处的环境,对自身的能力结构、专业特长、性格气质、兴趣爱好,进行具体分析和评价,扬长避短,先声夺人。要有经受挫折的心理准备和承受力。竞争往往是成功与失败并存。在应聘竞争中失败在所难免,但只要正确对待,调节抱负水平和期望值,就会成为竞争中的强者。

(3) 身体放松

当你的身体放松时,你的心理紧张也就得到了缓解。开怀大笑可令你紧绷的躯体迅速放松,在开心地笑过之后,由于手臂、脚部的肌肉不再紧张,血压、心跳有所缓和,你会感觉全身如同卸掉了千斤重担,心里会相当轻松。做深呼吸也可缓解紧张。我们不高兴时,常"长吁短叹",其实,长吁短叹就是一种无意的深呼吸,它无意中部分排解了焦虑和紧张。面试前,你不妨主动做做深呼吸来缓和自己紧张的身体与心理。

4. 形象准备

面试的过程就是展示自己优点的过程,也是推销自己的过程,应充分认识"第一印象"的重要性。从心理学角度讲,第一印象在主考官心目中非常重要。因为,同陌生人第一次见面,对方的仪表、言谈、举止、气质、反应力等,往往给人们留下一种最初的感觉印象。由于是"最初的",所以新鲜、深刻、引人注目,容易记住;又由于是以观察的感觉形象为主,所以很容易引起人们情绪上的反应——喜欢或不喜欢。在喜欢或不喜欢的第一印象支配下,对应聘者的进一步认识,也常常不自觉地受第一印象的影响。这种影响有时虽然是错误的,但要克服和改变却绝非易事。

在主考官面前,应聘者应建立什么样的第一印象呢?自卑怯懦、狂妄自大、自我封闭、计较多疑、虚伪势利都是不可取的。应聘者的形象应该是诚实而不虚伪,自信而不自负,热情而不孤僻。根据自身条件,不卑不亢,实事求是地和主考官面谈。唯有以真诚的态度与主考官沟通信息,交流感情,一个良好的第一印象才会自然而然地出现在主考官的脑海里。

1) 仪容要整洁端庄

男士要洗净头发,刮净胡须,发型以短发为主,做到前不覆额,侧不遮耳,后不及领;女士的发型不要过于新奇、浪漫,头发应精心梳理,不要给人披头散发之感,不能让它垂下来,遮住你的脸。总之,不管留什么样的发型,都要做到端庄、文雅、自然,避免太前卫、太另类,要与所申请的职位要求相宜,符合面试的基本要求。

要保持面部清洁,尤其要注意眼角、耳后、脖子等易被人们忽略的局部卫生,指甲要修剪整齐,甲垢要清理干净。女士可以化淡妆,妆要自然、协调,充分体现出女性美好的形象,但不宜浓妆艳抹。求职面试前不宜吃大蒜等有强烈异味的东西。

2) 服饰要大方得体

服饰上要求做到整洁、大方,显得成熟稳重、精神状态饱满,与应聘岗位相协调。不要穿有污迹的、式样古怪的衣服去面试。男士可穿整洁的西装或衬衣,但也不必过分刻意打扮;女士可选择样式简洁的套装和连衣裙等,但不要穿低领、紧身、过于透明的衣服前往面试。服饰的颜色也要适宜,不宜穿过于鲜艳夺目或跳跃度过大的颜色,一般柔和的颜色具有亲和力,深色会显得比较庄重。配饰要与服饰相统一,尽量不要戴太贵重的或一走动就发出响声的饰物;鞋子不能穿类似拖鞋的后敞口鞋,皮鞋要擦拭干净。总之,要根据所求职位的不同,选择不同的服饰搭配,要讲究艺术性、合理性、协调性,努力使其体现出应聘者内在的气质、修养。

3) 表情姿态要从容

表情姿态是人的身体语言,在面试中,若运用得当将有助于面试成功。当你走进面试室时,要精神饱满,面带微笑,镇静自若,眼睛要注视对方,不可游移不定,让人怀疑你的诚意,还要注意克服你的小动作、口头禅及其他不好的习惯,一举一动应符合礼仪规范。

当这些条件都一一准备好之后,就可以充满信心地去参加面试了。面试,实际上是对应聘者思想、文化、身体、技能等各方面素质修养的一次检阅,是对在日常学习、生活中获得的知识的一次实战演习。

5.1.3　面试礼仪

应聘者在面试过程中表现出的礼仪水平,不仅反映出求职者的人品和修养,而且直接影响面试官的最终决定。因此,应聘者参加面试时,务必注意以下几点。

1. 准时赴约

守时是最基本的礼仪,既表示求职的诚意,也能给对方以信任感。迟到会影响自身的形象,同时也是一种对考官不礼貌、不尊重的行为。而且大公司的面试往往一次要安排很多人,迟到了几分钟,就很可能永远与这家公司失之交臂了。应邀赴约时,一定要按通知的时间到达面试地点,最好提前一刻钟到达面试场所附近,这样既可以熟悉周围的环境,也可以稳定情绪,做好面试前的思想准备。

如果面试地点比较远,地理位置也比较复杂的,不妨先跑一趟,熟悉交通线路、地形,甚至事先搞清洗手间的位置,这样就可以清楚地知道面试的具体地点,同时也可以了解路上所需的时间。如果确实因病或其他不可抗拒的因素而无法赴试,应事先联系对方,以便及时调整时间或另行安排时间面试。

2. 重视见面礼仪

到达面试地点后,应主动向接待人员问好,并做自我介绍。所有的行动要服从招聘人员的指示,不要拘谨或过于谦让。如果招聘者向你伸出手来,你要同他(她)热情握手。若对方向你敬茶,应用双手接过,并致谢,不要推辞不喝。若对方只是客气地问:"要茶吗?"你则可客气地回答:"不用,谢谢。"最忌讳的说法是:"随便,您决定吧!"没有主见的人在招聘中是不受欢迎的,这种人在将来的合作中会给大家带来麻烦,浪费时间,降低效率。

进入面试室之前,应先关掉通信工具,然后有节奏地敲门。即使房门虚掩,也应礼貌地敲三下,敲门时快慢轻重要适度,得到允许后才轻轻推门而进,顺手将门轻轻关好。见面时要向面试官主动打招呼,问候致意或鞠躬致意,同时说"您好"或"各位好"等问候语,然后主动进行自我介绍。双手将个人的应聘材料递给主考官,同时说"这是我的应聘材料,请多关照"。面试官请你就座时,先道谢,然后按指定位置就座,坐姿要端正,表情宜亲切自然,大方得体,不可趾高气扬或扭扭捏捏。结束语要简单扼要,不要说一大堆啰嗦的感激之词,总之,要恰到好处。

3. 注重形体语言礼仪

检点自己的一言一行,因为这些都可能引起别人的注意。而对方的一举一动,虽然无言,却也可能有意。要善于察言观色,明察秋毫。

面试过程中始终要保持端正坐姿,胸部挺直,不要将身体靠在椅背上,也不要坐满整个椅面,坐在椅子的三分之二即可。男士不要跷二郎腿,女士应抚裙而坐,双腿靠拢。

注意和对方眼神的交流。目光要注视着对方。但要注意不要目光呆滞地死盯着别人看,这样会使人感到很不舒服。目光接触的技巧是:盯住考官的鼻梁处,每次15秒左右,然后自然地转向其他地方,如望向考官的手、办公桌等其他地方,每隔30秒左右,又再望向考官的双眼、鼻梁处。如果不只一个人在场,说话的时候要适当用目光扫视一下其他人,以示尊重。

做一个积极的聆听者。听对方说话时,要适时点头,表示自己听明白了,或正在注意听。同时也要不时地面带微笑,当然也不宜笑得太僵硬。总之,一切都要顺其自然。

手势不要太多。太多会过多分散别人的注意力。手不要出声响;不要玩纸、笔;不要乱摸头发、胡子、耳朵,也不要用手捂嘴说话。这些行为都会显得人紧张、缺乏自信,或让人觉得不专心。

【典型案例】
最好的介绍信

4. 讲究谈话礼仪和技巧

寒暄完毕,通常让招聘者先开口。应聘者答话时应吐字清楚,重点突出,观点鲜明,准确客观,态度要热情、坦诚;眼睛看着考官,应自信、冷静、沉着,不要浮躁、紧张、胆怯。在面谈过程中,应聘者应仔细倾听对方的提问,认真回答,但不要夸夸其谈,炫耀自己,更不要喧宾夺主;切忌打断招聘者的谈话,插话也是不礼貌的行为。

除一些常规问题外,招聘者有时还会出一些案例让你分析或者出一些比较尖刻敏感的问题要你回答,对此,掌握一定的回答技巧是很必要的。具体方法有以下几种。

1) 具体实例法

要用事实来说明你所具有的能力、素质、技能、你的信仰、优缺点、好恶,以及你如何处理人际关系,如何解决问题,如何胜任新工作,等等。你可以通过"事实""相关细节""举例""轶事""具体做法陈述"等,让对方了解你。这样做,才可能使自己变成一个个性突出、充满情趣和活力的人。例如,回答这样一个典型的问题:"你的最主要的长处是什么?"你可以用相关实例证明,这样会更有说服力。

2) 突出个性法

"山不在高,有仙则灵;水不在深,有龙则灵。"个性鲜明的回答往往容易给人留下深刻印象。真实的思想与坦率的语言就是个性突出的最佳体现。例如,当你被问道:"你喜欢出差吗?"你可以直率地回答:"坦率地说,我不喜欢。因为从一地到另一地推销商品并不是一件惬意的事。但我知道,出差是商业活动的一个重要部分,也是推销员的主要工作之一。所以说,我不会在意出差的艰辛,反而会以此为荣。因为我非常喜欢推销工作。我想这一点更重要。"又如,主持面试的经理问你:"如果我们录用你,你会干多久呢?"如果你这样回答:"没人愿意把一生中最宝贵而有限的时光花在不停地寻找工作当中;也不会有人甘愿把他(她)所喜爱的东西轻易放弃。就拿这份工作来说,如果它能使我学以致用,更多地发挥我的潜力,而我也能从中获得更多的新知识与技能,并且也能得到相应的回报,那么我没有理由不专心致志地对待我所热爱的工作。"那么你所表现出的机敏、坦诚与个性,一定是招聘者最为欣赏的。

3) 审时度势法

在对答中要学会破译出对方的心理,从而迅速准确地调整自己的对策,必要时投其所好或快速收场都不失为一种应急之策。掌握好回答问题的时间,做到心中有数,有的放矢,在有限的面谈时间里,要得体、有效地展示自己,不要漫无边际或反复陈述,过多地拖延时间。例如,一位没有相关经验的女学生,在应聘一家贸易单位总经理秘书一职时,是这样描述她的资格条件的:"我是上海对外贸易学院外语系毕业的,在英语听、说、读、写、译中,尤其擅长口译。曾做过半年的兼职翻译,其间受到外商的称赞。去年,我曾参加过为期两个月的秘书培训班,并获得了速记、打字、计算机操作等项的结业证书,成绩优良……"事后,这位女学生告诉我:"当时我还有很多话要说,但我看到对面墙上的挂钟已指向11时20分,我立即意识到不能多说了。"她的机敏终于使她如愿以偿。

4) 扬长避短法

在某单位部门经理招聘面试中曾经有这样一段对话。招聘者问:"你不认为你做这项工作太年轻了吗?"可以这样答:"我快23岁了。事实上,下个月我就23周岁了。尽管我没有相关的工作经历,但我却有整整两年领导学校学生会的工作经验。我担任过学生会主席,之后又连任一年。您可以想象,管理组织3 000多名学生,并非易事,没有一定的管理才能和领导艺术,是无法胜任的。所以,我认为,年龄固然能说明一定的问题,但个人素质和能力更为重要。因为这是一个部门经理所不可缺少的。"这是一种典型的扬长避短式的回答。

5）虚实并用法

当问到"你的工作动力是什么？"时，有这样一类以"虚"带"实"式的回答可以参考。如"我的动力主要来源于以下几个方面：首先是工作本身，即我是否对该工作感兴趣，是否能发挥自己的特长，是否能胜任，是否能学到新知识和技能，以及是否能得到进一步的自我发展；其次是自我价值的承认问题，即我是否能够得到别人的信任与尊重，是否有进一步晋升的机会；最后是结果，即我是否能够得到较高的工资和待遇等。"面谈是求职应聘中的一个重要环节。而在面谈中招聘者最希望看到的是一个真实而全面的你。显然，诚实是最好的策略。所以说，"虚"在现实中一定要运用得当。虚要虚的合理，而且虚中要有实。切不可乱用"虚"招，否则就会弄巧成拙。

6）适度激将法

面试时考官会问你是否有问题，若你说没有问题，对方对你的评价也许就降低了一格。因为一个对这份工作十分重视、关心自己前途的人，一定会有许多问题提出来，让自己多一点机会去衡量这份工作适合与否，这是表明自己工作态度的一个好机会。

5. 注意面试结束的礼仪

临近结束时，考官往往会用一些常见的"面谈已结束"的暗示用语。如"我很感谢你对我们公司及这项工作的关注。""真为难你了，跑了这么多路，多谢了。""再次谢谢你对我们公司的关注。我们做出决定就立即通知你。"应聘者应对这些暗示灵敏地做出反应，体面、自然、大方地主动告辞，面带微笑地表示谢意，与考官等人道别，离开房间时轻轻带上门。别忘了向接待人员道谢、告辞。

面试结束后，为给对方加深印象，或弥补面试时间的不足，两三天以内，最好再给面试单位写封感谢信，篇幅要短，在信中一方面致谢，另一方面可再次表达对该单位的向往之情。

如果已过了承诺答复期，应主动打电话，询问录用结果。也许这时用人单位正好难以取舍，你的主动联系就让你取得了被录用的主动权。另外，主动联系还可以有效地避免用人单位通知不到或是忘了通知的情形。

【典型案例】
福特的应聘经历

5.1.4 面试常见问题回答提示

1. 谈谈自己的情况

提示：这里往往是开场白。要求你自我介绍一下学历、简历等。介绍时要强调专业性优势，说出自己的理想、向往与所求工作的契合之处，焦点要集中在最近的收获上。语言要简练，不要过多涉及其他方面，时间以两三分钟为宜。

2. 你为什么要到我们这里求职

提示：这是用人单位对你心理的试探，从而了解你求职的真实目的和要求。要说出用人单位有何优点和特点，正因为这样，我才来这里求职。比如"我觉得贵单位实力雄厚，上下一心，领导得力，适于一切有才干的青年人发展"这类话就较为得体，因而容易成功。

3. 你对我们单位了解吗

提示：作为一名求职者，你应该尽可能地了解面试单位的详细情况，如该单位涉及的行业、生产的产品、供销情况、财务状况、目前处境、未来展望等。对这些问题的回答准确无误又干脆利落,无疑会使你从众多的竞争者中脱颖而出,独受青睐,增加被聘用的可能性。另外,你在了解该单位情况的同时,也能尽快地作出最终的选择。如果你觉得该单位情况不适合你,你也可马上抽身出来,再寻找新的用人单位,不必在这里耽误你的宝贵时间。有关的报纸、杂志、机构、网络,去该单位做实地考察等都可以成为你收集材料的媒介。

4. 你来我们这里能干什么

提示:回答这个问题,要致力于谈该单位的情况、所求岗位的任职资格。要事先做调查,做到心中有数,然后通过经历中的实例说明自己是拥有这些必要的技能的。不要回答"我什么都能干"。如果这样回答,等于说你一无所长,是个"万金油"式的人物。大多数的单位看中的是有一技之长的人,而非"干什么都可以"的人。如果不能就这个问题给主考人员一个巧妙的回答。他们就会对你失去信心。

5. 你最大的优点是什么

提示:如果你平时就很注意了解、剖析自我,回答这个问题是很容易的。趁机列举两个既与该单位的工作有关、又能体现出你的优点的例子,但说话要得体,不要给人留下自吹自擂的印象。

6. 你最大的缺点是什么

提示:没有十全十美的人,任何人都不能说自己毫无缺点,但主考人提出这一问题的目的并不是想得到具体的信息,真正的目的是了解你是否诚实正直,是否心态平衡。回答这一问题时要注意体现自己健康的心理。

7. 你最喜欢(或不喜欢)哪几门课程,为什么

提示:主考人员希望弄清你的价值体系。说出你最喜欢的课程后,最好不要这么回答缘由:"因为它,容易学""因为我曾经得过优秀""因为老师不留作业(或留得少)"。而应该强调这门课的积极价值,还应指出你具备的技能。总之,你之所以喜欢这门课,是因为它具有挑战性,丰富了你的才华,开发了新技能并使你从中受益匪浅。

8. 你的业余爱好是什么

提示:没有任何业余爱好是一个很大的缺陷,而有业余爱好说明你的兴趣爱好广泛,显示你是一个有能力的人。

9. 你喜欢什么样的领导

提示:不要表现你专爱和领导闹意见。可以直接表明心迹:"我喜欢有能力、办事果断、给我效力机会、能指导我、当我办错事的时候能严厉批评我、帮助我的领导。"

10. 你的目标是什么

提示:你必须答出你的目标,并能对它加以简述。指出你自己为什么有此目标和实现的方法。如果不能恰当地对这个问题作出回答,很容易使主考人员认为你没目标,这将说明你的思想准备不足,尚不成熟。

11. 如果我们录用你,你准备为我们工作多长时间

提示:这是个分量很重的问题。不要流露出把该单位作为暂时性的过渡的意向。虽然人们无法预测将来,但这时的意向要肯定,要采取积极的态度。

12. 你有什么问题要问吗

提示：不能马上说"没有"。而应该问一些与工作有关的问题，例如："我的职责将是什么？我将要接受何种培训？如果工作出色，以后我的职位能到什么级别？我怎样才能成为单位的优秀职员？单位成功和发展的原因是什么？"

13. 你希望得到多少薪水

提示：可以这样回答，如"我听别人说这个职位的行情大概是××"或"只要有发展机会，我愿意接受贵公司的薪酬标准，不知按规定这个岗位的薪酬标准是多少"。

5.2　拜访与接待礼仪

5.2.1　拜访礼仪

拜访又称拜会或拜见，一般是指前往他人的工作地点或私人住所，会晤、探望对方，或是进行其他方面的接触。拜访是现代生活中最常见的一种交际活动，它是人与人之间、组织与组织之间学习交流、促进工作、联络感情、增进友谊的一种有效形式。拜访分为私人拜访和公务拜访。本章主要介绍公务拜访。

【引例】周公吐哺，天下归心

1. 做好拜访前的准备工作

拜访客户之前做好充分的准备工作，这不仅能够提高本次拜访的成功率，而且也体现了对拜访对象的尊重。

1）了解情况

拜访前，如果是首次拜访，要先了解拜访对象的基本情况，如在单位的职务、主管的工作、性格特征，以及单位的整体情况等。只有这样，才能达到拜访的目的。

2）提前预约

事先打电话说明拜访的目的，双方谈话主题要提前沟通好，以便双方提前做好准备。约定拜访的时间和地点。不要在客户刚上班、快下班、异常繁忙、正在开重要会议时去拜访，也不要在客户休息和用餐时间去拜访。公务尽量在办公室里洽谈，尽量不要占用对方的私人场所和休息时间。还要约定好拜访的人数，以便接待方根据人数安排相关接待。

3）仪表修饰

公务拜访时，自己的形象不仅代表个人，还代表组织的形象。仪表要整洁、大方，还要符合自己的身份和角色。这既是对对方的尊重，同时也表明自己对拜访的重视程度。

4）物品准备

明确拜访的目的和性质，厘清此次拜访的核心目标和宗旨，明确谈话的主题、思路和目的，以提高办事效率。准备好可能会用到的文字资料或电子资料，如公司简介、产品介绍和合同等，检查各项携带物是否备齐，如笔、记录本、名片等。必要时还应该准备适宜的礼品。公务拜访，一般情况下无须赠送礼品，但如果是为了向对方表示感谢，可准备一些纪念性的礼品。

5）确认拜访

拜访前，应打电话再次确认，特别是预约的时间离会面的时间比较久的情况。应该在约定时间的头一天打电话加以确认"明天的约会是否有更改?"这样可以避免也许对方因为业务繁忙而忘记与你约会的情况,也让对方对你留下细致有礼的好印象,同时也可以使自己立于主动地位。

2. 拜访礼仪

1) 按时赴约

按提前约定好的时间、地点、人数和主题准时赴约。如果路程较远,应把时间放得宽一些,把路上有可能出现的意外考虑在内,以免耽误时间。一般提早 5 分钟或准时到达都是符合礼仪要求的。如因特殊原因,以上任何一个方面不能如约的,必须提前告知,并给出合理的解释。

2) 登门有礼

到达约定的地点后,如有接待员,先要清晰、礼貌地向接待员说明身份、拜访对象和目的,从容地等待接待员将自己引到会客室或受访者的办公室。在会客室等候时,不要大声交谈,不要到处乱走,甚至乱翻别人的资料,要耐心等待。接待员奉茶时,要表示感谢。当被访的对象进来时,要起身打招呼,并为对方抽出宝贵的时间来接待表示感谢。

如果没有接待员,到达拜访对象门口应先敲门,即使办公室开着也要敲门,应用食指敲门,力度适中,间隔有序敲三下,得到允许后再进入办公室。

3) 友好交流

进入办公室后,首先要问候对方"您好"或"各位好",并点头致意、握手,不认识的要自我介绍并递上名片,如已事先约定,应提及双方约会的事,让对方明白来意。

自我介绍后,待对方让座时,再大方稳重地坐下。座位通常由主人安排,尽量不要坐在办公人员的办公座位上,以免影响他人正常办公。坐的时候要端正,不能露出懒散无聊的样子。当对方站立说话时,你也应站立起来说话,以示尊重,站的时候不要斜靠在别人的办公桌上。他人为你奉茶时,要有礼貌地表示谢意。不要任意触摸或玩弄主人的物品,也不要在其室内到处走动。

交谈中要注意称呼、遣词用字,还要重视自己的非语言沟通,比如语音语调、肢体语言、神态眼神等。嗓门不要过大,以免影响别人工作。交谈过程中,如无急事,不打电话或接电话。交谈要紧密围绕约定的主题,力争解决问题,不要东拉西扯、言不及义或随意变更主题,令对方无所适从。

4) 适时告辞

拜访时,要注意把握时间。如果双方对会见的时间长度早已有约在先,则要谨记在心,认真遵守。如果双方没有约定,通常交谈时间控制在 15~30 分钟为宜。因为一般来说,一个人的谈话兴奋时间为半小时以内。交谈中也可根据对方的态度变化把握交谈时间。

在告辞时,要为对方的接待表示感谢,并握手话别。走出门后,应把门轻轻带上,如果主人送你到门口,应有礼貌地请对方留步,再次表示感谢。如秘书送别,也应礼貌与其致谢告别。远道的客人,返程后应向主人报平安。如受到款待,应致电感谢。

5.2.2 接待礼仪

接待是指因工作或业务联系的需要,以及接受邀请等原因,个人或单位以主人的身份对来访者所给予的一种相应的礼遇,以便达到加强联络、扩大交往、促进合作、共同发展的目的。接待是一项细致而重要的工作,迎客、待客、送客每个环节都有一定的礼仪要求。

1. 接待规格

接待规格是指接待工作的具体标准。它不仅事关接待工作的档次，而且被视为与对来宾的重视程度直接相关。确定接待规格是做好接待工作的基础。

1）对等接待

对等接待是指接待方的最高职位者与来宾的最高职位者平级，同时双方主管的业务对口。这是接待工作中最常用的接待规格。

2）高规格接待

高规格接待是指接待方的最高职位者比来宾的最高职位者高，如某公司董事长接待准备引进的人才。高规格接待表明接待方对来宾的重视与友好。以下情况需高格接待：上级领导派工作人员到基层了解情况时；接待方非常重视的组织和来宾来访时。

3）低规格接待

低规格接待是指接待方的最高职位者比来宾的最高职位者低的接待，如上级领导或主管部门到基层视察时。

确定接待规格要考虑以下因素。

（1）双方的关系。当对方的来访事关重大或主人一方非常希望发展与对方的关系时，往往用高规格接待。

（2）客观情况对接待规格的影响。如应出面接待的正职出差或生病，只能采用低格接待。遇到这种情况，应主动向客人解释和道歉。

（3）接待惯例。对以前接待过的客人，接待规格最好参照上一次的标准。

2. 接待礼宾次序

礼宾次序是指同时接待来自不同国家、不同地区、不同团体、不同单位、不同部门、不同身份的多方来宾时，接待方按照约定俗成的方法，对其尊卑、先后顺序或位次所进行的具体排列。合理的礼宾次序是主方对于客方的一种礼遇，是尊重与平等的表示。

1）不对等关系的礼宾次序

有些公关活动，如一些庆典、纪念等活动中的主席台座次，以及行走、坐车的前后左右等，是必须明确按照地位的高低、职位的上下、关系的亲疏、年龄的长幼等来排列的。

（1）位次尊卑的一般规则

以右为上（遵循国际惯例）；居中为上（中央高于两侧）；前排为上（适用所有场合）；以远为上（远离房门为上）；面门为上（良好视野为上）。

尊位、高位的具体确立标准还要根据活动目的、内容以及主人的价值取向和客观需要等来决定。比如，政治、行政活动可以职位为标准，经济活动可以实力为依据，纪念性活动可以长幼来判断，等等。

（2）乘车的位次

如果由驾驶员开车，则按汽车前进方向，后排右座为尊位（即司机对角线位置），中座次之，左侧更次，前排司机旁最次（因此，按惯例，在社交场合，该座位不宜请妇女或儿童就座），助手、接待或陪同要坐在副驾驶位置。

如果是主人亲自驾车，则副座是尊位，应由主宾坐。另外，主人驾车时，如果女主人也在车上，那么主人旁边的位置应该是女主人坐，客人坐在后排右座；若中途女主人下车，那么客人可换到前排右座。

三排座的轿车,最后一排是上座,中间一排次之,前排最后,这个礼仪规范在西方非常普及,也正流行于中国。它的产生可能主要缘于安全的考虑。

乘坐轿车时,按照惯例,应该恭请尊者先上车,最后下车。位卑者则应最后登车,最先下车。

(3) 行进中的位次

① 行走:两人并行,以右为尊;两人前后行,前者为尊;三人并行,中者为尊,右边次之,左边最次;三人前后行,前者为尊。

② 上下楼梯:上楼梯前者为尊,下楼梯特别是楼梯较陡时,尊者在一人之后。

③ 乘电梯:垂直移动电梯,陪同人员应该先进后出,按住电梯内的开关钮,等客人都进入了再关上电梯。一般来说,进入电梯后,面向电梯,左边靠里的位置可以看作尊位,但这点并不是很严格。乘坐平面移动电梯,要求单行行进,一般以本国的行进方式为主站立,如在中国,就应该靠右站立,不能几人并列,电梯的另一边作为紧急通道,方便他人行走。

2) 对等关系的礼宾次序

如果礼仪活动的双方或多方的关系是对等的,则可参考以下方法。

(1) 按汉字的姓氏笔画排列

如果是国内的礼仪活动,参与者的姓名或所在单位的名称是汉字的,可以采用这种方法,以示各方的关系平等。具体排法如下:按个人姓名或组织名称的第一个字的笔画多少,依次按由少到多的次序排列。比如,当参加者有张姓、于姓、田姓时,排列顺序就是于、田、张。当参与者第一个字的笔画数相等时,按第一笔的笔顺——点、横、竖、撇、捺、弯钩的先后顺序排列。比如,参加者中有张、李二姓时,两姓笔画相同,则根据笔顺,李姓应排在张姓前面。当第一笔笔顺相同时,可依第二笔,以此类推。当参与者的第一个字完全相同时,则用第二个字进行排列,以此类推。

(2) 按字母顺序排列

在涉外活动中,要将参加者的组织或个人按英文或其他语言的字母顺序排列。具体方法:先按第一个字母进行排列;当第一个字母相同时,则依第二个字母的先后顺序排列;当第二个字母也相同时,则依第三个字母的先后顺序,以此类推。

(3) 按先来后到顺序排列

在非正式交往场合,如各种例会、招商会、展示会等,可以按先来后到的顺序排列,或按报到早晚的顺序排列。

3. 迎客礼仪

1) 做好迎客准备

(1) 了解清楚来宾的基本情况

在接待工作进行之前,一定要先了解有关来访人员的基本情况,包括来宾的单位、人数(男、女各多少人)、姓名、性别、年龄、民族、职务(级别)、宗教信仰、生活习俗,以及来访的意图、来访时间、乘坐的交通工具、班次及抵达地点等方面的情况,必要时还要准备相关的背景材料。掌握来宾的基本情况,便于确定接待规格,安排接站、住宿和用膳,使来宾有"宾至如归"之感。一般来说,有关来宾的基本情况收集得越详细,对来访者的基本情况了解越多,越有利于做好接待工作,接待工作的成功率就越高。

(2) 拟订接待方案,准备文字材料

应根据来宾的实际情况拟订接待方案。接待方案一般包括接待方针、接待规格、接待组织、活动方式、日程安排、食宿标准、陪同人员、参观游览、交通用车、安全保卫、医疗保健、经费预算等内容。

接待方案要注意规格适当。日程安排包括从客人到达后至客人返回前的所有活动安排,主要包括迎接、拜会、宴请、会谈、参观、游览、送行等事宜。日程安排既要注意时间上的紧凑性,又应考虑让客人劳逸结合。

接待人员应根据来宾的具体情况,安排客人到宾馆、饭店住宿,与住宿单位取得密切联系,并落实好用膳问题,确定用餐餐馆、伙食标准、进餐方式和结算方式。还要安排好就医、保健等工作。

客人如自备有交通工具,应协助做好服务工作,尽量提供便利条件。如无交通工具,一定要做好客人用车及接待工作用车的准备,精心拟订车辆的调度方案,保证来宾的用车需要。要提前订购返程车票、机票或船票。

接待方案拟好后,要呈报主管领导审批,大型接待活动的日程安排,要提前传给对方,征求意见后再修改定稿,定稿后原则上不能再改变。

需准备的有关文字材料一般有汇报材料、发言材料、参考材料、欢迎词、祝酒词、答谢词、协议书和会议纪要等。材料准备得越充分,接待工作就越主动。

【典型案例】
接待方案

(3) 做好必要的安全保卫工作

任何一项接待工作都涉及安全的问题,确保安全是接待工作顺利、圆满成功的必要保证。因此,在接待过程中,要确保每一个来宾的安全,包括住地安全、交通安全、饮食安全、财物安全等。如果属保密性的接待,则要注意交谈保密、文件保密、通信保密及活动安排保密等。接待中,对系统内、外,党内、外,国内、外的来宾在礼仪上和规格上应有所区别,既不可违背纪律、不按规定办事,又要热情周到、文明接待。

(4) 做好接待工作的预算方案

接待工作要求专款专用,做到精打细算,坚持"从简、从细、从严"六字方针,对接待工作中可能发生的各项费用考虑细致,准确估算,在此基础上做出接待工作的预算方案。

(5) 召开接待工作会议

大型接待活动,必须提前召开接待会议。会议的内容主要是布置接待任务、分发接待方案、明确各自职责、听取各方意见、协调各方事宜。最后,由主管领导讲话,对接待工作提出具体要求,会后分头准备。

2) 亲切迎客

(1) 迎接问候

迎来送往是社会交往接待活动中最基本的形式和重要环节,是表达主人情谊、体现礼貌素养的重要方面。尤其是迎接,是给客人良好第一印象的最重要工作,它为下一步深入接触打下基础。迎接客人要有周密的部署,应注意以下事项。

① 对前来访问、洽谈业务、参加会议、办理事务的外国、外地客人,应首先了解对方到达的地点、车次、航班,以便按接待规格确定的人员前去迎接。若因某种原因,相应身份的主人不能前往,前去迎接的人应向客人作出礼貌的解释。

② 接待的准备工作应于客人到达前就绪。主人到车站、机场去迎接客人,应提前到达,恭候客人的到来,决不能迟到让客人久等。可于站前拉起醒目的欢迎标语、欢迎横幅。客人看到有人来迎接,看到欢迎标语横幅,感受到热情的迎接气氛,内心必定感到非常高兴。若迎接来迟,必定会给客人心里留下阴影,事后无论怎样解释,都无法消除这种失职和不守信誉的印象。

③ 接到客人后,应首先问候"一路辛苦了"或说"欢迎来到我们这个美丽的城市""欢迎来到我们公司"等。然后向对方进行自我介绍,自我介绍千万不要长篇大论,而应简明扼要,只要说清姓名、公司名称、头衔这三点,就算是完整的介绍了。如果有名片,可送予对方带队负责人。

④ 接待人员要仪表整洁,保持头发特别是手部干净。因为手部的肢体语言仅次于脸部,与人握手、呈递公文,一伸手让人觉得健康干净,才会心情愉快。女性接待员要化淡妆,给人的感觉会比较隆重、正式。

(2) 安排食宿

来宾抵达后,应先将客人送往住处,帮客人办理好一切手续并将客人领进房间,可同时向客人介绍住处的服务、设施,将活动的计划、日程安排交给客人。主人不要立即离去,可陪客人稍作停留,热情交谈,谈话内容要让客人们感到满意,比如客人参与活动的背景材料、当地风土人情、有特点的自然景观、特产、物价等。考虑客人一路旅途劳累,主人不宜久留,要让客人早些休息。

知识链接 5-1
十种令人不悦的迎客方式

4. 待客礼仪

1) 热情迎客

"有朋自远方来,不亦乐乎。"无论是应邀而来,还是自行登门拜访;也不论是来洽谈业务,还是请求帮助,甚至是投诉,我们都应牢记"来者都是客"。对每个人都应以礼相待。见到客人的第一反应是:站起来,以亲切的目光注视客人,然后面带笑容地说:"您好,请问有什么需要我服务的吗?"或者说:"您好,需要我帮忙吗?""您好,欢迎您的来访。"绝对不能面无表情地说:"请问找谁?有什么事吗?您稍等……"或者直接问:"您事先有约吗?"这样的接待会显得较为生硬,令客户觉得不自在。

2) 引路

在为来访者引路时,应配合对方的步幅,在客人左侧前方 1 米处引导,身体稍微侧向来访者,可边走边向来访者介绍环境。在转弯或上楼梯时要以手示意,让对方明白下一步的方向。

到达办公室或会议室前,应礼貌地说:"这是办公室(会议室),请进。"并正确开门。如果门是向外开的,用右手按住门,让客人先进入;如果门是向内开的,应自己先进入,转身面向客人,用一只手按住门,再用另一只手做出"请"的表示,请来宾进入。

3) 让座、敬茶

客人进门后,应把客人让到合适的座位上。如果是长者、上级或平辈,应请其上座;如果是晚辈或下属则请随便坐。

客人就座后,应为客人送上茶水。为客人端茶时,一般不直接端到客人的手中,而应双手捧上放在客人座位旁的茶几或桌上。茶杯要轻放,以免茶水泼洒出来,同时不要斟得太满。斟茶要适时,客人谈兴正浓时,莫频频斟茶,客人停留时间较长,茶水过淡,要重新换茶叶冲泡,重泡时最好用同一种茶叶。

4) 谈话

谈话是接待过程中的一项非常重要的内容,是关系接待是否成功的重要一环。要注意,接待谈话应该使用规范的普通话。语言的规范与否,与你的形象,以及你所在单位的形象有密切关系。谈话要紧扣主题,拜访者和接待者会谈是有目的的,因此谈话要围绕主题。谈话内容不可粗俗,语气要谦虚诚恳,气氛要和谐融洽,不可与客人争辩。

【典型案例】
客人为何面有不悦

5. 送客礼仪

送客是接待的最后一个环节,做得好能给客人留下美好的印象,做得不好将影响整个接待工作的效果。

1) 婉言相留

无论接待什么样的客人,当客人准备告辞时,一般应婉言相留,这虽然是客套辞令,但也必不可少。主人要在客人起身后再起身,客人伸手后再伸手握别。

2) 送客有道

到车站、码头或机场送客时,送行人员应按照一定的顺序同来宾一一握手话别,祝愿客人旅途平安,欢迎再次光临。要等客人的身影完全消失后再返回。

在办公室送客时,客人离开后,应将房门轻轻关上,切不可使其发出"砰"的声音,否则会显得很无礼。

【典型案例】
送客接待

5.3 会议礼仪

会议是指有领导、有组织地使人们聚集在一起,对某些议题进行商议或讨论的集会。它是人们交流信息、研究讨论问题、制定政策和开展活动的重要方式。在经济交往中,会议发挥着极其重要的作用,是组织管理、经济活动中必不可少的环节。会议礼仪,主要是指筹备会议、组织会议、主持会议和参加会议的礼仪规范。

【引例】会议之后,
小刘辞职了

5.3.1 会议组织程序与礼仪规范

1. 筹备会议

会议能否成功召开,会议计划筹备工作至关重要。每一个成功的会议背后都凝聚着筹备人员的智慧和辛勤劳动。会议计划筹备工作有一定的规律性,也要遵守一些礼仪规范。

1) 会前计划

会前计划是会议成功的基础,没有计划好或毫无计划常常使会议工作杂乱无章。会前计划主要应明确会议要解决什么问题,要达到什么目的,应该开什么类型的会议,应在何时何地开会。在做出召开会议的决定之前应当经过深思熟虑和周密计划,而不是例行公事。即便是偶然的或非正式的会议也应该有明确的目的。

2）确定会议主题和目标

会议主题就是本次会议的核心议题，主题应鲜明、具体，避免造成歧义或误解。任何会议都有一定的目标，或是就某个主题征求各方意见，或是寻求一个统一的解决方案，也有的是通过会议形成或落实某个决策方案。要确认会议目标都能在指定的时间内实现，不要好高骛远。会议主持者应牢牢把握这个目标，使会议能有序进行。

3）确定参会人员

确定参会人员有以下几个考虑因素：会议主题、目标、会议内容的机密等级程度、会议成本预算等。不同的会议，计划参加会议的人数不同。一般来说，参加的人不是越多越好。出席会议的人数越多，会议就越复杂，每一位与会者的平均参与机会将随之减少，沟通将趋于困难，会议时间也越长，费用也就越高。组织的政策以及某个人的职位是员工是否参加会议的决定因素。一般来说，只有那些能对会议主题和目标产生直接影响的人才应该出席，但对于难以分辨是否应该邀请的人士，最好能采取"宁可邀请，而不排斥"的原则，邀请他们参加，以达到集思广益的效果。

4）确定会议议程和会议时间

（1）会议议程

会议议程即会议的程序表。会议议程不仅能够规范会议的内容，也能够约束沟通的次序与沟通的节奏，而缺少议程会使会议内容不确定，沟通次序杂乱，沟通节奏太快或太慢。

会议议程应按照议案的轻重缓急编排处理的先后次序，给每个议案都标上名称，并按逻辑顺序排列时间。事先询问与会者们的发言需要多长时间，每一个议案应预估所需的处理时间并明白地标示出来。如果重要议题想在会议上进行较充分的讨论，则要减少会议的议题。会议议程表应尽量详细一些，对于非正式会议来说，议程表是一系列希望在会议上解决的问题或要点的清单。

（2）会议时间

组织会议一定要合理安排会议时间。在选择会议日期和时间时，应考虑其他人的日程安排。要考虑什么时间开最好，会议将持续多久，选择一周的哪一天开会最合适，行车高峰时间会不会对会议有什么影响等诸多问题。非正式会议容易浪费时间，应限制其规模，以确保不浪费那些出席者和非出席者的时间。会议时间确定下来之后，应事先通知与会者。即使是非正式会议，没有定下明确的时间，也应给对方一定的时间做与会准备。如果想把会议开得简短，站着开会是一种新方法，通常这样的会议可控制在15分钟之内开完。如果预计会议将持续2小时以上，一般应在会议接近一半时安排一次休息，时间可以在5~15分钟，让与会者打个电话、去一趟洗手间或休息室。

5）指定主持人

主持人一般由领导担任。主持人的关键职责是控制会议议程、把握会议气氛、掌握会议进度及时间。会议结束时主持人应请指定发言人作总结性发言，或者主持人自己作概略性总结发言。

会议若需分组讨论或设立分会场，还需确定召集人、联络人。

6）会议场所预订与布置

开会环境对会议成功具有重要意义。选择会场时，要根据参加会议的人数和会议的内容来考虑。

(1) 会议场所的选择

会议场所的选择要考虑以下 6 个问题。

① 大小要适中。会场太大,人数太少,空下的座位太多,会给与会人员一种不景气的感觉;会场太小,人数过多,挤在一起,不仅显得小气,也根本无法把会开好。

② 地点要合理。应主要考虑地点对与会者来说是否方便。临时召集的会议,一两小时即散的,要考虑把会场定在与会人员较集中的地方;超过一天的会议,会场要尽可能离与会者的住所近一点,免得与会者劳碌奔波。

③ 附属设施要齐全。会场的照明、通风、卫生、服务、电话、电视、计算机、投影仪和屏幕、黑板和粉笔、录音录像机、网络和空调等各种设备都要配备齐全。对所有附属设备,要逐一进行检查。有时还需要提供膳宿。提供膳食需要考虑人们不同的饮食口味和风俗习惯。

④ 要有停车场地。自行车、电瓶车、汽车都要有停放处。

⑤ 会场不能有噪声。必须能免于噪声、电话、访客等干扰,以防与会者分心。

⑥ 会场租用费用。租用费用必须能够承受,不能超过预算。

会议场所必须根据会议的目的、参会人数、会场的大小等情况进行布置。会场布置应显得庄严隆重、艺术,会标要醒目、准确;会场的音响、桌椅、茶具都要一一落实。

(2) 座位安排

要根据会议的类型布置桌椅。恰当地布置桌椅无论是对与会者的心理还是对会议的顺利进行都是非常重要的。会议桌椅的摆放形式有以下几种。

① 长方形。把桌子摆成长方形,可以使与会者更清楚地看到会议主持人及其后面的黑板。如果主持人坐在桌子一头的权威位置,虽然能突出主持人的作用,但会影响与会者之间的相互交流。

② 圆形会议桌。这种布置使与会者与领导一起围桌而坐,可以消除不平等的感觉。另外,与会者能清楚地看到其他人的面容,有助于促进彼此之间的交流。这种形式适用于 10 人左右的会议,但这种形状的桌子不利于使用演示设备。

③ U 字形。这种桌椅排列比较适合那些有演示内容的会议,它对演示设备非常有利,重要人物或贵宾应坐在 U 字的横头处下首,其他人员坐在 U 字的两侧。

④ 人字形。桌子按人字形排列,听众与演讲人或主持人之间成某一角度,更适用于在会议上放映幻灯片或录像的需要。

⑤ 教室形。把会议桌布置得如同教室,在与会者彼此不熟悉的情况下,使每个与会者面向讲台一排排就座,会议主持人和上级领导坐在讲台一侧。这种形式适用于信息发布会、有很多人参加的会议。

(3) 其他物品准备

大型或重要会议要准备会标悬挂或张贴于醒目之处,方便与会者找到会议室。与会者相互不熟悉时,应在桌上放置好姓名卡,有时还要按一定规则为与会者排好座次。与会者应安排在最容易看到主持人的位置上,会议主持人的对面墙壁上最好悬挂一个醒目的钟表,会议记录人可另外使用一张小桌子。会议需要准备好纸张、笔和宣传资料等用品,有的还需要准备好水果、快餐和点心等小吃。

7) 准备会议有关资料

有关会议议题的必要资料应由会议的组织者准备。如大会报告的起草、修改和定稿,发言材料,需要与会者讨论、学习的有关资料,需要使用的幻灯片、录像,等等。文字资料应能使阅读者一目了然。在资料数量较大、要求比较详细时,至少应在会议一周前发给与会者。

8) 会议通知和会议邀请

与会者提前得到必要的会议信息可以让他们有时间做好准备,通常还可以缩短会议时间。对临时决定召开的非正式会议来说,最重要的是不要漏掉任何人。

一份良好的会议通知,在内容上至少应包括下列五项:开会的时间(包括日期及起止时间);开会地点,倘若开会地点并非与会者所熟悉,则应附上确切的位置图及交通路线图;会议的主题和目标;与会者须事先准备的事项;其他与会者的姓名。

一般的会议通知最好是在开会前一个星期发到与会者手中,超过一个星期的会议通知比较容易被遗忘,所以最好能在开会前两三天设法再向与会者提醒开会时间。除非是紧急会议,否则不要发出一星期内的会议通知。太匆促的通知,不但令与会者来不及做好会前的准备工作,而且也很容易让他们觉得会议召集人把他们当作"呼之即来"的人物看待。

2. 组织会议

会议的组织是一个系统工程,它需要各个环节的协同配合才能提高工作效率,达到开会的目的,避免会议中不愉快情形的出现,并能借机展示个人形象和组织的整体形象,体现组织的团队精神和发展状况。

(1) 与会者签到,发放会议文件。会议材料也可事先分发,把它们放在每个人的座位前面。把材料放在标有每个人姓名的文件袋里,更是一种好办法。若需要分组讨论,应把所有出席者分成几个小组,这样人们就会大胆地发表一些他们在大会上不敢发表的想法。

(2) 安排好记录员、录音员、摄影师和协调人等。必要时还可指定一名计时员,到时提醒发言者。如果正在对会议讨论进行录音,可关闭某些暂时不用的设备。

(3) 主持人宣布会议开始。主持人通常被安排在象征权力的主座。紧靠主持人右边的座位通常安排给尊贵的客人或者高级管理人员。如果两个同样级别的人代表两方面出席会议,应安排他们隔桌而坐,两旁是他们的属下。不要安排喜欢制造麻烦者坐在一起,那样会便于他们交换意见,可能会联合起来发难。

【典型案例】
她为何令人不满

(4) 围绕会议主题进行讨论。让参加者对会议的主题达成共识,必要时,可对会议主题的重要性做出解释和强调,以阻止讨论中偏离宗旨。

(5) 会程服务。会程服务包括会程茶水、续水、会议茶歇等。

会程茶水:大型会议、茶会,由于出席人数较多,入场也较集中,一般不采用高杯端茶的方法,而是提前将放有茶叶的高杯摆在桌上,在会议开始前,由服务人员用暖瓶直接在桌前往杯中倒水。采用这种方法上水的优点是快捷、便利,但要注意防止出现漏倒空杯的情况。服务人员倒过水后,要触摸一下杯子的外壁并逐杯检查。

续水:一般在会议进行 30~40 分钟后进行。倒续水时瓶口要对准杯口,不要把瓶口提得过高,以免溅出杯外。如不小心把水洒在桌上或茶几上,要及时用小毛巾擦去。

在往高杯倒水、续水时,如果不便或没有把握一并将杯子和杯盖拿在左手上,可把杯盖翻放在桌上或茶几上,只是端起高杯来倒水。不端起茶杯,而直接在桌上或茶几上往杯中倒水、续水,是不符合操作规范的。服务人员在倒水、续完水后要把杯盖盖上。注意,切不可把

社交礼仪

杯盖扣放在桌面或茶几上，这样既不卫生，也不礼貌。如发现宾客将杯盖放在桌面或茶几上，服务人员要立即斟换，用托盘托上，将杯盖盖好。

倒水、续水都应注意按礼宾顺序和顺时针方向为宾客服务。

会议茶歇：会议茶歇对于一般的大型会议而言可能不需要，中、小型会议，特别是公司或者组织高层会议，会间茶歇是很重要的。茶歇就是为会间休息兼气氛调节而设置的小型简易茶话会，当然提供的饮品可能不限于中国茶，点心也不限于中国点心。

茶歇的准备包括点心要求、饮品要求、摆饰要求、服务及茶歇开放时间要求等。一般不同时段可以更换不同的饮品、点心组合。大致可分类为中式茶歇与西式茶歇。中式茶歇中，饮品包括矿泉水、开水、绿茶、花茶、红茶、奶茶、果茶、罐装饮料、微量酒精饮料；点心一般是各类糕点、饼干、袋装食品、时令水果、花式果盘等。西式茶歇中，饮品一般包括各式咖啡、矿泉水、低度酒精饮料、罐装饮料、红茶、果茶、牛奶、果汁等；点心有蛋糕、各类甜品、糕点、水果、花式果盘，有的还有中式糕点。

（6）整理会议纪要。当会议结束时，除了那些只讨论一个问题的非正式会议外，一般要很快打印出会议纪要，发给与会者和有关人员，并落实行动项目。

3. 会议结束

会议结束以后，负责组织会议的人员还要做好以下收尾工作：检查会议车辆是否按时往返、是否够用，安排与会人员乘车返回；将会议室恢复原样，并归还会议室钥匙及所借用设备；会议文件清退；返程差旅票证服务；会议经费报销、结账；会议文书归档；会务总结。

5.3.2 参加会议的礼仪

1. 主持人礼仪

主持人是整个会议的中心，其礼仪表现对会议能否圆满成功有着重要的影响。

主持人应衣着整洁，大方庄重。男士可着西装或中山装、衬衫、长裤与皮鞋；女士以连衣裙、套装为主；颜色、式样要搭配得体。男士理发剃须，女士化淡妆。切忌不修边幅，邋里邋遢。

主持人走向主席台时应沉稳、自信，步伐稳健有力，行走的速度因会议的性质而定。例如，紧急会议可加快、加大步伐；而纪念、悼念类会议则应步幅略小、节奏放慢。

重要会议开始前，主持人步入主持位置过程中不要与熟人打招呼，更不能寒暄闲谈，可点头、微笑致意。

主持人一般应在会议开始前5分钟左右抵达会场，如果因故来迟，不要匆忙小跑、大喘粗气，应快速得体入席。入席后首先向等候者致歉并说明原因，然后立即开始会议。

站立主持时，应双腿并拢，腰背挺直。持稿时，右手持稿的底中部，左手五指并拢自然下垂。双手持稿时，应与胸齐平，在读稿的同时，目光应间隔性地扫视与会者。坐姿主持时，应保持上身端正，腰部挺直，双臂自然前伸，两手轻放于桌沿。主持过程中，精神饱满，从容冷静，切忌出现搔头、揉眼等不雅动作。

主持人讲话应口齿清晰，简明扼要，思维敏捷，善于引导和把握会议节奏，根据会议性质调节会议气氛。

知识链接 5-2
如何主持会议

2. 一般与会者礼仪

对于参加会议的所有人员而言，在会议举行的过程中，都应该遵守以下礼仪要求。

（1）准时入场，不迟到、不早退。参加会议时，一般要提早五六分钟进入会场，确有其他原因迟到的，应向主持人及与会者点头致歉。进入会场要有序就座，遵守会议各项准则和要求。

（2）服饰得体，以正装为主。如果是户外会议，应事先询问主办单位是否可着休闲装。注意仪容仪表仪态，举止大方自然，待人彬彬有礼。

（3）认真倾听别人发言，择要做好记录。开会时在下面闲聊、看书报、摆弄小玩意、打瞌睡、玩手机等都是不礼貌的行为。携带手机进入会场时应将手机关机或调至振动。

（4）在大型会议上发言，要准备充分，口齿清晰，态度谦虚，发言开始时要向听众欠身致意。发言要简练、重点突出，观点明确。讨论问题态度要友好，不要随便打断别人的发言，如有问题可举手，经过主持人认可后再发言。对不同意见，应求同存异，以理服人，不要讽刺挖苦，人身攻击。

（5）不能在会议进行过程中随便离开会议室。确实有事，需要离开时，应轻手轻脚，以不引起大家的注意、不影响会议进行为原则。离开会议室后，应尽快处理完事务，然后及时返回参加会议。

（6）尊重主人。与会者作为客人，应服从会议组织者的安排。在会场，应该听从主持人的安排，并对主持人的提议作出积极的回应；报告结束，与会者应报以热烈的掌声，以示对报告人的赞赏和感谢。

5.3.3　商务洽谈会礼仪

商务洽谈是指在商务交往中，存在着某种关系的有关各方，为了保持接触、建立联系、进行合作、达成交易、拟定协议、签署合同、要求索赔或是为了处理争端、消除分歧，而坐在一起进行面对面的讨论与协商，以求达成某种程度上的妥协。因洽谈而举行的有关各方的会晤，便称为洽谈会。

"礼多人不怪"。在洽谈会的台前幕后，恰如其分地运用礼仪，迎送、款待、照顾对方，都可以赢得信赖，获得理解与尊重。洽谈的礼仪重点涉及洽谈地点、洽谈座次、洽谈表现等具体方面。

1. 洽谈地点

具体洽谈地点的确定很有讲究，因为它不仅直接关系到洽谈的最终结果，还直接涉及礼仪的应用问题。

按照洽谈地点的不同，洽谈可分为以下几类。

（1）主座洽谈，是指在东道主单位所在地举行的洽谈，这种洽谈往往使东道主一方拥有较大的主动性。

（2）客座洽谈，是指在洽谈对象单位所在地举行的洽谈，这种洽谈常常能使洽谈对象占尽地主之利。

（3）主客座洽谈，是指在洽谈双方单位所在地轮流举行的洽谈，这种洽谈对洽谈双方都比较公正。

(4) 第三地洽谈,是指在不属于洽谈双方单位所在地之外的第三地点进行的洽谈,这种洽谈比主客座洽谈更为公平,更少干扰。

这 4 类洽谈对洽谈双方的利弊不尽相同,所以各方均会主动争取有利于己方的选择。

从礼仪上来说,具体确定洽谈地点时,要注意商定洽谈地点和做好现场布置两方面。在谈论、选择洽谈地点时,既不应该对对手听之任之,也不应当固执己见。正确的做法是应由各方各抒己见,最后再由大家协商确定。洽谈地点确定后,身为东道主应按照分工自觉地做好洽谈现场的布置工作,以尽地主之责。

2. 洽谈座次

1) 双边洽谈座次

双边洽谈是指由两方面的人士所举行的洽谈。一般性的洽谈中,双边洽谈最为多见。双边洽谈应使用长桌或椭圆形桌子,座次排列上可采用横桌式和竖桌式。

(1) 横桌式

横桌式座次排列是指洽谈桌在洽谈室内横放,客方人员面门而坐,主方人员背门而坐。除双方主谈者居中就座外,各方的其他人士则应依其具体身份的高低,各自先右后左、自高而低地分别在己方一侧就座。双方主谈者的右侧之位,在国内洽谈中可坐副手,而在涉外洽谈中则应由译员就座。

(2) 竖桌式

竖桌式座次排列是指洽谈桌在洽谈室内竖放。具体排位是以进门时的方向为准,右侧由客方人士就座,左侧则由主方人士就座。在其他方面与横桌式排座相仿。

2) 多边洽谈座次

多边洽谈是指由三方或三方以上人士所举行的洽谈。多边洽谈遵循国际惯例可采用圆桌。举行圆桌会议,可淡化洽谈方的尊卑。非圆桌的多边洽谈在座次排列上可采用自由式或主席式。

(1) 自由式

自由式座次排列即各方人士在洽谈时自由就座,而无须事先正式安排座次。

(2) 主席式

主席式座次排列是指在洽谈室内面向正门设置一个主席之位,由各方代表发言时使用。其他各方人士,则一律背对正门、面对主席之位分别就座。各方代表发言后,也须下台就座。

3. 洽谈表现

举行正式洽谈时,洽谈者尤其是主谈者的临场表现,往往直接影响洽谈的现场气氛。一般认为,洽谈者的临场表现中,最为关键的是讲究打扮、举止得体、保持风度、礼敬对手等 4 个问题。

1) 讲究打扮

(1) 规范着装。参加洽谈时一定要讲究自己的穿着打扮。这并非为了招摇过市,而是为了表示自己对于洽谈的高度重视。在这种场合,理应穿着传统、简约、高雅、规范的最正式的礼仪服装。可能的话,男士应穿深色三件套西装和白衬衫、打素色或条纹式领带、配深色袜子和黑色系带皮鞋;女士则须穿深色西装套裙和白衬衫,配肉色长筒或连裤式丝袜和黑色高跟或半高跟皮鞋。

(2) 修饰仪表。参加洽谈前,应认真修饰个人仪表,尤其是要选择端庄、雅致的发型。一般不宜染彩色头发。男士通常还应当剃须。

(3) 精心化妆。出席正式洽谈时,女士通常应当认真进行化妆。洽谈时的妆容应当淡雅清新,自然大方,不可以浓妆艳抹。

2) 举止得体

在洽谈中,对举止的总体要求是举止得体,即举止要符合洽谈者的地位、身份、年龄及其所处场合。举止往往是一个人的素质与修养的外化反映,直接影响人们的印象和看法。

(1) 坐姿信息

挺腰笔直的坐姿,表示对对方及其谈话感兴趣,同时也表示对对方的尊敬。弯腰曲背的坐姿则是对对方及其谈话不感兴趣,甚至厌烦的表示。斜着身体坐,表示心情愉快或自感优越。双手放在跷起的腿上,是一种等待、试探的表示。一边坐着一边双手摆弄东西表示对所介入事项漫不经心,若不断看表,则是不耐烦情绪的暗示。通常从椅子的左边入座并站立是一种礼貌的行为;坐在椅子上转动或随便移动椅子的位置则有失礼貌。落座后,身体尽量端正,两腿平行放下,是一种认真、友好的姿态;身体歪斜,两腿前伸或后靠跷起二郎腿抖摇,均是程度不等的失礼行为。

(2) 站姿印象

充满自信、乐观豁达、积极向上的人,站立时背脊往往挺得笔直。缺乏自信、消极悲观、甘居下游的人往往弯腰曲背地站立。自觉地与人并肩而立是关系友好,有共同语言的表现。双腿分开,一手叉腰,一手摸下巴或拿着东西是一种无所畏惧、不急于求成的态度;同样双腿分开,一手摸下巴并低头看看对方的脚或地面,则表现了一种沉思、为难的态度;若双腿分开,双手叉腰,眼睛仰视或目光逼人,是一种不友好的合作姿态,会让人觉得傲慢与无礼。

举止得体不仅是一种礼节,而且表现出热情、诚恳、谦虚的交往态度。举止不适当,则不仅失礼,而且常常被人们理解为傲慢、冷漠、虚伪、做作,会影响洽谈的效果。

3) 保持风度

在整个洽谈进行期间,每一位洽谈者都应当自觉地保持风度。具体来说,在洽谈桌上保持风度,应当主要兼顾以下两方面。

(1) 心平气和

在洽谈桌上,每一位成功的洽谈者均应做到心平气和,处变不惊,不急不躁,冷静处事。既不成心惹洽谈对手生气,也不自己找气来生。在洽谈中始终保持心平气和,是任何高明的洽谈者所应保持的风度。

(2) 争取双赢

洽谈往往是一种利益之争,因此洽谈各方无不希望在洽谈中最大限度地维护或者争取自身的利益。然而从本质上来讲,真正成功的洽谈,应当以妥协即有关各方的相互让步为结局。也就是说,洽谈不应当以"你死我活"为目标,而是应当使有关各方互利互惠,互有所得,实现双赢。在洽谈中,只注意争利而不懂得适当地让利于人,只顾己方目标的实现,而指望对方一无所得,既没有风度,也不会真正赢得洽谈。

4) 礼敬对手

礼敬对手就是要求洽谈者在洽谈会的整个过程中,要排除一切干扰,始终如一地对自己的洽谈对手讲究礼貌,时时、处处、事事表现得对对方不失真诚的敬意。具体来讲,主要需要注意以下两点。

（1）人事分开

在洽谈会上，洽谈者在处理己方与对手之间的相互关系时，必须做到人与事分离，各自分别而论。必须明白对手之间的关系是"两国交兵，各为其主"的，指望洽谈对手对自己手下留情，甚至指望对手之中的老朋友能够"不忘旧情"，良心发现，或是"里通外国"，不是自欺欺人，便是白日做梦。所以不要责怪对方"见利忘义""不够朋友"对自己"太黑"，大家朋友归朋友，洽谈归洽谈。在洽谈之外，对手可以成为朋友。在洽谈之中，朋友也会成为对手。二者不容混为一谈。在洽谈会上，对"事"要严肃，对"人"要友好，对"事"不可以不争，对"人"不可以不敬。

（2）讲究礼貌

在洽谈会中，面带微笑、态度友好、语言文明礼貌、举止彬彬有礼的人，有助于消除对手的反感、漠视和抵触心理。在洽谈桌上，保持"绅士风度"或"淑女风范"，有助于赢得对手的尊重与好感。意气用事、举止粗鲁、表情冷漠、语言放肆、不懂得尊重洽谈对手，则会大大加强对方的防卫性和攻击性，而伤害或得罪对方只能增加自己的阻力和障碍。在任何情况下，洽谈者都应该待人谦和，彬彬有礼，对洽谈对手友善相待。即使与对方存在严重的利益之争，也切莫对对方进行人身攻击、恶语相加、讽刺挖苦，不尊重对方的人格。

5.3.4　新闻发布会礼仪

新闻发布会，有时也称记者招待会，是主动向外传播各类有关信息，通过新闻界对某一事件进行客观公正的报道，使社会公众了解事件真相的会议。举行新闻发布会需要遵循的礼仪规范体现在会议的筹备、媒体的邀请、现场的应对、善后的事宜等4个主要方面。

1. 会议的筹备

新闻发布会的筹备，在众多的准备工作中最重要的是做好主题的确定、时空的选择、人员的安排、材料的准备等项具体工作。

1）主题的确定

新闻发布会的主题即新闻发布会的中心议题。主题确定是否得当，往往直接关系到本单位的预期目标能否实现。以下几种情况，需要考虑是否应该举办新闻发布会。

（1）本单位有重大项目开建、扩建、合并或者关闭，需要向社会公布。

（2）本单位重要部门的开业庆典，或突破某一业绩，或周年纪念日，需要与公众共乐。

（3）本单位在经营方针上发生变化，或是推出新举措、新产品、新技术和新服务，需要向社会推广。

（4）本单位的首脑或高级管理人员发生变化，需要向社会公示。

（5）本单位遭到社会的误解、误会或者批评失真，需要向社会澄清或解释。

2）时空的选择

一次新闻发布会所使用的全部时间，应当限制在2小时以内。举行新闻发布会的最佳时间，在周一至周四的上午10—12时，或是下午3—5时。在选定举行新闻发布会的时间时，还须注意要避开节日与假日，避开本地的重大社会活动，避开其他单位的新闻发布会，避免与新闻界的宣传报道重点撞车或冲突。

新闻发布会的举行地点，除了可以考虑本单位所在地、活动或事件发生所在地之外，还可优先考虑新闻和媒体比较集中、影响比较大的中心城市。必要时,还可在不同地点举行内容相似的新闻发布会。举行新闻发布会的现场,应交通方便、条件舒适、面积适中。会议地点确定后,应实地考察,在会议召开前应认真进行会场布置。小型新闻发布会的桌子最好不用长方形的,要用圆形的,大家围成一个圆圈,显得气氛和谐、主宾平等。大型会议应设主席台席位、记者席位、来宾朋友席位等。

3) 人员的安排

在准备新闻发布会时,主办者一方必须精心做好有关人员的安排。人员包括主持人、发言人和本单位的接待人员。

新闻发布会的主持人大都应当由主办单位的公关部长、办公室主任或秘书长担任。其基本条件是仪表较好,年富力强,见多识广,反应灵活,语言流畅,幽默风趣,善于把握大局,善于辩驳答问,并且具有丰富的主持会议的经验。

新闻发布会的发言人是会议的主角,通常应由本单位的主要负责人或专业的对外宣传部长担任,有的企业还可请自己常年聘任的专业律师担任。除在社会上口碑较好、与新闻界关系较为融洽外,对他的基本要求还应当包括修养良好、学识渊博、思维敏捷、记忆力强、能言善辩、善解人意、彬彬有礼等。

本单位的接待人员必须精选,最好由品行良好、相貌端正、工作负责、善于交际、有较高素养的年轻女性担任。

为了宾主两便,主办单位所有正式出席新闻发布会的人员,均须在会上正式佩戴事先统一制作的胸卡,其内容包括姓名、单位、部门与职务。

4) 材料的准备

在准备新闻发布会时,主办单位通常需要事先准备好相关材料,包括发言提纲、回答提纲、宣传提纲和其他辅助材料。

(1) 发言提纲是发言人在新闻发布会上进行正式发言时的发言提要。它既要紧扣主题,又必须全面、准确、生动、真实。

(2) 问答提纲是事先对有可能被提问的主要问题进行的预测以及就此准备好的针锋相对的答案。问答提纲可使发言人在现场回答提问时心中有数,表现自如,不慌不忙,必要时可予以参考。

(3) 为了方便新闻界人士在进行宣传报道时抓住重点、资讯翔实,主办单位可事先精心准备好一份以有关数据、图片、资料为主的宣传提纲,打印好提供给每一位外来的与会者。在宣传提纲上,通常应列出单位名称及联络电话、传真号码、单位网址等,以供新闻界人士核实之用。

(4) 如果条件允许,可在新闻发布会的举办现场预备一些可强化会议效果的形象化视听材料,如图表、照片、实物、模型、影音视频等,供与会者利用。会议前后,有时也可安排与会者进行一些必要的现场参观、展览或陈列。但是切勿弄虚作假,切勿泄露商业秘密。

2. 媒体的邀请

新闻发布会上主办单位的邀请对象自然以新闻界人士为主。在事先考虑邀请哪些新闻界人士时,必须有所选择、有所侧重。

选择新闻媒体时要考虑方方面面,但最重要的有两条:一是媒体的分布要合理。电视、报纸、广播、杂志、网络等各有各的优劣势,需要对这些媒体进行分析,比较各新闻媒体的主要优缺点；二是数量要适宜，如果是为了提高单位的知名度，扩大组织的影响而宣布某一消息时，邀请的新闻单位通常多多益善；而在说明某一活动、解释某一事件，特别是本单位处于劣势而这样做时，邀请新闻单位的面则不宜过于宽泛。不论是邀请一家还是数家新闻单位参加新闻发布会，主办单位都要尽可能地优先邀请那些影响巨大、报道公正、口碑良好的新闻单位派员到场。还要根据自己的新闻特点，找到最适合的媒体和记者。

要想与请来的新闻界人士密切合作，达到自己的目的，必须与新闻单位搞好关系，与新闻记者交好朋友。与媒体打交道时还要注意以下几点。

（1）把新闻界人士当作自己真正的朋友对待。对对方既要尊重友好，更要坦诚相待。

（2）对所有与会的新闻界人士一视同仁，不要有亲有疏、厚此薄彼。

（3）尽可能地向新闻界人士提供对方所需要的信息。要注重信息的准确性、真实性与时效性，不能给记者们提供假信息，提供假象，让记者帮你说假话，这是新闻发布会最不道德、并最终将祸害自己的做法。

（4）尊重新闻记者的自我判断和自我评价。他们的职责是宣传正义，宣传真理，要用事实让他们自己做结论，不能主观干预，更不可强行统一口径，不要指望拉拢、收买对方、左右对方。

（5）与新闻界人士保持联络。要注意经常与对方互通信息，常来常往，争取建立双方持久的关系。

3. 现场的应对

在新闻发布会正式举行的过程中，往往会出现种种这样或那样的确定和不确定的问题。有时，甚至还会有难以预料的情况或变故出现。要应付这些难题，确保新闻发布会的顺利进行，除了要求主持人、发言人要善于沉着应变、把握全局外，还特别要求主持人、发言人在新闻发布会举行之际，注意以下礼仪规范。

1）外表修饰好

代表主办单位出场的主持人、发言人，是被新闻界人士视为主办单位的化身和代言人的。主持人、发言人对于自己的外表，尤其是仪容、服饰、举止，一定要事先进行认真的修饰。

服装要干净、整洁、挺括、庄重、素雅大方，面部可稍微化一点必要的淡妆，发型要庄重，要体现单位的特点和风格。女性不宜穿超短裙，不宜佩戴首饰，男性不宜染黄、白、花头发或穿奇装异服。面对新闻界人士时，主持人、发言人都要注意做到举止自然大方、自信端庄。要面含微笑、目光炯炯、表情松弛、坐姿端正。吐字要清晰、明白，语速要快慢恰当，语气要铿锵有力。

2）严格遵守程序

新闻发布会应严格遵守会议程序。主持人要充分发挥主持者和组织者的作用，宣布会议的主要内容、提问范围，以及会议进行的时间。主持人、发言人讲话时间不宜过长，过长了会影响记者提问。会议主持人要始终把握会议主题，维护好会场秩序，主持人和发言人会前不要单独会见记者或提供任何信息。

3）相互配合好

主持人、发言人、单位代言人、单位的领导以及出席新闻发布会的相关人员，在新闻发布会上都是一家人，要彼此支持，密切配合好。大家要分工明确，配合默契，不要替人代劳，更不要突然踢皮球，该自己说的话，突然甩给其他人。发言人的现场发言一般分为两部分：首先进行主题发言,然后是回答问题。当数名发言人登台时,也应确定一名主要发言人,其他发言人除必要补充外,不要抢话题,更不能出现相互之间自相矛盾的情况。主持人与发言人必须保持一致的口径,不允许公开顶牛、相互拆台。当新闻界人士提出的某些问题过于尖锐或难以回答时,主持人要想法设法转移话题,不使发言人难堪。而当主持人邀请某位新闻记者提问之后,发言人一般要给予对方适当的回答。

4) 讲话有分寸

在新闻发布会上,主持人、发言人的一言一语,都代表着主办单位,因此讲话一定要有分寸。首先不管是发言还是答问,都要彬彬有礼、条理清楚、重点集中,令人既能一听就懂,又难以忘怀。在不违法、不泄密的前提下,尽量满足记者的合理要求,讲话时要善于表达自己的独到见解。新闻记者在新闻发布会上经常会提出一些尖锐而棘手的问题,遇到这种情况时,发言人能答则答,不能答则巧妙地进行回避。面对冷场或者可能爆发冲突时,使用生动而灵活的语言化险为夷。无论如何,都不能对对方恶语相加,甚至粗暴地打断对方的提问。吞吞吐吐、张口结舌,也不会给人以好的印象,唯有语言谦恭敬人、高雅脱俗,才会不辱使命。

4. 善后的事宜

新闻发布会结束后,主办单位应在一定的时间内对其进行认真的评估善后。一般需要善后处理的事情有以下三项。

1) 要收集各方反应

收集与会者对会议的总体反映,检查在接待、安排、服务等方面的工作是否有欠妥之处,以便今后改进。

2) 要整理保存会议资料

需要主办单位认真整理保存的新闻发布会的有关资料,大致上可以分为两类:一类是会议自身的图文声像资料,包括在会议进行过程中所使用的一切文件、图表、录音、录像等;另一类是新闻媒体发布的有关会议报道的资料,主要包括在电视、报纸、广播、杂志上所公开发表的涉及此次新闻发布会的消息、通讯、评论、图片等。

3) 检查报道资料,酌情采取补救措施

新闻媒体发布的有关报道具体可以分为有利报道、不利报道、中性报道三类。对于在新闻发布会之后所出现的不利报道,特别要注意具体分析、具体对待。这些报道,有的是事实准确的批评性报道,对于这类报道,主办单位应当闻过即改,虚心接受。有的是因误解而出现的失实性报道,主办单位应通过适当途径加以解释、消除误解。有的是有意歪曲事实的敌视性报道,对于此类报道,主办单位应在讲究策略、方式的前提下据理力争,采取行动,说明真相,要求媒体更正。

5.3.5 展览会礼仪

展览会是主办单位为了介绍本单位的业绩,展示本单位的成果,推销本单位的产品、技术或专利,而以集中陈列实物、模型、文字、图表、影像资料供人参观了解的形式,所组织的宣传性聚会也称为展示会。展览会是一种非常直观、形象、生动的传播方式,具有较强的说服力、感染力,为主办单位广交朋友,与公众直接沟通提供了极好的机会。展览会也是一种复合的传播方式,是同时使用多种媒介进行交叉混合传播的过程,可以使有关主办单位的信息广为传播,提高知名度与美誉度。

展览会礼仪是指单位在组织、参加展览会时,所应当遵循的规范与惯例。

1. 展览会的组织

1) 明确展览会的主题,确定参展单位

每次、每种类型的展览会都应有明确的主题和目的。只有明确主题,才能对所有展品进行恰当的选择和有机的排列组合,充分展示展品的风采,否则就会影响展览效果。

主题明确之后,主办单位就可以根据展览会的具体条件对报名参展的单位,进行必要的审核。参展单位的正式名单确定之后,主办单位事先应以适当的方式,对拟参展的单位发出正式的邀请或召集。

邀请或召集参展单位不管采用何种方式,都应同时把展览会的宗旨、展出的主题、参展单位的范围与条件、举办展览会的时间与地点、报名参展的具体时间与地点、咨询有关问题的联络方法、主办单位拟提供的辅助服务项目、参展单位所应负担的基本费用等,一并如实地告之参展单位,以便对方据此加以定夺。

2) 宣传展览内容

为了引起社会各界对展览会的重视,并且尽量地扩大其影响,主办单位有必要对其进行大力宣传。可以采用的方式有以下几种。

(1) 举办新闻发布会。

(2) 邀请新闻界人士到场进行参观采访。

(3) 发表有关展览会的新闻稿。

(4) 公开刊发广告。

(5) 张贴有关展览会的宣传画。

(6) 在展览会现场散发宣传性材料和纪念品。

(7) 在举办地悬挂彩旗、彩带或横幅。

(8) 利用升空的彩色气球和飞艇进行宣传。

为了搞好宣传工作,举办大型展览会时,主办单位应专门成立对外进行宣传的组织机构,名为新闻组或宣传办公室。

3) 分配展示位置

应按照"公开、公正、透明、优化"的原则分配展位,布置展览现场要做到各种展品围绕既定的主题,进行互为衬托的合理组合与搭配,整体上井然有序、浑然一体。

4) 安全保卫工作

举办展览会前,必须依法履行常规的报批手续。此外,组织者还须主动将展览会的举办详情向当地公安部门进行通报,求得其理解、支持与配合。按照常规,有关安全保卫的事项,必要时最好由有关各方正式签订合约或协议,并且经过公证。这样一来,万一出了事情,也好各负其责。

5) 提供辅助服务项目

主办单位作为展览会的组织者,有义务为参展单位提供一切必要的辅助性服务项目;否则,不但会影响自己的声誉,而且还会授人以柄。由展览会的组织者为参展单位提供的各项辅助性服务项目,最好有言在先,并且对有关费用的支付进行详尽的说明。

具体而言,为参展单位所提供的辅助性服务项目,主要包括以下 8 项。

(1) 展品的运输与安装。
(2) 车、船、机票的订购。
(3) 与海关、商检、防疫部门的协调。
(4) 跨国参展时有关证件、证明的办理。
(5) 电话、传真、计算机、复印机等现代化的通信联络设备。
(6) 举行洽谈会、发布会等商务会议或休息之时所使用的适当场所。
(7) 餐饮以及有关展览时使用的零配件的提供。
(8) 供参展单位选用的礼仪、讲解、推销人员等。

2. 参加展览会的礼仪

正式参加展览会时，所有人员应齐心协力、同心同德，为大获全胜而努力奋斗。在整体形象、待人礼貌、解说技巧三个主要方面，参展单位尤其要予以特别的重视。以下分别对其作简要的介绍。

1) 努力维护整体形象

展览会的整体形象主要由展示物的形象与工作人员的形象两部分构成。对于二者要给予同等的重视，不可偏废其一。

(1) 展示物形象

展示物的形象，主要由展品的外观、质量、陈列，展位的布置，发放的资料等构成。用以进行展览的展品，外观上要力求完美无缺，质量上要优中选优，陈列上要既整齐美观又讲究主次，布置上要兼顾主题的突出与观众的注意力。而用以在展览会上向观众直接散发的有关资料，则要印刷精美、图文并茂、资讯丰富，并且注有参展单位的主要联络方法，如公关部门与销售部门的电话、传真以及电子邮箱的号码等。

(2) 工作人员形象

工作人员的形象，则主要是指在展览会上直接代表参展单位露面的人员的形象。在一般情况下，要求在展位上工作的人员应当统一着装。最佳的选择，是身穿本单位的制服，或者是穿深色的西装、套裙。在大型的展览会上，参展单位若安排专人迎送宾客时，则最好请其身穿色彩鲜艳的单色旗袍，并胸披写有参展单位或其主打展品名称的大红色绶带。为了说明各自的身份，全体工作人员皆应在左胸佩戴标明本人单位、职务、姓名的胸卡，唯有礼仪小姐可以例外。按照惯例，工作人员不应佩戴首饰，但男士应当剃须，女士最好化淡妆。

2) 时时注意待人礼貌

(1) 展览一旦正式开始，全体参展单位的工作人员即应各就各位，站立迎宾。不允许迟到、早退、无故脱岗、东游西逛，更不允许在观众到来之时坐卧不起，怠慢对方。

(2) 当观众走近自己的展位时，不管对方是否向自己打招呼，工作人员都要面含微笑，主动地向对方说"您好！欢迎光临"。随后，还应面向对方，稍许欠身，伸出右手，掌心向上，指尖指向展台，并告知对方"请您参观"。

(3) 当观众在本单位的展位上进行参观时，工作人员可随行于其后，以备对方向自己进行咨询；也可以请其自便，不加干扰。假如观众较多，尤其是在接待组团而来的观众时，工作人员也可在左前方引导对方进行参观。对于观众所提出的问题，工作人员要认真作出回答。不允许置之不理，或以不礼貌的言行对待对方。

（4）当观众离去时，工作人员应当真诚地向对方欠身施礼，并道以"谢谢光临"或是"再见"。

（5）任何情况下工作人员均不得对观众恶语相加，或讥讽嘲弄。对于极个别不守展览会规则而乱摸乱动、乱拿展品的观众，仍须以礼相劝，必要时可请保安人员协助，但不许对对方擅自动粗，进行打骂、扣留或者非法搜身。

3）善于运用解说技巧

解说技巧主要是指参展单位的工作人员在向观众介绍或说明展品时，应当掌握的基本方法和技能。解说要因人而异，具有针对性，同时要突出自己展品的特色。在实事求是的前提下，要注意对其扬长避短，强调"人无我有"之处。在必要时，还可邀请观众亲自动手操作，或由工作人员为其进行现场示范。争抢、尾随观众兜售展品，弄虚作假，或是强行向观众推介展品，则万万不可。此外，还可安排观众观看与展品相关的影视片，并向其提供说明材料与单位名片。通常，说明材料与单位名片应常备于展台之上，由观众自取。

5.3.6 茶话会礼仪

茶话会在商界主要是指意在联络老朋友、结交新朋友的具有对外联络和招待性质的社交性集会。和其他类型的商务性会议相比，茶话会是社交色彩最浓的一种，因而也要特别强调礼仪规范。茶话会礼仪具体内容主要涉及会议的主题、来宾的确定、时空的选择、座次的安排、茶点的准备、会议的议程、现场的发言等方面。

1. 会议的主题

茶话会的主题特指茶话会的中心议题。在一般情况下，商界所召开的茶话会，其主题大致可分为联谊、娱乐、专题三类。

（1）以联谊为主题的茶话会是为了联络主办单位同应邀与会的社会各界人士的友谊。在这类茶话会上，宾主通过叙旧与答谢，往往可以增进相互之间的进一步了解，密切彼此之间的关系。除此之外，它还为与会的社会各界人士提供了一个扩大社交圈的良好契机。

（2）以娱乐为主题的茶话会，为了活跃气氛，可安排一些文娱节目，并以此作为茶话会的主要内容。文娱节目最好以现场的自由参加与即兴表演为主。

（3）专题茶话会是在某个特定的时刻，或为某些专门问题而召开的茶话会，以听取某些专业人士的见解，或是和某些与本单位有特定关系的人士进行对话。

2. 来宾的确定

主办单位在筹办茶话会时，必须围绕主题来邀请来宾，尤其是确定好主要的与会者。来宾可以是本单位的人士、本单位的顾问、社会知名人士、合作伙伴等各方面的人士。

（1）以本单位人士为主要与会者的茶话会，主要是邀请本单位的各方面代表进行沟通信息、通报情况、听取建议、嘉勉先进、总结工作等。有时，这类茶话会也可邀请本单位的全体员工或某一部门、某一阶层的人士参加。

（2）以本单位的顾问为主要与会者的茶话会，意在表达对有助于本单位的各位专家、学者、教授的敬意。作为本单位的顾问，自然对本单位贡献颇多。特意邀请他们与会，既表示了对他们的尊敬与重视，也可以进一步地直接向其咨询，并听取其建议。

（3）社会贤达，作为知名人士不仅在社会上具有一定的影响力、号召力和社会威望，往往还是某一方面的代言人。通过茶话会,可与社会贤达直接进行交流,加深对方对本单位的了解与好感,并且倾听社会各界对本单位的直言不讳的意见或反映。

(4) 合作伙伴是指在商务往来中与本单位存在着一定联系的单位或个人。除了自己的协作者之外,还应包括与本单位存在着供、产、销等其他关系者。以合作伙伴为主要与会者的茶话会,重在向与会者表达谢意,加深彼此之间的理解与信任。

有些茶话会,往往会邀请各行各业、各方面的人士参加。这种茶话会,通常叫作综合茶话会。以各方面的人士为主要与会者的茶话会,除了可供主办单位传递必要的信息外,主要是为与会者创造一个扩大个人交际面的社交机会。

茶话会的与会者名单一经确定,应立即以请柬的形式向对方提出正式邀请。按惯例,茶话会的请柬应在半个月之前被送达或寄达被邀请者之手,但对方对此可以不必答复。

3. 时空的选择

时间、空间的恰当选择是茶话会取得成功的重要条件。

1) 时间选择

举行茶话会的时间可以分成举行的时机、时间、时长三个具体的、相互影响的小问题。举行的时机问题是头等重要的。通常认为,辞旧迎新之时、周年庆典之际、重大决策前后、遭遇危难挫折之时等,都是单位酌情召开茶话会的良机。举行的时间,是指茶话会具体应于何时举行。根据国际惯例,举行茶话会的最佳时间是下午4时左右。有些时候,也可安排在上午10时左右。当然具体进行操作时应以与会者的方便与否以及当地人的生活习惯为准。一般一次成功的茶话会,大都讲究适可而止,因此茶话会的时长最好限定在1~2小时,效果会更好一些。

2) 空间选择

举行茶话会的空间指茶话会的举办地点、场所。按照惯例,主办单位的会议厅、宾馆的多功能厅、主办单位负责人的私家客厅、主办单位负责人的私家庭院或露天花园、包场高档的营业性茶楼或茶室等均适宜举行茶话会,而餐厅、歌厅、酒吧等处就不宜用来举办茶话会。在选择具体场地时还需同时兼顾与会人数、支出费用、周边环境、交通安全、服务质量、档次名声等诸多问题。

4. 座次的安排

与会者的具体座次的安排,必须和茶话会的主题相适应。具体可以采取下面几种形式。

1) 环绕式

环绕式就是不设立主席台,把座椅、沙发、茶几摆放在会场的四周,不明确座次的具体尊卑,而听任与会者在入场后自由就座。这一安排座次的方式,与茶话会的主题最相符,也最流行。

2) 散座式

散座式排位常见于在室外举行的茶话会。它的座椅、沙发、茶几自由地组合,甚至可由与会者根据个人要求而随意安置。这样就容易创造出一种宽松、惬意的社交环境。

3) 圆桌式

圆桌式排位是指在会场上摆放圆桌,请与会者在周围自由就座。圆桌式排位又分为两种形式:一种是适合人数较少的,仅在会场中央安放一张大型的椭圆形会议桌,而请全体与会者在周围就座;另一种是在会场上安放数张圆桌,请与会者自由组合。

4) 主席式

在茶话会上,主席式排位并不意味着要在会场上摆放出一目了然的主席台,而是指在会场上,主持人、主人与主宾应被有意识地安排在一起就座,并且按照常规,居于上座之处,如中央、前排、会标之下或是面对正门之处。

总的来说,为了使与会者畅所欲言,并且便于大家进行交际,茶话会上的座次安排尊卑并不宜过于明显。不排座次,允许自由活动,不摆与会者的名签,是常规的做法。

5. 茶点的准备

茶话会不上主食,不安排品酒,只提供茶点。茶话会是重"说"不重"吃"的,商务礼仪规定,在茶话会上,为与会者所提供的茶点,应当被定位为配角。虽说如此,在具体进行准备时,还是需注意以下几方面。

（1）对于用来待客的茶叶、茶具,务必精心准备。应尽量挑选上品,不要滥竽充数。还要注意照顾与会者的不同口味。比方说茶叶的选择是绿茶、花茶还是红茶,对中国人来说,绿茶老少咸宜,而对欧美人而言,红茶则更受欢迎。

（2）最好选用陶瓷茶具,并且讲究茶杯、茶碗、茶壶成套。千万不要采用塑料杯、搪瓷杯、不锈钢杯或纸杯,也不要用热水瓶来代替茶壶。所有的茶具一定要清洗干净,并且完整无损,没有污垢。

（3）除主要供应茶水外,在茶话会上还可以为与会者略备一些点心、水果或是地方风味小吃。需要注意的是,品种要适合,数量要充足,并要方便拿取,同时还要配上擦手巾。

6. 会议的议程

在正常情况之下,茶话会的主要会议议程,大体只有以下4项。

（1）主持人宣布茶话会开始。宣布开始前,主持人要请与会者各就各位并保持安静。宣布开始后,主持人可对主要与会者略加介绍。

（2）主办单位的主要负责人讲话。讲话应以阐明这次茶话会的主题为中心内容,还可以代表主办单位,对全体与会者表示欢迎和感谢,并且恳请大家一如既往地理解和支持。

（3）与会者发言。这些发言在任何情况下都是茶话会的重心。通常,主办单位事先不对发言者进行指定和排序,也不限制发言的具体时间,而是提倡与会者自由地进行即兴式的发言,以此确保与会者在发言中直言不讳,畅所欲言。在同一次茶话会上一个人还可以多次发言,来不断补充、完善自己的见解和主张。

（4）主持人总结。主持人略作总结后,可以宣布茶话会结束。

7. 现场的发言

茶话会的现场发言要想真正得到成功,重点在于主持人的引导得法和与会者的发言得体。

在茶话会上,主持人所起的作用往往不止于掌握、主持会议,更重要的是能够在现场审时度势,因势利导地引导与会者的发言,并且有力地控制会议的全局。大家争相发言时,主持人来决定谁先谁后;没人发言时,主持人要引出新的话题,或者恳请某位人士发言;与会者之间发生争执时,主持人应马上出面劝阻。

在每位与会者发言之前,可由主持人对其略作介绍。在其发言的前后,应由主持人带头鼓掌致意。万一有人发言严重跑题或言辞不当，应由主持人出面转换话题。

与会者在茶话会上发言时，要语速适中，口齿清晰，神态自然，用语文明。在要求发言时，可举手示意，但同时也要注意谦让，不要与人进行争抢。不论自己有何高见，打断他人的发言，都是不礼貌的行为。

5.4 商务仪式礼仪

5.4.1 开业典礼

开业典礼是一家企业或店铺在成立或开张时，经过细心策划，按照一定的程序专门举行的一种庆祝仪式，以达到宣传企业、扩大知名度、塑造自身良好形象的目的。它体现出企业或企业领导的组织能力、社交水平及其文化素质，是企业发展的第一个里程碑。因此，要精心计划、周密安排，以保证典礼的顺利进行。

1. 开业典礼的准备

开业典礼应遵守"热烈、欢快、隆重、节俭"的原则，同时要做好以下准备工作。

1) 确定典礼时间

天气情况良好是典礼活动能顺利进行的因素之一。因此，要关注天气预报，了解近期天气情况，最好选择天气晴好的时间。

此外，要选择主要嘉宾、重要领导和大多数目标受众能够参加的时间，以保证参加人员的规模。同时，要考虑周围居民的生活习惯，避免因过早或过晚而扰民，一般安排在上午9—10时最恰当。如果来宾主要为外宾，还应注意各国不同节日的不同风俗习惯，切不可在外宾忌讳的日子里举办开业典礼。

2) 做好舆论宣传工作

举办开业典礼的主旨在于塑造企业的良好形象，因此要借开业良机进行广泛的舆论宣传。企业可运用报纸、杂志、电台、电视台、网络等大众传播媒介广泛发布广告，或在告示栏中张贴开业告示，以引起公众的注意。广告或告示内容一般包括开业典礼举行的日期、地点、企业的经营范围及特色、开业的优惠情况等。开业广告或告示一般宜在开业前的3~5天发布。企业还可邀请一些传媒界人士，在开业典礼举行之时到场进行采访、报道，给予正面宣传。

3) 邀请宾客

开业典礼，一方面是为了扩大社会影响，展示企业的良好形象；另一方面也是借机进行沟通，广结良缘，为今后的发展打下坚实的基础。所以在拟定邀请嘉宾名单时，要进行认真地考虑，邀请对象要尽量全面，并考虑今后单位的发展。

邀请的宾客一般应包括政府有关部门领导、社区负责人、知名人士、同行业代表、新闻记者、员工代表及公众代表等。邀请上级领导可以提升档次和可信度；邀请工商、税务等直接管辖部门，以便今后取得支持；邀请潜在的、预期的未来客户是企业经营的基础；邀请同行业人员，以便相互沟通合作。

对邀请出席典礼的宾客要提前一周发出请柬，便于被邀者及早安排和准备。请柬印刷要精美，内容要完整，文字要简洁，措辞要热情，书写要认真。一般的请柬可派人送达或邮寄,对有名望的人士或主要领导可由企业主要负责人登门邀请,以示诚恳和尊重。

4) 布置现场

开业典礼一般在开业现场正门之外的广场或正门内的大厅举行。根据惯例,举行开业典礼时宾主一律站立,故一般不设主席台或座椅,为显示隆重与敬客,可在来宾尤其是贵宾讲话之处铺设红色地毯。

为了烘托出热烈、隆重、喜庆的气氛,可在现场悬挂"×××开业典礼"或"×××隆重开业"的横幅,会场周围还可张灯结彩,悬挂彩带、气球等。两侧醒目处摆放来宾赠送的贺匾、花篮,在适当位置放好签到簿、本企业的宣传材料、待客的饮料等。

5) 安排各项接待事宜

应事先确定签到、接待、剪彩、摄影、录像等有关服务人员,这些人员要在典礼前到达指定的岗位。接待人员在会场门口接待来宾,待来宾签到后,引导来宾就位。重要来宾须由本单位主要负责人亲自出面接待,其他来宾可由本单位的礼仪小姐负责接待。若来宾较多,应准备好专用的停车场、休息室,并应为其安排饮食。

6) 物质准备

(1) 礼品准备。开业典礼赠予来宾的礼品,其一,要具有宣传性,可在礼品及其外包装上印上本单位的企业标志、广告用语、产品图案、开业日期等;其二,要具有独特性,能体现本企业的鲜明特色;其三,要具有一定的荣誉性,能够体现对来宾的尊重和关心,具有纪念意义。

(2) 设备准备。音响、录音录像、照明设备以及开业典礼所需的各种用具、设备,由技术部门进行检查、调试,以防在使用时出现差错。

(3) 交通工具准备。用于接送重要宾客、运送货物等。

(4) 庆典活动所需用品。例如,剪彩仪式所需要的彩带、剪刀、托盘等;统一定制工作人员的服装;留作纪念或用以宣传的礼品、画册、优惠卡、贵宾卡的定做。

2. 开业典礼的程序

开业典礼活动所用的时间不长,但事关重大,所以对典礼活动的程序安排要求很严格。一般情况下,开业典礼程序由以下几项组成。

1) 迎宾

来宾到来之前,要安排迎宾人员在会场门口恭候来宾。来宾到来后,应微笑、亲切相迎,请其签到,引导来宾入场。来访贵宾则由企业的主要负责人亲自出面迎接。

2) 典礼开始

主持人宣布开业典礼正式开始,全体起立,奏乐,宣读重要来宾名单。

3) 致辞

由本单位负责人致辞,其主要内容是向来宾及祝贺单位表示感谢,并简要介绍本单位的经营特色和经营目标等。

4) 致贺词

由上级领导或来宾代表致贺词,主要表达对开业单位的祝贺,并寄予厚望。对外来的贺电、贺信等不必一一宣读,但对其署名的单位或个人应予以公布。

5) 揭幕或剪彩

揭幕就是由本单位负责人和上级领导或嘉宾代表揭去盖在牌匾上的红布,宣告企业的正式成立。

剪彩的彩带通常是用红绸制作的,剪彩前应事先准备好剪刀、托盘和彩带。剪彩时,由礼仪小姐拉好彩带,端好托盘,剪彩者用剪刀将彩带上的花朵剪下,放在托盘内。揭幕或剪彩完毕,场内应以掌声表示祝贺。

6) 参观座谈

引导来宾参观,介绍本单位的主要设施、特色商品及经营策略等。可利用座谈会或留言簿的形式广泛征求意见,并将这些意见或建议整理出来以便于工作中借鉴,让组织更好地发展。

7) 迎客

揭牌后,商品零售企业会有大批顾客进入店内。为此,应有企业领导人、部门负责人和营业员一起,恭敬地站在门口,欢迎顾客的光临。营业人员要注意服务礼仪,要主动征求顾客意见,热情介绍商品,感谢顾客惠顾,欢迎顾客经常光顾。此外,还可准备一些印有本店经营范围、地址、电话号码等字样的小礼品赠送给顾客作为纪念。

8) 结束

如有必要,可安排宴请来宾、举行招待酒会或看文艺演出等。

以上程序可视具体情况有所增减,无须生搬硬套。总之,开业典礼的整个过程要紧凑、简捷。

3. 开业典礼的礼仪要求

1) 主办方礼仪

(1) 仪容整洁。出席典礼的人员事前要适当修饰仪容仪表。女士化淡妆,男士应理发剃须。

(2) 服饰规范。最好统一着装,显示企业特色和实力。如果不能统一着装,男士要穿深色西装或中山装,女士穿深色西装套裙或套装。

(3) 举止文明。主办方人员要注意言行举止,不要嬉笑打闹,不要东张西望,或精神不振、垂头丧气,表现出心不在焉的样子,不要做与典礼无关的事。

(4) 准备充分。做好各项准备工作,如及时发放请柬,无遗漏,安排好来宾的迎送车辆等。

(5) 遵守时间。典礼要严格按规定的仪式起止时间进行,主办方人员不得迟到、无故缺席或中途退场。

(6) 态度友好。见到来宾要主动热情地问好,对来宾提出的问题应友善答复。当来宾发表贺词后,应主动鼓掌表示感谢。不随意打断来宾的讲话,提出挑衅性问题,或对来宾进行人身攻击。

2) 宾客礼仪

(1) 准时参加。参加人员要注意仪容仪表,并准时参加典礼,为主办方捧场。如有特殊情况不能到场,应尽早通知主办方,说明理由并表达歉意。

(2) 赠送贺礼。宾客可在典礼前或典礼进行时,送些如花篮、镜匾、楹联等贺礼,以表示对开业方的祝贺,并在贺礼上写明庆贺对象、庆贺缘由、贺词及祝贺单位。

(3) 恭敬祝贺。见到主人应向其表示祝贺。致贺词时,感情真挚、态度诚恳。贺词要简短精练,以贺顺利、发财、兴旺的吉利话为主,不能随意发挥。根据典礼进行情况,作一些礼节性的附和,如鼓掌、合影、跟随参观、写留言等。

(4) 广交朋友。到场后应礼貌地与相邻的宾客打招呼,通过自我介绍、互换名片等方式结交更多的朋友。

(5) 礼貌告辞。典礼结束离去时,应与主办单位领导、主持人、接待人员等握手告别,并致谢意。

5.4.2 剪彩仪式

剪彩仪式是指有关单位为了庆贺公司的设立、企业的开工、商店的开张、宾馆的落成、银行的开业、大型建筑物的启用、道路或航线的开通、展销会或展览会的开幕等而隆重举行的一项礼仪性程序。因其主要活动内容是邀请专人使用剪刀剪断被称为"彩"的红色缎带,故此被人们称为剪彩。

剪彩仪式有众多的惯例、规则必须遵守,其具体程序也有一定的要求。

1. 剪彩仪式的准备

剪彩的目的是引起更多社会人士的注意,扩大宣传效果,提高企业的知名度。剪彩仪式的准备工作,与开业典礼准备工作的内容大致相同。所不同的是要注意对剪彩者的邀请和对礼仪小姐的训练。

1) 剪彩者的邀请

剪彩者即在剪彩仪式上持剪刀剪彩的人。按照惯例,剪彩者可以是一个人,也可以是几个人,但是一般不应多于5人。剪彩者一般由上级领导、主管部门负责人、知名人士、合作伙伴或单位负责人来担任。剪彩者名单一经确定,必须尽早告知对方,使其有所准备。对于上级领导、社会名流等应当发出郑重邀请,可由主办单位领导亲自出面或委派代表专程前往邀请。若是请几位剪彩者同时剪彩,要事先征得每位剪彩者的同意,否则就是对剪彩者的失礼。

2) 礼仪小姐的训练

剪彩礼仪小姐是在剪彩仪式中为剪彩者提供帮助和服务的工作人员,多由主办方的年轻女职员担任,也可以到专业组织聘请专业礼仪小姐。礼仪小姐的职责主要有迎宾、引导、服务、扯彩带、递剪刀、接彩球、托盘等。

礼仪小姐一般要求仪容仪表仪态文雅、大方、庄重、优美。具体来说要求容颜娇好、身材颀长、年轻健康、气质高雅、反应敏捷、善于外交。

礼仪小姐的最佳装束应为化淡妆,盘起头发,穿款式、布料、色彩统一的单色旗袍,配肉色连裤丝袜,黑色高跟皮鞋。除戒指、耳环或耳钉外,不佩戴其他任何首饰。有时,礼仪小姐身穿深色或单色的套裙也可。但是,她们的穿戴装扮有必要尽可能地整齐统一。

礼仪小姐确定好后,要进行分工,然后进行必要的培训和演练,让她们熟悉礼节,以保证剪彩仪式的顺利进行。

3) 物品的准备

剪彩仪式需要使用一些特殊用具,如红色缎带、新剪刀、白色薄纱手套、托盘及红色地毯等,要仔细地进行选择与准备。

(1) 红色缎带

红色缎带即剪彩仪式之中的"彩"。按照传统做法,它应当由一整匹未曾使用过的红色绸缎,在中间结成数朵花团而成。现在有些单位为了厉行节约,而代之以长度为2米左右的细窄的红色缎带,或者以红布条、红线绳、红纸条作为其变通,这也是可行的。一般来说,红色缎带上所结的花团,不仅要硕大、醒目,而且其具体数目往往还与现场剪彩者的人数直接相关。循例,红色缎带上所结的花团的具体数目有两类模式可依:一类是花团的数目较现场剪彩者的人数多一个;另一类是花团的数目较现场剪彩者的人数少一个。前者可使每位剪彩者总是处于两朵花团之间,尤显正式;后者则不同常规,也有新意。

(2) 新剪刀

新剪刀是专供剪彩者在剪彩仪式上正式剪彩时所使用的。每位现场剪彩者要人手一把,而且必须崭新、锋利、顺手,避免因剪刀不好用而让剪彩者尴尬。因此,剪彩仪式前,要逐一检查,确保剪彩者一举成功,切勿一再补剪。在剪彩仪式结束后,主办方可将每位剪彩者所使用的剪刀经过包装之后,送给对方以资纪念。

(3) 白色薄纱手套

白色薄纱手套是专为剪彩者所准备的。在正式的剪彩仪式上,剪彩者剪彩时最好每人戴上一副白色薄纱手套,以示郑重其事。在准备白色薄纱手套时,除要确保人手一副外,还要保证大小适度、崭新平整、洁白无瑕。

(4) 托盘

托盘在剪彩仪式上是托在礼仪小姐手中,用作盛放红色缎带、剪刀、白色薄纱手套的。在剪彩仪式上所使用的托盘,最好是崭新的、洁净的。通常首选银色的不锈钢制品。为了显示正规,可在使用时上铺红色绒布或绸布。在剪彩时,礼仪小姐可以用一只托盘依次向各位剪彩者提供剪刀与手套,并同时盛放红色缎带;也可以为每一位剪彩者配置一只专为其服务的托盘,同时红色缎带专由一只托盘盛放。后一种方法显得更加正式一些。

(5) 红色地毯

红色地毯主要用于铺设在剪彩者正式剪彩时的站立之处。其长度可视剪彩人数的多寡而定,其宽度则不应在1米以下。在剪彩现场铺设红色地毯,主要是为了提升其档次,并营造一种喜庆的气氛。

2. 剪彩的一般程序

一般来说,剪彩仪式宜紧凑,忌拖沓,所耗时间越短越好。短则一刻钟即可,长则至多不宜超过1小时。

按照惯例,剪彩既可以是开业仪式中的一项具体程序,也可以独立出来,由其自身的一系列程序所组成。独立而行的剪彩仪式,通常应包含以下几项基本的程序。

1) 请来宾就位

在剪彩仪式上,通常只为剪彩者、来宾和本单位的负责人安排座席。在剪彩仪式开始时,即应敬请这些人在已排好顺序的座位上就座。在一般情况下,剪彩者应就座于前排。若其不止一人时,则应使之按照剪彩时的具体顺序就座。

2) 宣布仪式正式开始

在主持人宣布仪式开始后,乐队应演奏音乐,现场可燃放鞭炮,全体到场者应热烈鼓掌。此后,主持人应向全体到场者介绍到场的重要来宾。一般应向与会者介绍参加剪彩仪式的领导、负责人、各界知名人士等主要来宾,对他们以及祝贺单位、与会者表示感谢。

3) 进行发言

发言者依次应为东道主单位的代表、上级主管部门的代表、地方政府的代表、合作单位的代表等。其内容应言简意赅,每人不超过3分钟,重点分别应为介绍、道谢与致贺。

4) 进行剪彩

在剪彩前,须向全体到场者介绍剪彩者。主持人宣布剪彩后,礼仪小姐在乐曲声中率先登场。拉彩者拉起红色缎带及彩球,托盘者站在拉彩者身后1米左右,然后剪彩者应在礼仪小姐引导下起立稳步走上台进行剪彩,主席台上的其他人员一般要尾随于剪彩者之后1～2米站立。剪彩完毕,剪彩者要向四周人们鼓掌致意,所有与会人员应鼓掌响应。必要时还可奏乐或燃放鞭炮。

5) 进行参观

剪彩之后,主人应陪同来宾参观被剪彩之物。仪式至此宣告结束。随后东道主单位可向来宾赠送纪念性礼品,并设宴款待全体来宾。

3. 剪彩的礼仪

1) 剪彩者的礼仪

剪彩者是剪彩仪式的主角,一般具有较高的社会威望,深受大家的尊重和信任,剪彩者的礼仪直接关系到剪彩仪式的效果。因此,作为剪彩者既要有荣誉感,又要有责任感,而这些都要从剪彩者的礼仪中体现出来。

（1）剪彩者衣着服饰应大方、整洁、挺括,容貌适当修饰,看上去容光焕发,充满活力。

（2）在剪彩过程中,剪彩者要保持一种稳重的姿态、洒脱的风度和优雅的举止。当主持人宣布开始剪彩时,剪彩者要面带微笑,步履稳健地走向由礼仪小姐扯起的彩带,接过礼仪小姐用托盘呈上的剪刀,并用微笑点头表示谢意,然后聚精会神地将彩带剪断。如果有几位剪彩者时,处在外端的剪彩者应用眼睛余光注视中间的剪彩者的动作,力争同时剪断彩带,同时还应注意与礼仪小姐配合,使彩球落于托盘内。剪彩完毕,将剪刀放回托盘,举手向四周的人们鼓掌致意,并与主人进行礼节性地谈话,然后在礼仪小姐引导下退场。

2) 举办方的礼仪

（1）布置好会场。剪彩仪式的会场一般选在展览会、展销会门口,如果是新建设施、新安装设备竣工、启用,一般安排在现场前面的空地处。会场应布置得热烈、隆重,可用会标、彩旗、气球、花篮、拱门、红地毯等布置会场。座席一般只安排剪彩者和来宾的座位,本企业主要领导陪坐。入座时应把剪彩者安排在前排,有多位剪彩者时,应按剪彩时的位置就座,以免宣布剪彩时再交换位置。

（2）做好来宾和剪彩者的引导工作。剪彩者到达后可先安排在休息室休息,等主要人员到齐后再由工作人员引导剪彩者和主要来宾到达剪彩现场。

（3）主办方发言要顾及来参加剪彩仪式的每位剪彩者,同时要对来宾致以谢意。

（4）剪彩仪式结束后,主办方应组织参观或聚会,并向来宾赠送纪念品,以尽地主之谊。

5.4.3 签字仪式

签字仪式是商务活动中,合作双方或多方经过业务谈判、协商,就某项重要交易或合作项目达成协议、订立合同后,由双方代表正式在有关协议或合同上签字,并互换正式文本的一种仪式。签字仪式是商务活动中常见的比较隆重的活动,有一套严格的程序,必须按照礼仪规范来进行。

1. 签字仪式的准备

1）布置签字厅

签字厅有常设专用的，也有临时以会议厅、会客厅来代替的。布置原则是庄重、整洁、清静。

按照仪式礼仪的规范，签字厅室内应当铺设地毯。正规的签字桌应当为长桌，其上铺设深绿色台布，签字桌应当横放于室内，在其后，可摆放适量的座椅。签署双边性合同时，可放置两张座椅，供签字人就座（左为主方签字座位，右为客方签字座位）。签署多边合同时，可以仅放一张座椅，供各方签字人签字时轮流就座；也可以为每位签字人各自提供一张座椅。签字人在就座时，一般应当面对正门。

在签字桌上，循例应事先安放好待签的合同文本以及签字笔、吸墨器等签字时所用的文具。与外商签署涉外商务合同时还需在签字桌上插放有关各方的国旗。插放国旗时，在其位置与顺序上，必须按照礼宾序列而行。例如，签署双边性涉外商务合同时，有关各方的国旗须插放在该方签字人座椅的正前方。

2）安排签字时的座次

在正式签署合同时，各方代表对于礼遇均非常在意，因而礼仪人员对于在签字仪式上最能体现礼遇高低的座次问题，应当认真对待。

签字时各方代表的座次，是由主方代为先期排定的。合乎礼仪的做法是：在签署双边性合同时，应请客方签字人在签字桌右侧就座，主方签字人则应同时就座于签字桌左侧。双方各自的助签人，应分别站立于各自一方签字人的外侧，以便随时对签字人提供帮助。双方其他的随员，可以按照一定的顺序在己方签字人的正对面就座，也可以依照职位的高低，依次自左至右（客方）或是自右至左（主方）地列成一行，站立于己方签字人的身后。当一行站不完时，可以按照以上顺序并遵照"前高后低"的惯例，排成两行、三行或四行。原则上，双方随员人数，应大体上相近。

在签署多边性合同时，一般仅设一个签字椅。各方签字人签字时，须依照有关各方事先同意的先后顺序，依次上前签字。他们的助签人，应随之一同行动。在助签时，依"右高左低"的规矩，助签人应站立于签字人的左侧。与此同时，有关各方的随员，应按照一定的序列，面对签字桌就座或站立。

3）预备待签的合同文本

洽谈双方或多方协商，拟定协议或合同条款后，按惯例，应由举行签字仪式的主方负责准备待签合同的正式文本。

负责为签字仪式提供待签合同文本的主方，应同有关各方一起指定专人，共同负责合同的定稿、校对、印刷与装订。按常规，应为在合同上正式签字的有关各方均提供一份待签的合同文本，必要时还可再向各方提供一份副本。

待签字的合同文本，通常应按大八开的规格装订成册，用高档白纸精心印制，封面一般选择真皮、金属、软木等高档材质印刷。

签署涉外商务合同时，按照国际惯例，待签的合同文本，应同时使用有关各方法定的官方语言，或是使用国际上通行的英文。此外，也可同时并用有关各方法定的官方语言与英文。使用外文撰写时，应反复推敲，字斟句酌，不要望文生义或不解其意而乱用词汇。

4）规范签字人员的服饰

按照规定，签字人、助签人以及随员在出席签字仪式时应当穿着具有礼服性质的深色西装套装、中山装套装，女士应着西装套裙，并且配以白色衬衫与深色皮鞋。男士还必须系上单色领带，以示正规。

在签字仪式上服务的礼仪人员、接待人员，可以穿自己的工作制服，或是旗袍式的礼仪性服装。

2. 签字仪式的程序

签字过程是仪式的重点，虽然时间不长，但程序规范、庄重而热烈。签字仪式的正式程序一共分为以下5项。

1）签字仪式正式开始

主持人宣布签字仪式正式开始，有关各方人员进入签字厅，主签人按序就座，助签人员和随从人员在既定的位次上各就各位。

2）签字人正式签署合同文本

助签人员协助签字人员打开文本，用手指明签字位置。主签人开始在合同、协议或条约的正式文本上签字。通常的做法是首先签署己方保存的合同文本，再接着签署他方保存的合同文本。这一做法，在礼仪上称为"轮换制"。它的含义是，通过轮流，使在位次排列上，有关各方均有机会居于首位一次，以显示机会均等，各方平等。

3）交接协议文本

签字完毕，文本即已生效。签字人应同时起立，正式交换已经由有关各方正式签署的合同文本。交接后，各方签字人应热烈握手，互致祝贺，可相互交换各自一方刚才使用过的签字笔，以示纪念。全场人员应鼓掌，表示祝贺。

4）共同举杯庆贺

交换已签的合同文本后，礼仪小姐会用托盘端上红酒或香槟酒，有关人员尤其是签字人当场干上一杯红酒或香槟酒，这是国际上通行的用以增添喜庆色彩的做法。

【典型案例】签字仪式上的波折

5）有序退场

退场时，先请双方最高领导者退场，然后请客方退场，主方最后退场。整个签字仪式以半小时为宜。

 课堂头脑风暴

【主题讨论】
办公室里有哪些需要遵守的礼仪？办公室不宜谈论的话题有哪些？
【讨论解析】
可分组讨论，也可设计问卷进行调查。

本章小结

职场礼仪包括人们在求职、公务拜访与接待、参加不同类型的会议、各种仪式时需要遵守的行为礼仪。

求职时需要正确地撰写个人简历和求职信,做好物质、心理和形象的准备,面试中要遵守相关的礼仪,事先了解面试的常见问题及回答技巧。

拜访别人前要做好准备工作,拜访中要遵守礼仪规范;接待别人前要确认接待规格、礼宾次序,接待别人时迎客、待客、送客每个环节都要讲究礼仪规范,符合礼仪要求。

会议礼仪主要是指筹备会议、组织会议、主持会议和参加会议的礼仪规范。会议有不同的类型,常见的有商务洽谈会、新闻发布会、展览会、茶话会,这些会议有不同的目的、程序和礼仪要求。

各单位有时还要举办开业典礼、剪彩、签字等仪式活动,这些仪式能体现单位的组织能力、社会影响和形象,所以要精心计划、周密安排,使其符合礼仪规范。

考考你 第5章

第 6 章

民 俗 礼 仪

> 学习导读

【本章概况】
本章详细介绍了我国传统节日及礼仪和我国少数民族礼俗。
【学习目标】
1. 了解我国传统节日文化及其礼仪规范。
2. 熟悉我国壮族、回族、维吾尔族、藏族、蒙古族的礼俗。
3. 树立文化自信,增强民族情怀。
4. 教育学生尊重少数民族礼俗,自觉维护祖国统一,促进民族团结。

6.1 传统节日及礼仪

中华民族在漫长的历史发展进程中,形成了博大精深的民族文化,其中就包括丰富多彩的民族节日——春节、元宵节、清明节、端午节、中秋节、重阳节、冬至、除夕等。这些节日久经沧桑传延至今,有着约定俗成的礼仪。

6.1.1 春节

春节即中国农历新年,俗称新春、新岁、岁旦等,口头上又称过年、过大年。春节历史悠久,由上古时代岁首祈岁祭祀演变而来。春节的起源蕴含着深邃的文化内涵,在传承发展中承载了丰厚的历史文化底蕴。在春节期间,全国各地均会举行各种贺岁活动,各地因地域文化不同而又存在着习俗内容或细节上的差异,带有浓郁的各地域特色。春节期间的庆祝活动极为丰富多样,有舞狮、飘色、舞龙、游神、庙会、逛花街、赏花灯、游锣鼓、游标旗、烧烟花、祈福、攒春,也有踩高跷、跑旱船、扭秧歌等。春节期间贴年红、守岁、吃团年饭、拜年等各地皆有之,但因风土人情的不同,细微处又各有其特色。春节民俗形式多样、内容丰富,是中华民族生活文化精粹的集中展示。

春节是除旧布新的日子,春节虽定在农历正月初一,但春节的活动却并不止于正月初一这天。从年尾小年起,人们便开始"忙年"。祭灶、扫尘、购置年货、贴年红、洗头沐浴、张灯结彩等,所有这些活动,有一个共同的主题,即"辞旧迎新"。春节是个欢乐祥和、合家团圆的节日,也是人们抒发对幸福和自由向往的狂欢节和永远的精神支柱。春节也是敦亲祀祖、祭祀祈年的日子。

春节更是民众娱乐狂欢的节日。元日子时交年时刻，鞭炮齐响、烟花满天，辞旧岁、迎新年等各种庆贺新春活动达于高潮。年初一早上各家焚香致礼，敬天地、祭列祖，然后依次给尊长拜年，继而同族亲友互致祝贺。元日以后，各种丰富多彩的娱乐活动竞相开展，为新春佳节增添了浓郁的喜庆气氛。节日的热烈气氛不仅洋溢在各家各户，也充满各地的大街小巷。这期间花灯满城，游人满街，热闹非凡，盛况空前，直要闹到正月十五元宵节过后，春节才算真正结束。因此，集祈年、庆贺、娱乐为一体的盛典春节成了中华民族最隆重的佳节。

知识链接 6-1
关于过年的传说

1）办年货

中国的年俗文化源远流长，全国各地衍生出纷繁多样的过年习俗，南北迥异，各具特色。虽然各地习俗不尽相同，但是备年货、送年礼却是几乎全国上下的"过年必备"。置办年货，包括吃的、穿的、戴的、用的、贴的（年红）、送的（拜年）礼物等，统称"年货"，采购年货的过程称为"办年货"。办年货是中国人过春节的一项重要活动。

2）祭灶

民间祭灶源于古人拜火习俗。如《释名》中说："灶。造也，创食物也。"灶神的职责就是执掌灶火，管理饮食，后来扩大为考察人间善恶，以降福祸。祭灶在中国民间有几千年历史了，灶神信仰是中国百姓对"衣食有余"梦想追求的反映。

3）扫尘

在民间，新年前夕有腊月二十四扫尘（也称扫屋）的习俗。民谚称"二十四，扫房子"，故民间把腊月二十四称作"扫尘日"。扫尘就是年终大扫除，家家户户都要打扫环境，清洗各种器具，拆洗被褥窗帘，洒扫六闾庭院，掸拂尘垢蛛网，疏浚明渠暗沟，到处洋溢着欢欢喜喜搞卫生、干干净净迎新春的欢乐气氛。按民间的说法，因"尘"与"陈"谐音，年前扫尘有"除陈布新"的含义。扫尘用意是要把一切穷运、晦气统统扫出门，以祈来年清吉。

4）割年肉

民间谚语称"腊月二十六，杀猪割年肉"，说的是这一天主要筹备过年的肉食。所谓杀猪，当然是杀自己家养的猪；所谓割肉，是指没养猪的贫困人家到集市上去买过年吃的肉。将"割年肉"放入年谣，是因为农耕社会经济不发达，人们只有在一年一度的年节中才能吃到肉，故此称为"年肉"。

5）贴年红（挥春）

年二十八、年二十九或年三十家家户户"贴年红"（年红是春联、门神、横批、年画、"福"字等过年时所贴的红色喜庆元素的统称）。过年贴年红（挥春）是中国传统的过年习俗，增添了喜庆的节日气氛，并寄予着人们对新年和新生活的美好期盼。

6）挂灯笼

过年挂灯笼是中国的古老习俗，红色代表喜庆，圆形灯笼则寓意团圆美满，红灯笼象征着平安祥和、红红火火。中国的灯笼又统称为灯彩。据说起源于1 800多年前的西汉时期，每年的除夕节前后，人们都挂起象征团圆意义的红灯笼，来营造一种喜庆的氛围。

7）祭祖

祭祖就是一种传承孝道的习俗。因各地礼俗的不同，祭祖形式也各异。有的到野外瞻拜祖墓,有的到宗祠拜祖,而大多在家中将祖先牌位依次摆在正厅,陈列供品,然后祭拜者按长幼顺序上香跪拜。古人祭祖,多半做鱼肉碗菜,盛以高碗,颇有钟鸣鼎食之意。南方人祭祖尤为隆重,大半是八碗大菜,中火锅,按灵位设杯箸。

8) 年夜饭

年夜饭又称年晚饭、团年饭等,特指岁末除夕的阖家聚餐。年夜饭源于古代的年终祭祀仪,拜祭神灵与祖先后团圆聚餐。年夜饭是年前的重头戏,不但丰富多彩,而且很讲究意头。吃团年饭前先拜神祭祖,待拜祭仪式完毕后才开饭。席上一般有鸡(寓意有计)、鱼(寓意年年有余)、蚝豉(寓意好市)、发菜(寓意发财)、腐竹(寓意富足)、莲藕(寓意聪明)、生菜(寓意生财)、腊肠(寓意长久)等以求吉利。中国人的年夜饭是家人的团圆聚餐,是年尾最丰盛、最重要的一顿晚餐。

9) 守岁

守岁的民俗主要表现为所有房子都点燃岁火,合家欢聚,并守"岁火"不让熄灭,等着辞旧迎新的时刻,迎接新岁到来。除夕夜灯火通宵不灭,曰"燃灯照岁"或"点岁火",所有房子都点上灯烛,还要专门在床底点灯烛,遍燃灯烛,谓之"照虚耗",据说如此照过之后,就会使来年家中财富充实。除夕之夜,全家团聚在一起,吃过年夜饭,点起蜡烛或油灯,围坐炉旁闲聊,通宵守夜,象征着把一切邪瘟病疫照跑驱走,期待着新的一年吉祥如意。

10) 压岁钱

压岁钱是年俗之一,年晚饭后长辈要将事先准备好的压岁钱派发给晚辈。据说压岁钱可以压住邪祟,晚辈得到压岁钱就可以平平安安度过一岁。压岁钱在民俗文化中寓意辟邪驱鬼,保佑平安。压岁钱最初的用意是镇恶驱邪。因为人们认为小孩容易受鬼祟的侵害,所以用压岁钱压祟驱邪。在历史上,压岁钱是分多种的,一种是在新年倒计时时由长辈派发给晚辈,表示压祟,包含着长辈对晚辈的关切之情和真切祝福;另一种就是晚辈给老人的,这个压岁钱的"岁"指的是年岁,意在期盼老人长寿。

11) 游神

游神又称圣驾巡游、游老爷、营老爷、游菩萨、游神赛会、年例、迎神、迎年、游春、行香、菩萨行乡、抬神像、神像出巡等,是指人们在新年期间或其他喜庆节日里,又或诸神圣诞的这一天,到神庙里将行身神像请进神轿里,然后抬出庙宇游境,接受民众的香火膜拜,寓意神明降落民间,巡视乡里,保佑合境平安,主旨是酬神、消灾、祈福等。游神沿途伴随有锣鼓、唢呐、神偶、舞狮、舞龙、飘色、标旗、游灯、八音、杂技及乐队演奏等丰富多彩的艺阵表演,是集拜神、祈祷、欢庆、宴客为一体的传统民俗活动。

12) 拜岁

拜岁是年俗活动之一。在岁首早上迎新岁,拜祭"岁神"。"岁"又名为"摄提""太岁",上古纪元星名。太岁也是民间信仰的神灵。岁以六十甲子的干支纪年法为运转周期,共六十位,每年有一位岁神当值,在当年当值的太岁谓之"值年太岁",是一岁之主宰,掌管当年人间的吉凶祸福。拜岁是历史最悠久的过年传统风俗,如今在广东,尤其在吴川一带仍盛行。在新年初一辞旧迎新之际,迎新岁、拜祭岁神、接福。

13) 逛庙会

逛庙会是春节期间的民俗活动之一。广府庙会与北京地坛庙会并称中国两大庙会,含盖木偶荟萃、中华绝活、武林大会、元宵灯会等主题活动,包含了祈福文化、民俗文化、美食文化、商贸休闲文化等丰富的内容。

14）拜年

春节期间走访拜年是年节传统习俗之一，是人们辞旧迎新、相互表达美好祝愿的一种方式。初二、初三开始走亲戚看朋友，相互拜年，道贺祝福，说些恭贺新禧、恭喜发财、恭喜、新年好等话。拜年是亲朋好友之间走访联络感情、互贺新年，表达对亲朋间的情怀以及对新一年生活的美好祝福。随着时代的发展，拜年的习俗也不断增添新的内容和形式。

15）派利是

派利是是流传已久的年俗之一，"利是"也有写作"利市"或"利事"的。派利是，利是利是，寓意着一年都能顺顺利利，大红大紫。"利市"一词古已有之，带有本少利多的意思，也有好运的意义。生意人派的叫利市，取其有利于做任何事情的意思。

16）燃爆竹

中国民间有"开门炮仗"一说，即在新的一年到来之际，家家户户开门的第一件事就是烧爆竹，以哔哔叭叭的爆竹声除旧迎新。爆竹是中国特产，也称"爆仗""爆竹""炮仗""鞭炮"。关于爆竹的演变过程，《通俗编排优》记载道："古时爆竹。皆以真竹着火爆之，故唐人诗亦称爆竿。后人卷纸为之。称曰'爆竹'。"随着时间的推移，爆竹的应用越来越广泛，品种花色也日见繁多。爆竹的原始目的是迎神与驱邪，后来以其强烈的喜庆色彩发展为辞旧迎新的象征符号。现在，因为环保和安全等原因，非特殊情况都已经禁止燃放烟花爆竹了。

6.1.2 元宵节

农历正月十五是元宵节，又称上元节、元夜、灯节。正月是农历的元月，古人称夜为"宵"，所以称正月十五为"元宵节"。随着社会和时代的变迁，元宵节的风俗习惯早已有了较大的变化，但至今仍是中国民间传统节日。元宵在早期节庆形成之时，只称正月十五、正月半或月望，隋以后称元夕或元夜。唐初受道教的影响，又称上元，唐末才偶称元宵。正月十五这一天晚上，中国人素有赏花灯、吃汤圆、吃元宵、猜灯谜、放烟花等一系列传统民俗活动。

1）吃元宵

正月十五吃元宵，"元宵"作为食品，在我国也由来已久。宋代，民间即流行一种元宵节吃的新奇食品，这种食品，最早叫"浮元子"，后称"元宵"，生意人还美其名曰"元宝"。如今北方人吃元宵，南方人吃汤圆，风味各异，都有团圆美满之意。

知识链接 6-2
元宵和汤圆
有什么不同

2）闹花灯

闹花灯是元宵节传统节日习俗，始于西汉，兴盛于隋唐。隋唐以后，历代灯火之风盛行，并沿袭传于后世，所以也把元宵节称为"灯节"。在正月十五到来之前，满街挂满灯笼，到处花团锦簇，灯光摇曳，到正月十五晚上达到高潮。街头巷尾，红灯高挂，有宫灯、兽头灯、走马灯、花卉灯、鸟禽灯等，吸引着观灯的群众。

3）猜灯谜

猜灯谜又称打灯谜，是中国独有的富有民族风格的一种传统民俗文娱活动形式，是从古代就开始流传的元宵节特色活动。每逢农历正月十五，传统民间都要挂起彩灯，燃放焰火，后来有好事者把谜语写在纸条上，贴在五光十色的彩灯上供人猜。因为谜语能启迪智慧又迎合节日气氛,所以响应的人众多,而后猜谜逐渐成为元宵节不可缺少的节目。灯谜增添了节日气氛,展现了古代劳动人民的聪明才智和对美好生活的向往。

4) 耍龙灯

耍龙灯也称舞龙灯或龙舞。见于文字记载的龙舞,是汉代张衡的《西京赋》,作者在百戏的铺叙中对龙舞作了生动的描绘。而据《隋书·音乐志》记载,隋炀帝时类似百戏中龙舞表演的《黄龙变》也非常精彩。龙舞流行于中国很多地方,华夏崇尚龙,把龙作为吉祥的象征。

5) 踩高跷

踩高跷是汉族传统民俗活动之一。踩高跷俗称缚柴脚,也称"高跷""踏高跷""扎高脚""走高腿",是民间盛行的一种群众性技艺表演,多在一些节日里由舞蹈者脚上绑上长木跷进行表演。踩高跷技艺性强,形式活泼多样,深受群众喜爱。

6) 舞狮子

舞狮子是中国优秀的民间艺术,每逢元宵佳节或集会庆典,民间都以狮舞来助兴。这一习俗起源于三国时期,南北朝时开始流行,至今已有1 000多年的历史。"舞狮子"又称"狮子舞""太平乐",一般由三人完成,二人装扮成狮子,一人充当狮头,一人充当狮身和后脚,另一人当引狮人,舞法上又有文武之分,文狮表现狮子的温驯,有抖毛、打滚等动作,武狮表现狮子的凶猛,有腾跃、蹬高、滚彩球等动作。

7) 划旱船

划旱船也称跑旱船,就是在陆地上模仿船行动作。表演跑旱船的大多是姑娘。旱船不是真船,多用两片薄板,锯成船形,以竹木扎成,再蒙以彩布,套系在姑娘的腰间,如同坐于船中一样,手里拿着桨,做划行的姿势,一面跑,一面唱些地方小调,边歌边舞,这就是划旱船。有时还另有一男子扮成坐船的船客,搭档着表演,多半扮成丑角,以各种滑稽的动作来逗观众欢乐。

8) 祭门、祭户

古代有"七祭",祭门、祭户是其中的两种。祭祀的方法是,把杨树枝插在门户上方,在盛有豆粥的碗里插上一双筷子,或者直接将酒肉放在门前。

9) 逐鼠

逐鼠是一项元宵节期间的传统民俗活动,始于魏晋时期。主要是对养蚕人家所说的。因为老鼠常在夜里把蚕大片大片地吃掉,传说正月十五用米粥喂老鼠,它就不会吃蚕了。

10) 送孩儿灯

送孩儿灯简称"送灯",也称"送花灯"等,即在元宵节前,娘家送花灯给新嫁女儿家,或一般亲友送给新婚不育之家,以求添丁吉兆,因为"灯"与"丁"谐音。这一习俗许多地方都有,头年送大宫灯一对、有彩画的玻璃灯一对,希望女儿婚后吉星高照、早生麟子;如女儿怀孕,则除大宫灯外,还要送一两对小灯笼,祝愿女儿孕期平安。

11) 迎紫姑

紫姑也叫戚姑,北方多称厕姑、坑三姑。古代民间习俗正月十五要迎厕神紫姑而祭,占卜蚕桑,并占众事。传说紫姑本为人家小妾,为大妇所妒,正月十五被害死厕间,成为厕神。每到迎紫姑这一天夜晚,人们用稻草、布头等扎成真人大小的紫姑肖像,于夜间在厕所或猪栏迎而祀之。此俗流行于南北各地,早在南北朝时期就见于记载。

12) 走百病

走百病也叫游百病、散百病、烤百病、走桥等，是一种消灾祈健康的活动。元宵节夜妇女相约出游，结伴而行，见桥必过，认为这样能祛病延年。走百病是明清以来北方的风俗，有的在正月十五，但多在正月十六进行。这天妇女们穿着节日盛装，成群结队走出家门，走桥渡危，登城，摸钉求子，直到夜半始归。

6.1.3 清明节

清明节又称踏青节、行清节、三月节、祭祖节等，节期在仲春与暮春之交，时间在公历 4 月 5 日前后。清明节源自上古时代的祖先信仰与春祭礼俗，既是自然节气点，也是传统节日。清明节在历史发展中承载了丰富的文化内涵，全国因地域不同而又存在着习俗内容上或细节上的差异，各地节日活动虽不尽相同，但扫墓祭祖、踏青郊游是共同的礼俗主题。每逢清明时节，人们无论身处何方，都会回乡参加祭祖活动，缅怀先祖。在祖先祭祀仪式中慎终追远，在踏青郊游中享受春天的乐趣。

知识链接 6-3
和清明有关的古诗

1) 扫墓祭祖

扫墓祭祖是清明节俗的中心。清明之祭主要祭祀祖先，表达祭祀者的孝道和对先人的思念之情。清明祭祀按祭祀场所的不同可分为墓祭、祠堂祭，以墓祭最为普遍。清明祭祀的主要形式是墓祭，因此清明祭祀也被称为扫墓；清明祭祀的另一种形式是祠堂祭，又称庙祭，一个宗族的人聚集在祠堂共祭祖先，祭完后要开会聚餐等，这种祭祀也是团聚族人的一种方式。

清明祭祀在清明前后，各地有所差异。清明祭祖，按照习俗，一般在清明节上午出发扫墓。拜清的方式或项目各地有所不同，常见的做法由两部分内容组成：一是整修坟墓；二是挂烧纸钱、供奉祭品。扫墓时首先整修坟墓，其做法主要是清除杂草，培添新土，然后叩头行礼祭拜。这种行为一方面可以表达祭祀者对先人的孝敬和关怀，另一方面，在古人的信仰里，祖先的坟墓和子孙后代的兴衰福祸有莫大的关系，所以培墓是不可轻忽的一项祭奠内容。所供奉祭品主要是食品，品种各地不同，都是当地人认为的并且按祭祀者的经济能力能拿得出来的美味佳肴，或合于时令的特色食品。

2) 踏青

中华民族自古就有清明踏青的习俗。踏青古时叫探春、寻春等，即为春日郊游，也称"踏春"，一般是指初春时到郊外散步游玩。踏青这种节令性的民俗活动，在我国有着悠久的历史，其源泉是远古农耕祭祀的迎春习俗。清明节兼具节气与节日两大内涵，清明节气在时间和气象物候特点上为清明踏青习俗的形成提供了重要条件。清明时节，春回大地，自然界到处呈现一派生机勃勃的景象，正是郊游的大好时光。人们乃因利趁便，扫墓之余一家老少在山乡野间游乐一番。

3) 插柳

关于清明戴柳插柳，有三种传说。第一种传说，据说是为了纪念教民稼穑耕作的祖师——神农氏，后来由此发展出祈求长寿的意蕴。第二种传说与介子推有关，据说晋文公率众臣登山祭奠介子推时，发现介子推死前曾经靠过的老柳树死而复活，便赐老柳树为"清明柳"，并且当场折下几枝柳条戴在头上，以示怀念之情。从此以后，群臣百姓纷纷效仿，遂相沿成风。第三种传说是唐太宗给大臣柳圈,以示赐福驱疫。

4) 植树

清明前后,春阳照临,春雨飞洒,种植树苗成活率高,成长快。因此,就有清明植树的习惯,有人还把清明节叫作"植树节"。植树风俗一直流传至今。清明节植树的习俗,据说发端于清明戴柳插柳的风俗。

5) 放风筝

风筝又称"纸鸢""鸢儿",放风筝是清明时节人们所喜爱的活动。风筝即是在竹篾等骨架上糊上纸或绢,拉着系在上面的长线,趁着风势放上天空,属于一种单纯利用空气动力的飞行器。每逢清明时节,人们不仅白天放,夜间也放。夜里在风筝下或风筝拉线上挂上一串串彩色的小灯笼,像闪烁的明星,被称为"神灯"。过去,有的人把风筝放上蓝天后,便剪断牵线,任凭清风把它们送往天涯海角,据说这样能除病消灾,给自己带来好运。

6) 拔河

拔河早期叫"牵钩""钩强",唐朝始叫"拔河"。据说它发明于春秋后期,开始盛行于军中,后来流传于民间。唐玄宗时曾在清明时举行大规模的拔河比赛,从那时起,拔河成为清明习俗的一部分。

7) 荡秋千

荡秋千是中国古代清明节的习俗之一。荡秋千的历史很古老,最早叫千秋,后为了避忌讳,改之为秋千。古时的秋千多用树丫枝为架,再拴上彩带做成。后来逐步发展为用两根绳索加上踏板的秋千。荡秋千不仅可以增进健康,而且可以培养勇敢精神,至今为人们特别是儿童所喜爱。

8) 斗鸡

古代清明盛行斗鸡游戏,斗鸡由清明开始,斗到夏至为止。中国最早的斗鸡记录,见于《左传》。到了唐代,斗鸡成风,不仅是民间斗鸡,连皇帝也参加斗鸡,如唐玄宗最喜斗鸡。

9) 射柳

射柳是一种练习射箭技巧的游戏。据明朝人的记载,就是将鸽子放在葫芦里,然后将葫芦高挂于柳树上,弯弓射中葫芦,鸽子飞出,以飞鸽飞的高度来判定胜负。

10) 蹴鞠

鞠是一种皮球,球皮用皮革做成,球内用毛塞紧。蹴鞠,就是用足去踢球。这是古代清明节时北方喜爱的一种游戏。相传是由黄帝发明的,最初目的是用来训练武士。马球,是骑在马上,持棍打球,古称击鞠。

11) 蚕花会

蚕花会是蚕乡一种特有的民俗文化,过去清明节期间,梧桐、乌镇、崇福、洲泉等地都有此项民俗活动。每年蚕花会人山人海,活动频繁,有迎蚕神、摇快船、闹台阁、拜香凳、打拳、龙灯、翘高竿、唱戏文等十多项活动。这些活动有的在岸上进行,绝大多数在船上进行,极具水乡特色。

6.1.4 端午节

端午节又称端阳节、龙舟节、重午节、天中节等,源于自然天象崇拜,由上古时代祭龙演变而来。仲夏端午,苍龙七宿飞升于正南中天,处于全年

知识链接 6-4
端午节的由来

最"正中"之位,即"飞龙在天",龙及龙舟文化始终贯穿在端午节的传承历史中。端午节是集拜神祭祖、祈福辟邪、欢庆娱乐和饮食为一体的民俗大节。传说战国时期的楚国诗人屈原在五月五日跳汨罗江自尽,后人便将端午节作为纪念屈原的节日;也有纪念伍子胥、曹娥及介子推等说法。

端午习俗甚多,形式多样、内容丰富多彩,热闹喜庆。这些节俗围绕着祭龙、祈福、攘灾等形式展开,寄托了人们迎祥纳福、辟邪除灾的愿望。端午节自古就是食粽与扒龙舟的喜庆日子,热闹的龙舟表演、欢乐的美食宴会都是庆贺佳节的体现。

1) 扒龙舟

扒龙舟是端午节的一项重要活动,是古代龙图腾祭祀的节仪。据《河姆渡遗址第一期发掘报告》称,早在7 000年前,远古先民已用独木刳成木舟,并加上木桨划舟。中国最早的"龙舟竞渡"的图形,发现于浙江宁波市鄞州区云龙镇甲村。龙舟最初是用单木舟上雕刻龙形的独木舟,后来发展为木板制作的龙形船。

扒龙舟是多人集体划桨竞赛。龙舟竞渡分为请龙、祭龙神、游龙和收龙等几个板块。龙舟竞渡前一般都要举行隆重的祭祀仪式,先要请龙、祭神。在端午前要择吉日从水下起出,祭过神后,安上龙头、龙尾,再准备竞渡。在湖北的屈原家乡秭归,也有划龙舟祭拜屈原的仪式流传。

2) 挂艾草与菖蒲

在端午节布置种种可驱邪祛病的花草,来源已久。人们把插艾草和菖蒲作为端午节的重要内容之一。"艾"又名家艾、艾蒿,它的茎、叶都含有挥发性芳香油,所产生的奇特芳香,可驱蚊蝇、虫蚁,净化空气。菖蒲的叶片也含有挥发性芳香油,是提神通窍、健骨消滞、杀虫灭菌的药物。

3) 端午食粽

粽即"粽籺",俗称粽子,主要材料是糯米、馅料,用箬叶(或柊叶)包裹而成,形状多样,有尖角状、四角状等。粽子由来久远,最初是用来祭祀祖先神灵的贡品。传入北方后,用黍米(北方产黍)做粽,称"角黍"。由于各地饮食习惯的不同,粽形成了南北风味,从口味上分,粽子有咸粽和甜粽两大类。端午食粽的风俗,千百年来在中国盛行不衰,已成了中华民族影响最大、覆盖面最广的民间饮食习俗之一,而且流传到朝鲜、日本及东南亚诸国。

4) 放纸鸢

纸鸢即在竹篾等骨架上糊上纸或绢,拉着系在上面的长线,趁着风势放上天空,属于一种单纯利用空气动力的飞行器。在中国南方一带,端午节儿童放纸鸢称为"放殃"。

5) 洗草药水

草药水即古籍记载的沐兰汤,端午日洗草药水可治皮肤病、去邪气。端午日是一年中草木药性最强的一天,端午日遍地皆是药。端午期间,我国不少地方有采草药煮草药水沐浴的习俗。此俗至今尚存,且广泛流行。在广东,儿童用苦草麦药或艾、蒲、凤仙、白玉兰等花草煮水洗,少年、成年男子则到江河、海边冲凉,谓之洗龙舟水,洗去晦气,带来好运。在湖南、广西等地,则用柏叶、大风根、艾草、菖蒲、桃叶等煮成药水洗浴,不论男女老幼,全家都洗。

6) 拴五色丝线

中国传统文化中,象征五方五行的五种颜色"青、红、白、黑、黄"被视为吉祥色。在端午节这天,孩子们要在手腕脚腕系上五色丝线以驱邪。传统之俗,用五色粗丝线搓成彩色线绳,系在小孩子的手臂或颈项上,自五月五日系起,一直至七夕"七娘妈"生日,才解下来连同金楮焚烧。还有一说,在端午节后的第一个雨天,把五彩线剪下来扔在雨中,意味着让河水将瘟疫、疾病冲走,谓之可去邪祟、攘灾异,会带来一年的好运。

7) 打午时水

午时水即在端午日午时于井里打上来的水。端午节"打午时水"是盛行于南方沿海一带的传统习俗。端午日的午时,阳上加阳,所以"午时水"有"极阳水""龙目水""正阳水"之称。古人把打上来的午时水视为大吉水,这个时候的水最能辟邪。这天的午时阳气最盛,端午日午时驱邪最佳,具有辟邪、净身、除障的效果。据说午时水用来泡茶酿酒特别香醇,生饮甚至具有治病的奇效。

8) 拜神祭祖

拜神祭祖是端午节的重要习俗之一。天地是生命的根本,祖先是人类的根本,祭祖是一种传承孝道的习俗,通过祭祀来祈求和报答他们的庇护和保佑。

9) 画额

端午节时有以雄黄涂抹小儿额头的习俗,云可驱避毒虫。典型的方法是用雄黄酒在小儿额头画"王"字,一借雄黄以驱毒,二借猛虎("王"似虎的额纹,又虎为兽中之王,因以代虎)以镇邪。除在额头、鼻耳涂抹外,也可涂抹他处,用意一致。

10) 薰苍术

薰苍术是端午节传统习俗活动之一,在民间用苍术消毒空气,即将天然的苍术捆绑在一起,燃烧后产生的薄烟,不仅会散发出清香,还可以驱赶蚊虫,令人神清气爽。

11) 避五毒

端午在古代北方人心目中是毒日、恶日,在民间这个思想一直传了下来,所以才有种种求平安、避五毒的习俗。其实,这是由于北方夏季天气燥热,人易生病,瘟疫也易流行,加上蛇虫繁殖,易咬伤人,这才形成此习惯。民间认为五月是五毒(蝎、蛇、蜈蚣、壁虎、蟾蜍)出没之时,要用各种方法以预防五毒之害。一般在屋中贴五毒图,以红纸印画五种毒物,再用五根针刺于五毒上,即认为毒物被刺死,再不能横行了。民间又在衣饰上绣制五毒,在饼上缀五毒图案,均含驱除之意。

12) 采药、制凉茶

采药是最古老的端午节习俗之一。民俗认为,端午阳气旺盛,是草木一年中药性最强的一天,端午遍地皆药。采药是因端午前后草药茎叶成熟,药性好,才于此日形成此俗。在端午采药与种种可驱邪的花草,其来源久远,这一风俗在汉代时已影响广泛,后来也逐渐影响到东亚各国。中国民间至今仍普遍保留着端午所采之药最为灵验的信仰。

13) 饮蒲酒、雄黄酒、朱砂酒

蒲酒、雄黄酒、朱砂酒中的药料包括雄黄、朱未、柏子、桃仁、蒲片、艾叶等,人们把药料浸入酒后,再用菖蒲、艾蓬蘸酒洒墙壁角落、门窗、床下等,再用酒涂小儿耳鼻、肚脐,以驱毒虫。这些活动,从卫生角度来看,还是有科学道理的。雄黄加水和酒洒于室内可消毒杀菌,饮蒲酒也颇有益。

14) 跳钟馗

跳钟馗是一种民间舞蹈,又称"嬉钟馗",有《出巡》《嫁妹》《除五毒》等多种内容。在民间,"钟馗"是避邪扶正的象征,端午跳钟馗,寓意为消除五毒,四季平安,人寿年丰。

15）斗草

斗草是一种由采草药衍生而成的民间游戏，于端午日外出，找些奇花异草互相比赛。斗草以对仗形式互报花名、草名，多者为赢，兼具植物知识、文学知识之妙趣，儿童则以叶柄相勾，捏住相拽，断者为输，再换一叶相斗。

16）打马球

马球是指骑在马上持棍打球，古称击鞠。中国北方民族没有端午龙舟竞渡的习俗，但会在端午这天射柳和打马球，这很明显是来源于北方游牧民族的竞技遗俗。

6.1.5 中秋节

中秋节又称祭月节、月光诞、月夕、秋节、仲秋节、拜月节、月娘节、月亮节、团圆节等，是中国民间的传统节日。中秋节源自天象崇拜，由上古时代秋夕祭月演变而来。最初"祭月节"的节期是在干支历二十四节气"秋分"这天，后来才调至夏历（农历）八月十五，也有些地方将中秋节定在夏历八月十六。中秋节自古便有祭月、赏月、吃月饼、玩花灯、赏桂花、饮桂花酒等民俗，流传至今，经久不息。

1）祭月（拜月）

祭月在我国是一种十分古老的习俗，实际上是古人对"月神"的一种崇拜活动。在古代有"秋暮夕月"的习俗。夕月，即拜祭月神。拜月，设大香案，摆上月饼、西瓜、苹果、红枣、李子、葡萄等祭品，在月下，将"月神"牌位放在月亮的那个方向，红烛高燃，全家人依次拜祭月亮，祈求福佑。祭月，托月追思，表达了人们的美好祝愿。

2）赏月

赏月的风俗来源于祭月，严肃的祭祀变成了轻松的欢娱。据说此夜月球距地球最近，月亮最大最圆最亮，所以从古至今都有饮宴赏月的习俗；回娘家的媳妇是日必返夫家，以寓圆满、吉庆之意。民间中秋赏月活动的文字记载出现在魏晋时期，但未成习。到了唐代，中秋赏月、玩月颇为盛行，许多诗人的名篇中都有咏月的诗句。

3）追月

所谓"追月"，即过了农历八月十五，兴犹未尽，于是次日的晚上，不少人又邀约亲朋好友，继续赏月，名为"追月"。

4）观潮

在古代，浙江一带中秋除赏月外，观潮可谓是又一中秋盛事。观潮，即观赏涨潮，特指观赏钱塘江的大潮，每年以农历八月十八日为最盛。

5）猜谜

中秋月圆夜在公共场所挂着许多灯笼，人们都聚集在一起，猜灯笼身上写的谜语，因为是大多数年轻男女喜爱的活动，同时在这些活动上也传出爱情佳话，因此中秋猜灯谜也被衍生成了一种男女相恋的形式。

6）吃月饼

月饼又叫月团、丰收饼、宫饼、团圆饼等，是古代中秋祭拜月神的供品。月饼最初是用来祭奉月神的祭品，后来人们逐渐把中秋赏月与品尝月饼，作为全家团圆的一大象征。月饼象征着大团圆，人们把它当作节日食品，用它祭月、赠送亲友。发展至今，吃月饼已经是中国南北各地过中秋节的必备习俗，中秋节这天人们都要吃月饼以示"团圆"。

7) 赏桂花、饮桂花酒

人们经常在中秋时吃月饼赏桂花,食用桂花制作的各种食品,以糕点、糖果最为多见。中秋之夜,仰望着月中丹桂,闻着阵阵桂香,喝一杯桂花蜜酒,欢庆合家甜甜蜜蜜,已成为节日一种美的享受。

8) 竖中秋

在广东一些地方,中秋节有一种富有情趣的传统风俗,叫"树中秋"。树亦作竖,即将灯彩高竖起来之意,所以也叫"竖中秋"。小孩子们在家长的协助下用竹和纸扎成兔仔灯、杨桃灯或正方形的灯,横挂在短竿中,再竖起于高杆上,高举起来,彩光闪耀,为中秋再添一景。孩子们多互相比赛,看谁竖得高,竖得多,灯彩最精巧。入夜,满城灯火,如繁星点点,和天上明月争辉,以此庆贺中秋。

9) 玩花灯

中秋节有许多的游戏活动,首先是玩花灯。中秋节是我国三大灯节之一,过节要玩灯。当然,中秋节没有像元宵节那样的大型灯会,玩灯主要只是在家庭、儿童之间进行。中秋节玩花灯,多集中在南方。如佛山秋色会上,就有各种各样的彩灯:芝麻灯、蛋壳灯、刨花灯、稻草灯、鱼鳞灯、谷壳灯、瓜籽灯及鸟兽花树灯等,令人赞叹。在广西南宁一带,除了以纸和竹扎各式花灯让儿童玩耍外,还有很朴素的柚子灯、南瓜灯、桔子灯。所谓柚子灯,是将柚子掏空,刻出简单图案,穿上绳子,内点蜡烛即成,光芒淡雅。南瓜灯、桔子灯也是将瓤掏去而成。虽然朴素,但制作简易,很受欢迎,有些孩子还把柚子灯漂入池河水中做游戏。如今两广的不少地区,在中秋夜布置灯会,扎制用电灯照亮的大型现代灯彩,还有用塑料制成的各式新型花灯供儿童玩,但却少了一份旧时灯彩的纯朴之美。

10) 拜祖先

拜祖先是广东潮汕地区的中秋节习俗。中秋节当天下午,各家厅里就摆台设祭,置祖先神主牌,献上各色供品。祭毕,把祭品逐样烹调,合家同食一次丰盛晚餐。

11) 玩兔爷

玩兔爷的起始约在明末,流行于北京一带。兔爷是泥做的,兔首人身,披甲胄,插护背旗,脸贴金泥,身施彩绘,或坐或立,或捣杵或骑兽,竖着两只大耳朵,亦庄亦谐。北京百姓们把月中的玉兔称为兔儿爷。在北京一带的民俗中,中秋节祭兔儿爷实是庄重不足而游戏有余,兔儿爷已成为儿童的中秋节玩具。

6.1.6 重阳节

重阳节是中国传统节日,节期为每年农历九月初九。"九"数在《易经》中为阳数,"九九"两阳数相重,故曰"重阳";因日与月皆逢九,故又称为"重九"。九九归真,一元肇始,古人认为九九重阳是吉祥的日子。古时民间在重阳节有登高祈福、秋游赏菊、佩插茱萸、拜神祭祖及饮宴祈寿等习俗。传承至今,又添加了敬老等内涵,于是,登高赏秋与感恩敬老成了当今重阳节活动的两大重要主题。庆祝重阳节一般会包括出游赏景、登高远眺、观赏菊花、采中草药佩插茱萸、摆敬老宴、吃重阳糕、制养生药酒、饮菊花酒等活动。

知识链接 6-5
重阳节的古诗

1) 登高

古代民间在重阳节有登高的风俗,故重阳节又叫"登高节"。重阳登高习俗源于此时的气候特点以及古人对山岳的崇拜。登高"辞青"也是源于大自然中的节气,重阳节登山"辞青"与古人在阳春三月春游"踏青"相对应。据文献记载,"登山祈福"的习俗在春秋战国时期已流行。登高的地点,没有统一的规定,登高所到之处大抵分为登高山、登高楼或登高台。登高风俗其由来大致有四点:其一是源于古人的山岳崇拜;其二是源于"清气上扬、浊气下沉"的气候;其三是源于登高"辞青";其四是源于附会一个荒谬传说"桓景登山避灾"。

2) 放纸鸢

放纸鸢是南方过重阳节的主要习俗之一。在民间传统,重阳节除了登高,放纸鸢也是一个特色。至于人们为何要在重阳节放纸鸢(风筝),除了重阳时天高云淡,风轻日明,纸鸢可轻松乘风而上的气候原因外,还有些介于巫蓍之间的说法,于不经中颇为有趣。传说,重阳节放纸鸢是为了"放晦气",纸鸢飞得越高越远,则晦气也随之高飞远离,更有甚者,还要专门将线弄断,让风筝消失于云天之外。另有一种解释则说重阳节放纸鸢是"放吉祥""放福气",纸鸢飞得越好,则福气越浓,放纸鸢者不仅不能弄断丝线,还要千方百计保护之,因为若是丝线断了,则"吉祥""福气"也随之飘向远方。

3) 吃重阳糕

重阳糕又称花糕、菊糕、五色糕,制无定法,较为随意。在九月初九的天明时,以片糕搭儿女头额,口中念念有词,祝愿子女百事俱高,乃古人九月作糕的本意。讲究的重阳糕要做成九层,像座宝塔,上面还做成两只小羊,以符合重阳(羊)之义。有的还在重阳糕上插一红色小纸旗(代替茱萸),并点蜡烛灯。这大概是用"点灯""吃糕"代替"登高"的意思。当今的重阳糕,仍无固定品种,各地在重阳节吃的松软糕类都可称为重阳糕。

4) 祭祖

重阳节是中国传统四大祭祖节日之一,古代民间素有祭祖祈福的传统。重阳祭祖的传统习俗在岭南一带至今仍盛行,人们在每年的重阳节举行祭祖活动。无论是祭祖活动还是登高远望,其最根本的作用是增强人们的文化认同感,加强家族和社会的凝聚力。

5) 赏菊

重阳日,历来就有赏菊花的风俗,所以古来又称菊花节。菊本是天然花卉,因其花色五彩缤纷且傲霜怒放而形成赏菊赞菊的菊文化。从三国魏晋以来,重阳聚会饮酒、赏菊赋诗已成时尚。在中国古俗中,菊花象征长寿。菊是长寿之花,又被文人们赞为凌霜不屈的象征。

6) 辞青

古人将重阳与上巳(或清明)作为对应的春秋大节。如果说上巳是人们度过漫长冬季后出室畅游的节日,那么重阳大约是在秋寒新至、人们即将隐居时的具有仪式意义的秋游,所以民间有清明节"踏青",重阳节"辞青"的风俗。

7) 享宴祈寿

重阳节的求寿之俗,现存文字记载最早见于汉代文学作品。汉代《西京杂记》中记载:"九月九日,佩茱萸,食蓬饵,饮菊花酒,云令人长寿。"在祭天祭祖的基础上加入了求长寿及饮宴。重阳时节的大型饮宴活动,其实是由先秦时庆丰收祭祀宴饮发展而来。发展至今,摆敬老宴、饮宴祈寿风俗仍在一些地方流行。

8) 饮菊花酒

由于菊的独特品性,菊成为生命力的象征。菊花含有养生成分,晋代葛洪《抱朴子》有南阳山中人家饮用遍生菊花的甘谷水而益寿的记载。重阳佳节饮菊花酒,是中国的传统习俗。

菊花酒,在古代被看作重阳必饮、祛灾祈福的"吉祥酒"。菊花酒是药酒,味道微微有一点苦,饮后可使人明目醒脑,而且具有祛灾祈福的吉祥寓意。

9) 佩茱萸

古代还风行九九插茱萸的习俗,所以重阳节又叫作茱萸节。插茱萸为旧时汉族民间节日风俗,流行于黄河中下游、淮河、长江流域等地。茱萸是一种可以做中药的果实,古人认为在重阳节这一天登山插茱萸可以驱虫祛湿、逐风邪。于是便把茱萸佩戴在手臂上或磨碎放在香袋里,还有插在头上的,大多是妇女、儿童佩戴,有些地方男子也佩戴。茱萸香味浓,具有明目、醒脑、祛火、驱虫、祛湿、逐风邪的作用,并能消积食,治寒热。插茱萸等古俗则是民间登山驱风邪的行为,重阳节清气上扬,浊气下沉,人们用天然药物茱萸等调整体魄健康,使其适应自然气候变化。

10) 晒秋

重阳节是最好的赏秋时期,中国南方还有些山区村落保留了"晒秋"特色。去乡村赏民俗、看晒秋,已成为乡村旅游的一种时尚。"晒秋"是一种典型的农俗现象,具有极强的地域特色。在湖南、广西、安徽、江西等生活在山区的村民,由于地势复杂,村庄平地极少,只好利用房前屋后及自家窗台屋顶架晒、挂晒农作物,久而久之就演变成一种传统农俗现象。这种村民晾晒农作物的特殊生活方式和场景,逐步成了画家、摄影家追逐创造的素材,并塑造出诗意般的"晒秋"称呼。

6.1.7 冬至节

冬至节一般指冬至,又称日南至、冬节、亚岁等,既是二十四节气中一个重要的节气,也是中国民间的传统祭祖节日,于每年公历12月21—23日交节。冬至节习俗因地域不同而存在着习俗内容或细节上的差异。

1) "冬至大如年"

冬至节,民间历来十分重视。冬至是四时八节之一,被视为冬季的大节日,在古代民间有"冬至大如年"的讲法,其重要程度不亚于立春岁节。在南方地区,有冬至祭祖、宴饮的习俗;在北方地区,冬至日有吃饺子的习俗。

据现存著作记述,周人(陕西一带)以冬十一月为正月,冬十一月一日为岁首。周人的冬十一月一日岁首与现行"二十四节气"的冬至日期同在阴历十一月,因此有说从周时期起周人就有在冬至(十一月)祭祀的活动。

2) "画九"

所谓的画九,实则是冬至后计算春暖日期的图。冬至是太阳直射点南行的极致,冬至这天太阳光直射南回归线,太阳光对北半球最为倾斜,太阳高度角最小,是北半球各地白昼最短、黑夜最长的一天。冬至也是太阳直射点北返的转折点,这天过后它将走"回头路",太阳直射点开始从南回归线向北移动,北半球(我国位于北半球)白昼将会逐日增长。冬至这天,太阳虽低、白昼虽短,但是在气象上,冬至的温度并不是最低。实际上,由于地表尚有"积热",冬至之前通常不会很冷,真正的严寒在冬至之后。由于我国各地的气候相差悬殊,这种气候意义的冬季对于我国多数地区来说,显然偏迟。时至冬至,标志着即将进入寒冷时节,民间由此开始"数九"计算寒天。

3）吃汤圆

吃汤圆是冬至的传统习俗,在江南尤为盛行。"汤圆"是冬至必备的食品,"圆"意味着"团圆""圆满",冬至吃汤圆又叫"冬至圆"。民间有"吃了汤圆大一岁"之说。

4）吃番薯汤果

在宁波的传统习俗中,番薯汤果是冬至必吃的美食之一。"番"和"翻"同音,在宁波人的理解中,冬至吃番薯,就是将过去一年的霉运全部"翻"过去。汤果,跟汤团类似,但个头要小得多,而且里面没有馅。汤果也叫圆子,取其"团圆""圆满"之意。老宁波也有"吃了汤果大一岁"的说法。宁波人在做番薯汤果时,习惯加酒酿。在宁波话中,酒酿也叫"浆板","浆"又跟宁波话"涨"同音,取其"财运高涨""福气高涨"的好彩头。

5）吃饺子

在我国北方许多地区,每年冬至日,有吃饺子的习俗。我国北方地区在这天要吃饺子,因为饺子有"消寒"之意,至今民间还流传着"冬至不端饺子碗,冻掉耳朵没人管"的民谚。

6.2　少数民族礼俗

我国有多个少数民族,各民族分布的特点是大散居、小聚居、交错杂居,即汉族地区有少数民族聚居,少数民族地区有汉族居住。这种分布格局是长期历史发展过程中各民族间相互交往、流动而形成的。

【引例】有惊无喜的"见面礼"

6.2.1　壮族

壮族旧称僮族,是中国人口最多的一个少数民族,民族语言为壮语,属汉藏语系壮侗语族壮傣语支。在全国各省、自治区、直辖市中均有壮族分布,主要聚居在南方,范围东起广东省连山壮族瑶族自治县,西至云南省文山壮族苗族自治州,北达贵州省黔东南苗族侗族自治州从江县,南抵北部湾。广西壮族自治区是壮族的主要分布区。

壮族是最早栽培和种植水稻的民族之一,稻作文化十分发达,稻米也自然成为壮族人民的主食。稻米制作方法多种多样,有蒸、煮、炒、焖、炸等,各种米饭、米粥、米粉、米糕、糍粑、粽子、汤圆等,是壮族人民日常喜爱的食品。如果掺入其他材料,还可以制成许多更加味美营养的食品,如八宝饭、八宝粥、竹筒饭、南瓜饭、"彩色糯米饭"等。居住在干旱山区的壮族,由于不宜种植水稻,则以玉米为主食。

壮族人民喜食水产,鱼蛤螺蚌,皆为珍味;山林中的菌果、蝉、蛇、禽、兽,也是壮族人民的日常佳肴。壮族忌食青蛙;忌吃死于笼中的鸡;忌食牛肉,以为牛为耕作之帮手,故不忍食之;禁吃狗肉,据传壮族先民中,有人生而丧母,又被后母遗弃野外,家中母犬乳之,才得以成人,故为报狗恩而禁食狗肉(但有些地区的壮族视狗肉为补养珍品,每年农历二月十二和五月初五杀狗,并称为"狗肉节")。嚼槟榔是壮族的传统习俗,今广西龙州等地的壮族妇女仍有此喜好。有些地方,槟榔是招待客人的必需品。

壮族的服装,大部分和汉族相同,但在桂西乡村中,尤其是中老年妇女,还保存着自己民族服装的特点。如广西西北部,中老年壮族妇女多穿无领、左衽、绣花绲边的衣服和绲边、宽脚的裤子,腰间束绣花围腰,下身穿褶裙和绣花鞋,喜戴银首饰;广西西南部龙州、凭祥一带的壮族妇女,至今仍穿着无领、左衽的黑色上衣,头上包成方块形状的黑帕,下身穿黑色宽脚裤子。

古代壮族曾流行过文身、凿齿等习俗。唐代文学家柳宗元就曾提到柳州峒民（壮族古称之一）尽是文身人。宋代史书《太平寰宇记》也记载说今贵港市一带的妇女出嫁时要凿去一颗牙齿，古称"凿齿"。现在，这些风俗只在偏远的局部地区有零星流传。

知识链接 6-6
壮锦

壮族的节日多与当地汉族相同，春节、元宵、春秋社日、清明、端午、中秋、重阳、除夕等传统汉族民间节日，也是壮族的岁时节日。"三月三"歌节是最为隆重的壮族节日。壮族民歌形式、内容丰富多彩，有二三句的，也有三四句甚至更多的；流行七字句和腰脚韵；有盘歌（或称"猜歌"）、哭嫁歌、贺新居歌、生活歌、农事歌、时政歌、历史歌等。壮族有定期聚会唱歌的传统，而且唱歌的地点也比较固定，这种集体唱歌的特定场所叫"歌圩"。1984 年，广西壮族自治区人民政府正式将农历三月初三这一天定为壮族的全民性节日——"三月三"歌节。

"女娶男嫁，夫从妻居"曾经在壮族较为盛行，后来过渡到以"从夫居"的父系家庭为主。直到近、现代，壮族农村地区仍存在婚后"不落夫家"的习俗，新娘出嫁那一天，由十来个同辈姐妹陪同到新郎家，有的地方当天婚礼过后即回娘家，有的地方新娘与同辈姐妹一起在新房中歌唱达旦度过新婚之夜，次日一起回娘家。以后逢农忙或节日才到夫家劳动几天。一般要到二三年后或怀孕后才长住夫家。这种文化现象被认为是壮族婚姻制度从"从妻居"到"从夫居"转变进程的一种过渡形态。

壮族传统的丧葬习俗，主要有两大葬法，即土葬和火葬。清代中叶以后，土葬成为主要葬法。壮族的土葬以"二次葬"为主要葬式。二次葬也称捡骨葬、拾骨葬，壮族称为"金罈葬""金钟葬"等。其葬法是：亲属死后，以薄棺就近埋葬，起"长墓"；待三五年筋肉腐朽后，再掘坟开棺捡其骨骸装进陶制的"金罈"中，然后择定风水宝地埋葬，起"圆墓"。壮族的火葬也是用"金罈"装储骨灰，然后择地而葬，也属于二次葬式。

6.2.2 回族

回族是我国人口较多的一个少数民族，全国的各个省、自治区、直辖市均有分布。宁夏回族自治区是其主要聚居区，占全国回族总人口的 18.9%。

回族信仰伊斯兰教，其信仰包括内心诚信、诵念表白、身体力行三部分。日常生活中，回族履行念、礼、斋、课、朝等五功是信仰的基本功修。清真寺是回族举行日常五时拜、主麻聚礼和节日中会礼的地方。它既是回族穆斯林沐浴洁身、进行宗教活动的场所，又是举办宗教教育、传播宗教常识、培养宗教职业者的讲坛和经堂，还是回族群众政治、经济、文化、生活以及公益事业的一个中心。

回族禁食猪、马、驴、骡、狗和一切自死的动物、动物血，禁食一切形象丑恶的飞禽走兽，无论牛、羊、骆驼及鸡禽，均需经阿訇或做礼拜的人念安拉之名然后屠宰，否则不能食用。日常生活中，回族不抽烟、不饮酒，但特别喜欢饮茶和用茶待客。由于分散各地，形成了不同的饮茶习俗，北方回族地区有罐罐茶；云南回族中有烤茶；湖南回族中有擂茶。盖碗茶是西北回族的一种特殊嗜好。最有代表性的是"八宝盖碗茶"，即盖碗内泡有茶叶、冰糖、枸杞、核桃仁、芝麻、红枣、桂圆、葡萄干（或苹果干）等。

头饰是回族最典型、最富有特点的服饰。因伊斯兰教尚白色，因此回族视白色为最洁净、最喜悦的颜色。在衣、冠颜色上以白、绿、黑色为主。回族男子戴的无檐小白帽，亦称"回回帽"或"礼拜帽"。有白、灰、蓝、绿、黑五色,分春、夏、秋、冬不同的季节来戴。回族妇女一般都头戴白圆撮口帽,戴盖头(也叫搭盖头)。无论在泉州、广州、海南等沿海地区,还是在内地,一般都是绿、青、白三种颜色,有少女、已婚妇女、老人之分。

由于信仰伊斯兰教,回族每年主要过三个重大节日,即开斋节、古尔邦节和圣纪节,节日均以伊斯兰教历计算。每年教历九月为斋月,男满十二周岁、女满九周岁以上的回民,都要封斋。斋戒期满,逢开斋节,这一天从拂晓开始起来,洗大净、沐浴净身,换上新衣服,到清真寺会礼。古尔邦节开始于伊斯兰教历12月10日,即朝觐期的最后一天。当日,朝觐者要进行宰牲。节前家家打扫卫生,炸油香、馓子、花花等。节日当天拂晓,沐浴净身、燃香,换上整洁的衣服赴清真寺参加会礼。结束后,还要举行一个隆重的宰牲典礼,所宰的肉一份自食,一份送亲友邻居,一份济贫施舍。圣纪节是纪念穆罕默德诞辰和逝世的纪念日。相传他的诞辰与逝世都在伊斯兰教历3月12日,一般合称"圣纪",俗称"圣会"。节日这天首先到清真寺诵经、赞圣、讲述穆罕默德的生平事迹,教育回族群众不忘至圣的教诲,做一个真正的穆斯林。这天穆斯林还要做讨白(忏悔)。仪式结束后,开始会餐。

回族忌说"死",将"逝世"一般称为"无常",有些地方称"归真"或"毛提"。"归真"是回族群众对笃信宗教和宗教职业人员以及宗教上层人士的称法。葬礼要经过停尸、善面、备殓、净身、下葬、纪念亡人等程序。其中殡礼(站者那则)是回族丧葬中最重要的一部分。凡参加殡礼的人必须洗大净,殡礼的领导者一般由本坊清真寺里的教长担任,也有的根据亡人的遗嘱来确定,不论辈分、地位,只要懂伊斯兰教规,在群众中有较高的威信即可。一般根据亡人无常时间的长短来采取不同规模和方式的纪念活动。纪念从埋葬的当天晚上开始,有"头七""二七""三七""四十日""百日""周年"。

6.2.3　维吾尔族

维吾尔族的民族语言为维吾尔语,属阿尔泰语系突厥语族。维吾尔族主要聚居在新疆维吾尔自治区。此外,在湖南省桃源县和河南省渑池县,也有少量维吾尔族分布。历史上,维吾尔族曾经信仰过萨满教、摩尼教、祆教、景教和佛教等。10世纪末,喀拉汗王朝开始信奉伊斯兰教。到了公元15世纪时,伊斯兰教在维吾尔族地区逐渐占据统治地位。

维吾尔族的传统饮食以面食为主,喜食羊肉、牛肉,蔬菜吃得相对较少。主食的种类很多,最常吃的有馕、抓饭、包子、拉面等。馕,是用小麦面或玉米面制成的,在特制的火坑内烤熟,为形状大小和厚薄不一的圆形饼。抓饭,维吾尔语称"颇罗",是用大米、羊肉、羊油、清油、胡萝卜焖成的一种饭食,味道鲜美。维吾尔族名菜有烤全羊、清炖羊肉、烤肉等。维吾尔族严格禁止吃猪肉、驴肉、狗肉、骡肉。在南疆部分地区还禁食马肉(北疆牧区或农牧区则无此限制)。一般未念经宰杀的牲畜和家禽也禁食。维吾尔族喜欢饮茶。

维吾尔族传统的男子外衣称为"袷袢",长过膝、宽袖、无领、无扣,穿时腰间系一长带。女子普遍穿连衣裙,外罩坎肩或上衣。妇女和姑娘都喜欢用天然的乌斯蔓草汁画眉、染指甲,戴耳环、手镯、戒指、项链等。维吾尔族不论男女老幼都喜欢戴"朵巴"(四楞花帽),用黑白两色或彩色丝线绣出各种民族形式的花纹图案。过去未婚少女都梳十几条发辫,以长发为美。头上别有各式各样的头饰,也有将双辫盘成发髻的。随着时代的发展,除了传统的服装和服饰之外,在城市普遍流行穿时装。

维吾尔族的传统节日有肉孜节、古尔邦节和诺鲁孜节。前两个节日都来源于伊斯兰教,日期是按伊斯兰教历计算的,每年都在移动。肉孜节又叫"开斋节",因为它在封斋一个月后举行,一般要过3天。古尔邦节又叫"宰牲节",在肉孜节过后70天举行,家境好的,都要宰一只羊。诺鲁孜节是维吾尔族最古老的传统节日,在春分时节,大约每年3月20—22日。诺鲁孜节也叫迎春节(开春节),是迎接春天来临的节日。等到诺鲁孜节过后,在农村,紧张的春耕生产也就开始了。

维吾尔族实行土葬,主张速葬。在超度亡灵的伊斯兰教仪式"纳玛孜"结束后,用抬尸床将尸体送至墓地,挖穴安葬,不用棺材,不用任何陪葬品。墓丘多长方形,也有圆形的。坟地周围砌围墙,不许牲畜进入,不许取土挖土。维吾尔族在死者去世当日、3日、7日、40日和周年时进行祭奠活动,维吾尔语称作"乃孜尔"。在所有的祭奠活动中,7日、40日与周年都比较隆重,要宴请亲属、朋友、乡亲与同事做"杜瓦"(祈祷),请阿訇诵经。祭奠中的饭食主要是抓饭等。按照传统习俗,凡来参加"乃孜尔"的男子必须头戴帽子,女子头戴围巾。

维吾尔族人路遇尊长或朋友,要把右手放在胸口,男子相见要握手,妇女相见要互相拥抱,贴一下右脸,都以"撒拉木"问安,最后,双手抚膝躬身道别。晚辈要先向长辈施礼,现在多以握手作为见面礼。维吾尔族普遍认为宾客盈门是令人羡慕的事。通常客人如果同时到来,要分男女长幼进门,上炕入座,最尊贵及最年长的客人,要坐在炕中间主人特意铺的褥子上。饭前饭后主人都会提着洗手壶为客人冲洗双手,一般冲洗三遍,客人不得将水乱甩。主人先给每人斟一碗茶水,双手敬上,然后在客人面前铺开一张餐布,摆上各种点心、瓜果及美食,有条件的还要宰羊款待来宾,让客人尽情享用。有时主人会弹起都塔尔、热瓦甫等民族乐器,以歌舞助兴。用餐结束时,在年长者的带领下,要念"都瓦"祈祷。如果天晚了,主人总要热情挽留,拿出最好的被褥给客人用。客人临走时,主人总要送出大门以外,目送客人远去。

知识链接 6-7
能歌善舞的维吾尔族

6.2.4 藏族

藏族主要分布在西藏自治区、青海省和四川省西部、云南迪庆、甘肃甘南等地区。藏族有自己的语言和文字,藏语属汉藏语系藏缅语族藏语支,分卫藏、康、安多三种方言。

藏族普遍信仰藏传佛教,又称藏语系佛教,或俗称喇嘛教。公元7世纪佛教从天竺传入吐蕃,已有1 400多年的历史。藏传佛教教义特征为:大小乘兼学,显密双修,见行并重,并吸收了苯教的某些特点。传承各异、仪轨复杂、像设繁多,是藏传佛教有别于汉地佛教的一个显著特点。

藏族服饰的基本特征是长袖、宽腰、长裙、长靴。穿用这种结构肥大的服装夜间和衣而眠可以当作棉被抵御风寒;袍袖宽敞,臂膀伸缩自如,白天气温上升更可脱出一个臂膀,方便散热,调节体温。所以,脱掉一只袖子的装束便形成了藏族服装特有的风格。藏族服饰多姿多彩,其特点还突出地表现在色彩的搭配和构图上。文艺表演和节庆活动时,各式色彩明艳的藏族服饰都会成为焦点;而藏族民众日常的服装则以蓝色、白色为主,配之以艳丽的腰带或花边。在牧区,藏服的花边常用蓝、绿、紫、青、黄、米等色块,依次组成五彩色带。女皮袍常用十字纹样的花领袍,给人以"慈善""爱抚"的联想。此外,藏族服饰还大胆地运用红与绿、白与黑、赤与蓝、黄与紫等对比强烈的颜色,配色大胆而精巧。妇女冬穿长袖长袍,夏着无袖长袍,内穿各种颜色与花纹的衬衣,腰前系一块彩色花纹的围裙。

藏帽式样繁多，质地不一。有金花帽、氆氇帽等一二十种。藏靴是藏族服饰的重要特征之一，常见的有"松巴拉木"花靴，靴底是棉线皮革做的。藏族男女特别讲究饰物，饰品的质地有银、金、珍珠、玛瑙、玉、翡翠、珊瑚、琥珀等，广泛运用于头饰、发饰、耳环、项链、腰饰和戒指。

藏族有着自己独特的食品结构和饮食习惯，其中酥油、茶叶、糌粑、牛羊肉被称为西藏饮食的"四宝"，此外，还有青稞酒和各式奶制品。藏餐是中国餐饮系列中的流派之一，历史悠久，品种丰富。藏餐分为主食、菜肴、汤三大类。藏餐的口味讲究清淡、平和，很多菜除了盐巴和葱蒜，一般不放辛辣的调料。在食肉方面，藏族禁忌较多，一般只吃牛羊肉，不吃马肉、驴肉、骡肉，尤忌吃狗肉。除部分城镇居民外，农牧区群众一般不习惯食用鱼、虾、蛇、鳝等水产海鲜类食品。

西藏的青稞酒是用青稞直接酿成的，度数较低，藏族群众无论男女老少都喜欢喝，是喜庆过节所必备的。藏族饮酒的礼仪和习俗极为丰富，每酿新酒，必先以"酒新"敬神，然后依循"长幼有序"的古训先向家中的长辈敬酒，其后家人才能畅饮。在节日婚庆或众多人聚会场合，饮酒一般是先向德高望重的长者敬献，然后按顺时针方向依次敬酒。敬酒者一般应用双手捧酒杯举过头顶，敬献给受酒者，特别对长者更是如此。而受酒者先双手接过酒杯，然后用左手托住，再用右手的无名指轻轻地蘸上杯中的酒，向空中弹一下，如此反复三次，表示对天、地、神的敬奉和对佛法僧三宝的祈祝，有时口中还要轻声念出吉祥的祝词，然后再饮。聚会饮酒时，歌是必不可少的。藏族酒歌曲调悠扬，优美动听，内容多为祝福、赞美之辞。

酥油茶是西藏的藏族人不可缺少的饮料，做酥油茶离不开酥油、盐和茶，酥油是从牛羊奶里提炼的奶油，以夏季牦牛奶里提炼的金黄色酥油为最好，从羊奶里提炼的则为纯白色。藏民族饮茶时讲究长幼、主客之序。客人饮茶不能太急太快，一般以三碗为最吉利。

藏族节日繁多，基本上每个月都会有节日。藏历元月，是节日最多也是最隆重的月份，在这个月里，几乎天天都在过节。其中，雪顿节是西藏所有节日里最隆重、规模最大、内容最丰富的节日之一，每年藏历六月三十日开始举办，持续一周。在藏语中，"雪"是酸奶的意思，"顿"是"宴"的意思。因此，雪顿，意为酸奶宴，雪顿节又称酸奶节、藏戏节、展佛节。近年来，雪顿节已发展成为集文艺会演、体育竞技、商务洽谈、旅游休闲于一体，传统与现代相融合的节日盛会。

藏族地区的丧葬方式有灵塔葬、天葬、水葬、土葬、火葬和树葬6种。

（1）灵塔葬，只有如达赖、班禅或活佛等身份特殊的人才能使用。

（2）天葬又称"鸟葬"，是藏族最普通的葬法，即在人死后将尸体运到指定地点，让秃鹫（或其他鸟类、兽类等）吞食。

（3）水葬，是身份低下或孤寡者所采用的葬法，即用白布将尸体一裹，丢入水中随波而去。藏南一带因无鹫鹰，无法行天葬，所以也多采用水葬。

（4）土葬，是对强盗、杀人犯或是患染传染病者（如天花、麻风）采用的葬法。在藏人的观念里，土葬会使灵魂被土地吸收，不得升天而无法投胎转世，是一种对死者的惩罚，因而被视为最不名誉的葬法。

（5）火葬，是达官显贵或得道高僧采用的葬法，将尸体洗净后焚烧，然后将骨灰抛洒在山顶或是江边。

（6）树葬，是四川部分藏区的丧葬形式，主要表现为将尸体装入小木盒内悬挂于树上，一般用于婴儿或青少年的死者。

藏族非常讲究礼仪，日常生活中见到长者、平辈都有不同的鞠躬致礼方式。见到长者或尊敬的人，要脱帽，弯腰45°，帽子拿在手上，接近于地面。见到平辈，头稍稍低下即可，帽子可以拿在胸前，这时的鞠躬只表示一种礼貌。在有些地区，合掌与鞠躬同时并用。合掌要过头，表示尊敬。这种致礼方式多用于见到长者或尊敬的人。

献哈达是藏族待客规格最高的一种礼仪，表示对客人热烈的欢迎和诚挚的敬意。哈达是藏语，即纱巾或绸巾。以白色为主，亦有浅蓝色或淡黄色的，一般长为1.5～2m，宽约20cm。最好的是蓝、黄、白、绿、红五彩哈达。五彩哈达用于最高最隆重的仪式，如佛事等。

藏族禁忌主要有以下几方面。

（1）见面称呼时，忌直呼其名，要加敬称，以示尊敬和亲切。例如，在拉萨，名字后要加"啦"字；在日喀则地区，男性名字前加"阿吉"或"阿觉"。

（2）到藏族人家做客，主人必先敬客人青稞酒，客人应先用无名指蘸一点酒弹向天空，连续三次，以示祭天、地和祖先，而后轻呷一口，主人会及时添满，喝三次，第四次添满时需喝干一杯；否则，主人会不高兴，认为客人不懂礼貌或瞧不起他。客人进屋坐定，主人必倒酥油茶敬客，客人需待主人双手捧至面前时，才能接过去喝，切不可自行端喝。落座时，要盘腿端坐；接受礼品时，要双手去接；赠送礼品，要躬腰双手高举过头；敬茶或酒时，要双手奉上，手指不能放进碗口。

（3）饮茶时，客人必须等主人把茶捧到面前才能伸手接过饮用，否则被认为失礼。吃饭时讲究食不满口，嚼不出声，喝不作响，拣食不越盘。用羊肉待客，以羊脊骨下部带尾巴的一块肉为贵，要敬给最尊敬的客人。

（4）藏族禁食驴肉、马肉和狗肉，有些地方也忌食五爪类和飞禽类肉。出于宗教信仰，一般反对捕杀野生动物。

（5）行路遇到寺院、玛尼堆、佛塔等宗教设施，必须从左往右绕行；不得跨越法器、火盆；经筒、经轮不得逆转。

知识链接 6-8
藏医

（6）忌讳别人用手触摸其头。

6.2.5 蒙古族

我国蒙古族主要分布在内蒙古自治区。萨满教是蒙古人古老的原始宗教。萨满教崇拜多种自然神灵和祖先神灵。在明、清两朝的支持和提倡下，藏传佛教在蒙古地区兴盛起来。但萨满教在东部地区以祭祀、占卜、治病的活动形式不同程度地保存了下来。

蒙古族服饰也称为蒙古袍，主要包括长袍、腰带、靴子、首饰等。但因地区不同在式样上有所差异。蒙古族服饰具有浓郁的草原风格特色，以袍服为主，便于鞍马骑乘。因为蒙古族长期生活在塞北草原，蒙古族人不论男女都爱穿长袍。牧区冬装多为光板皮衣，也有绸缎、棉布衣面者。夏装多布类。长袍身端肥大，袖长，多红、黄、深蓝色。男女长袍下摆均不开衩。红、绿绸缎做腰带。

蒙古族的传统饮食大致有四类，即面食、肉食、奶食、茶食。肉食被称为"红食"，蒙语叫"乌兰伊德"。蒙古族的肉类主要是牛肉、绵羊肉，其次为山羊肉、少量的马肉。羊肉常见的传统食用方法就有全羊宴、嫩皮整羊宴等70多种，最具特色的是蒙古族烤全羊（剥皮烤）、炉烤带皮整羊或称阿拉善烤全羊，最常见的是手扒羊肉。奶食被称为"白食"，蒙语叫"查干伊德",意为圣洁、纯净的食品。奶食分为饮用的,如鲜奶、酸奶、奶酒;食用的,如奶皮子、奶酪、奶酥、奶油、奶酪丹(奶豆腐)等。白食美味可口,营养特别丰富。蒙古族除食用最常见的牛奶外,还食用羊奶、马奶、鹿奶和骆驼奶,其中少部分作为鲜奶饮料,大部分加工成奶制品。在日常饮食中与红食、白食占有同样重要位置的是蒙古族特有食品——炒米。面粉制作的各种食品在蒙古族日常饮食中也日渐增多,最常见的是面条和烙饼。除饮红茶外,蒙古族几乎都有饮奶茶的习惯。蒙古族的奶茶有时还要加黄油,或奶皮子,或炒米等,其味芳香、咸爽可口。蒙古族还喜欢将很多野生植物的果实、叶子、花都用于煮奶茶,煮好的奶茶风味各异。马奶酒是牧民亲自酿制的传统名贵饮料。邻里欢聚,节日喜庆,接待宾朋,餐桌上总少不了独具特色的马奶酒。

  蒙古族的传统节日主要有旧历新年、那达慕、祭敖包等。蒙古族年节,亦称"白节"或"白月",这与奶食的洁白紧密相关,而且"白"在蒙古人心目中具有"开元"之意。蒙古族年节,虽然与汉族春节时间一致,并吸收了一些汉族习俗,如吃五更饺子,放鞭炮等,但也保留了很多蒙古族的传统习俗。在农牧区,蒙古族在除夕之夜一般都要吃手扒肉、点篝火,以示合家团圆,辞旧迎新。

  那达慕,蒙古语意为"游戏"或"娱乐"。原指蒙古族传统的"男子三竞技"——摔跤、赛马和射箭。随着时代的发展,逐渐演变成今天的包括多种文化娱乐内容的盛大庆典活动和物资交流活动。那达慕于每年夏秋之交举行,规模一般是看当年牧业的生产情况,小丰收小开,大丰收大开。活动内容除了传统的"男子三竞技",还有文艺演出、田径比赛和各类经济文化展览以及订货洽谈、物资交流等。

  祭敖包,蒙古族的传统祭祀活动很多,如祭天、祭火、祭祖、祭敖包等,其中祭敖包是各蒙古族居住地区普遍进行的祭祀活动。"敖包"是蒙古语音译,亦作"鄂博""脑包"等,汉语的意思为"高堆子",原指在游牧交界之处及道路上用石块或泥土堆积起来以作标记的石堆或土堆。后来逐渐被视为神灵的居所,被作为崇拜物加以祭祀和供奉。祭敖包活动多在农历五月至七月水草丰美、牛羊肥壮的季节进行。届时,本苏木、本旗甚至附近旗县的群众都纷纷扶老携幼,携带着哈达、整羊肉、奶酒和奶食品等赶来敖包处。先献上哈达和供祭品,再由喇嘛诵经祈祷,众人跪拜,然后往敖包上添加石块或以柳条进行修补,并悬挂新的经幡、五色绸布条等。最后参加祭祀的人都要围绕敖包从左向右转三圈,祈神降福,保佑人畜两旺。祭祀仪式结束后,还常常举行赛马、摔跤、射箭、投布鲁等传统体育活动。

  蒙古族的禁忌主要有以下几方面。

1) 日常生活禁忌

(1) 蒙古族人骑马、驾车接近蒙古包时忌重骑快行,以免惊动畜群。

(2) 若门前有火堆或挂有红布条等记号,表示这家有病人或产妇,忌外人进入。

(3) 客人不能坐西炕,因为西方是供佛的方位。

(4) 忌食自死动物的肉,驴肉、狗肉、白马肉。

(5) 办丧事时忌红色和白色,办喜事时忌黑色和黄色。

(6) 忌在火盆上烘烤脚、鞋、袜和裤子等。

(7) 禁止在参观寺院经堂、供殿时吸烟、吐痰和乱摸法器、经典、佛像及高声喧哗,也不得在寺院附近打猎。

2）火忌

（1）蒙古族人崇拜火、火神和灶神，认为火、火神或灶神是驱妖避邪的圣洁物。所以进入蒙古包后，禁忌在火炉上烤脚，更不许在火炉旁烤湿靴子和鞋子。

（2）不得跨越炉灶，或脚蹬炉灶，不得在炉灶上磕烟袋、摔东西、扔脏物。

（3）不能用刀子挑火、将刀子插入火中，或用刀子从锅中取肉。

3）水忌

蒙古族人认为水是纯洁的神灵。忌讳在河流中洗手或沐浴，更不许洗女人的脏衣物，或者将不干净的东西投入河中。草原干旱缺水，逐水草放牧，无水则无法生存。所以牧民习惯节约用水，注意保持水的清洁，并视水为生命之源。

知识链接 6-9
蒙古族交通习惯

本 章 小 结

本章详细介绍了我国传统节日及礼仪和我国少数民族礼俗。在社会交往中，我们要遵循传统节日礼仪，尊重少数民族礼俗。

我国传统节日及礼仪：春节、元宵节、清明节、端午节、中秋节、重阳节及冬至的传统民俗活动。

我国少数民族礼俗：壮族、回族、维吾尔族、藏族和蒙古族在宗教信仰、饮食、服饰和节日、丧葬方面的礼俗。

考考你 第 6 章

第 7 章

涉外礼仪

> **学习导读**
>
> 【本章概况】
> 本章介绍了涉外交往的基本原则和外事活动礼仪。
>
> 【学习目标】
> 1. 掌握涉外交往应遵循的十二项原则。
> 2. 了解外事活动中迎送、会见、宴请及参观游览、出访的礼仪。
> 3. 培养学生在涉外活动中注重礼仪细节,维护良好的个人形象和国家形象,注重国体国格。
> 4. 培养学生懂得尊重世界文化差异,树立互相尊重的思想观念。

【引例】手势含义

7.1 涉外交往的原则

涉外交往中应遵循以下基本原则。

1. 维护形象

在国际交往中,人们普遍对交往对象的个人形象倍加关注,并且都十分重视遵照规范的、得体的方式塑造和维护自己的个人形象。因为在涉外交往中,一个人代表的不仅是自己,一定程度上还代表着国家,所以每个人都必须时时刻刻注意维护自身形象,特别是要注意维护自己在正式场合留给初次见面的外国友人的第一印象。

2. 不卑不亢

每一个人在参与国际交往时,都必须意识到自己在外国人的眼里是代表着自己的国家,代表着自己的民族,代表着自己所在的单位的。因此,言行应当从容得体,堂堂正正。在外国人面前既不应该表现得畏惧自卑、低三下四,也不应该表现得自大狂傲、放肆嚣张。周恩来同志曾经要求我国的涉外人员"具备高度的社会主义觉悟,坚定的政治立场和严格的组织纪律,在任何复杂艰险的情况下,对祖国赤胆忠心,为维护国家利益和民族尊严,甚至不惜牺牲个人一切"。

3. 求同存异

中外礼仪与习俗有所不同。那么,在涉外交往中,究竟遵守哪一种礼仪为好呢?一般而论,目前大体有三种主要的可行方法。

(1) 以我为主。所谓"以我为主",即在涉外交往中,依旧基本上采用本国礼仪。

(2) 兼及他方。所谓"兼及他方",即在涉外交往中基本上采用本国礼仪的同时,适当地采用一些交往对象所在国现行的礼仪。

(3) 求同存异。所谓"求同存异",是指在涉外交往中为了减少麻烦,避免误会,最为可行的做法,是既对交往对象所在国的礼仪与习俗有所了解并予以尊重,更要对国际上所通行的礼仪惯例认真地加以遵守。

4. 入乡随俗

在涉外交往中,要真正做到尊重交往对象,首先就必须尊重对方所独有的风俗习惯。之所以必须认真遵守"入乡随俗"原则,主要是出于以下两方面的原因。

(1) 因为世界上的各个国家、各个地区、各个民族,在其历史发展的具体进程中,形成了各自的宗教、语言、文化、风俗和习惯,并且存在着不同程度的差异。这种"十里不同风,百里不同俗"的局面,是不以人的主观意志为转移的,也是世间任何人都难以强求统一的。

(2) 因为在涉外交往中注意尊重外国友人所特有的习俗,容易增进中外双方之间的理解和沟通,有助于更好地、恰如其分地向外国友人表达我方的亲善友好之意。

【典型案例】
她为什么受到冷遇

5. 信守约定

所谓"信守约定",是指在一切正式的国际交往之中,都必须认真而严格地遵守自己的所有承诺,说话务必算数,许诺一定要兑现,约会必须如约而至。在一切有关时间方面的正式约定之中,尤其需要恪守不怠。在涉外交往中,要真正做到"信守约定",对一般人而言,尤其在下列三方面要身体力行,严格地要求自己。

(1) 在人际交往中,许诺必须谨慎。

(2) 对于自己已经做出的约定,务必认真加以遵守。

(3) 万一由于难以抗拒的因素,致使自己单方面失约,或是有约难行,需要尽早向有关各方进行通报,如实地解释,并且还要郑重其事地向对方致以歉意,主动地负担因此而给对方所造成的某些物质方面的损失。

6. 热情有度

"热情有度"的含义是要求人们在参与国际交往,直接同外国人打交道时,不仅待人要热情而友好,更为重要的是,要把握好待人热情友好的具体分寸,否则就会事与愿违,过犹不及。中国人在涉外交往中要遵守好"热情有度"这一基本原则,关键是要掌握好下列4方面具体的"度"。

(1) 要做到"关心有度"。

(2) 要做到"批评有度"。

(3) 要做到"距离有度"。

(4) 要做到"举止有度"。

7. 不必过谦

不必过谦的基本含义是,在国际交往中涉及自我评价时,虽然不应该自吹自擂,自我标榜,一味地抬高自己,但是也绝对没有必要妄自菲薄,自我贬低,自轻自贱,过度地对外国人谦虚、客套。

8. 不宜先为

所谓"不宜先为"原则,也被有些人称作"不为先"原则。它的基本要求是,在涉外交往中,面对自己一时难以应付、举棋不定,或者不知道到底怎样做才好的情况时,如果有可能,最明智的做法是尽量不要急于采取行动,尤其是不宜急于抢先,冒昧行事。也就是若有可能的话,面对这种情况时,不妨先是按兵不动,然后静观一下周围人的所作所为,并与之采取一致的行动。

9. 尊重隐私

中国人在涉外交往中,务必严格遵守"尊重隐私"这一涉外礼仪的主要原则。一般而论,在国际交往中,下列 8 方面的私人问题均被海外人士视为个人隐私问题:收入支出、年龄大小、恋爱婚姻、身体健康、家庭住址、个人经历、信仰政见、所忙何事。要尊重外国友人的个人隐私权,就必须自觉地避免在对方交谈时主动涉及这 8 方面的问题。

10. 女士优先

"女士优先"的含义是,在一切社交场合,每一名成年男子都有义务主动自觉地以自己的实际行动去尊重女士、照顾女士、体谅女士、关心女士、保护女士,并且还要想方设法、尽心竭力地去为女士排忧解难。倘若因为男士的不慎,而使女士陷于尴尬、困难的处境,便意味着男士的失职。"女士优先"原则还要求,在尊重、照顾、体谅、关心、保护女士方面,男士们对所有的女士都一视同仁。

11. 爱护环境

"爱护环境"的主要含义是,在日常生活中,每个人都有义务对人类所赖以生存的环境,自觉地加以爱惜和保护。在涉外交往中,之所以要特别地讨论"爱护环境"的问题,除了因为它是作为人所应具备的基本的社会公德之外,还在于,在当今国际舞台上,它已经成为舆论倍加关注的焦点问题之一。

【典型案例】
"女士优先"
应如何体现

12. 以右为尊

正式的国际交往中,依照国际惯例,将多人进行并排排列时,最基本的规则是右高左低,即以右为上,以左为下;以右为尊,以左为卑。大到政治磋商、商务往来、文化交流,小到私人接触、社交应酬,"以右为尊"都是普遍适用的。

7.2 外事活动礼仪

7.2.1 迎送礼仪

迎来送往是国际交往中的一种社交礼节,是涉外礼仪中首尾两个关键环节。精心安排的欢迎仪式能为客人留下良好的印象,从而对本次活动充满信心。周到完美的欢送仪式能为客人留下一个美好的结局,使对方难以忘怀。迎送是对不同身份外宾表示相应的尊重的重要仪式,对加深双方的友谊与合作能发挥重要的作用。在国际交往中,对外国来访的客人,通常应视其身份和访问性质以及两国关系等因素,安排相应的迎送活动。

1. 迎送的安排

迎送活动的安排主要有两种不同的档次。

(1) 举行隆重的欢迎仪式,这主要适用于对外国国家元首、政府首脑、军方高级领导人的访问,以示对他们访问的欢迎与重视。

(2) 一般迎送,适用于一般来访者,无论是官方人士、专业代表团的来访,还是长期在我国的外交使节,常驻我国的外国人士、专家学者等,当他们到任或是离任时,都可以安排相应的人员前往迎送,以示尊重与友谊。

2. 确定迎送规格

对来宾的迎送规格,各国做法不尽一致。确定迎送规格,主要依据来访者的身份和访问目的,适当考虑两国关系,同时要注意国际惯例综合平衡。主要迎送人通常都要同来宾的身份相当,但由于各种原因(如国家体制不同,当事人年高不便出面,临时身体不适或不在当地等),不能完全对等时,可灵活变通,由职位相当的人士,或由副职出面。总之,主人身份总要与客人相差不大,同客人对口、对等为宜。当事人不能出面时,无论作何种处理,应从礼貌出发,向对方做出解释。其他迎送人员不宜过多,也有从发展两国关系或当前政治需要出发,破格接待,安排较大的迎送场面。然而为避免造成厚此薄彼的印象,非特殊需要,一般都按常规办理。

迎送规格通常分为以下三种情况。

(1) 隆重迎送,一般适用于外国国家元首、政府首脑或重要的官方代表团来访。讲究规范性和严肃性,并遵从一般的国际惯例。

(2) 一般迎送,适用于一般人员或代表团。对一般迎送不能随便应付、马虎了事,而应该本着热情真诚的态度。

(3) 私人性质的迎送,迎送安排可视彼此的关系适当调整,但不意味着可以不讲礼貌,随随便便。

3. 掌握抵达和离开的时间

必须准确掌握来宾乘坐飞机(火车、船舶)抵离时间,及早通知全体迎送人员和有关单位。如有变化,应及时通知。由于天气变化等意外原因,飞机、火车、船舶都可能不准时。一般大城市机场离市区又较远,因此,既要顺利地接送客人,又不过多耽误迎送人员的时间,就要准确掌握抵离时间。

迎接人员应在飞机(火车、船舶)抵达之前到达机场(车站、码头)。送行则应在客人登机之前抵达(离去时如有欢送仪式,则应在仪式开始之前到达)。如客人乘坐班机离开,应通知其按航空公司规定时间抵达机场办理有关手续(身份高的客人可由接待人员提前前往代办手续)。

4. 献花

如安排献花,须用鲜花,并注意保持花束整洁、鲜艳,忌用菊花、杜鹃花、石竹花和黄色花朵。有的国家习惯送花环,或者送一两枝名贵的兰花、玫瑰花等。通常由儿童或女青年在参加迎送的主要领导人与客人握手之后将花献上,有的国家由女主人向女宾献花。

5. 介绍

客人与迎接人员见面时互相介绍,通常先将前来欢迎的人员介绍给来宾,可由礼宾交际工作人员或其他接待人员介绍,也可以由欢迎人员中身份最高者介绍。客人初到,一般较拘谨,主人宜主动与客人寒暄。

6. 陪车

客人抵达后,从机场到住地,以及访问结束,由住地到机场,有的安排主人陪同乘车,也有不陪同乘车的。如果主人陪车,应请客人坐在主人的右侧。如是三排座的轿车,译员坐在主人前面的加座上;如是两排座,译员坐在司机旁边。上车时,最好客人从右侧门上车,主人从左侧门上车,避免从客人座前穿过。遇客人先上车坐到了主人的位置上,则不必请客人挪动位置。

7. 对一般客人的迎接

迎接一般客人,无官方正式仪式,主要是做好各项安排。如果客人是熟人,则可不必介绍,仅向前握手,互致问候;如果客人是首次前来,又不认识,接待人员应主动打听,主动自我介绍;如果迎接大批客人,也可以事先准备特定的标志,如小旗或牌子等,让客人从远处就能看到,以便客人主动前来接洽。

8. 迎送工作中的具体事务

迎送中的一些具体事项要引起注意,它主要包括以下几方面。

(1) 迎送身份高的客人,事先在机场(车站、码头)安排贵宾休息室准备饮料。

(2) 安排汽车,预定住房。如有条件,在客人到达之前将住房和乘车号码通知客人。如果做不到,可印好住房、乘车表,或打好卡片,在客人刚到达时,及时发到每个人手中,或通过对方的联络秘书转达。这既可避免混乱又可以使客人心中有数主动配合。

(3) 指派专人协助办理入出境手续及机票(车、船票)和行李提取或托运手续等事宜。重要代表团,人数众多,行李也多,应将主要客人的行李先取出(最好请对方派人配合,及时送往住地,以便更衣)。

(4) 客人抵达住处后,一般不要马上安排活动,应稍作休息,起码给对方留下更衣时间。

(5) 在迎接外宾的整个过程中,迎候人员应始终面带微笑,以表示欢迎之意,不要故作矜持,一语不发。

(6) 送别外宾亦应考虑周全,大体上要依照迎候的规格来确定送别的规格。主要迎候人应参加送别活动,送行人员可前往外宾住宿处,陪同外宾一同前往机场(车站、码头),亦可直接前往机场(车站、码头)恭候外宾,必要时可在贵宾室与外宾稍叙友谊,或举行专门的欢送仪式。在外宾临上飞机(火车、船舶)之前,送行人员应按一定顺序同外宾一一握手话别。飞机起飞或火车轮船开动之后,送行人员应向外宾挥手致意,直至飞机(火车、船舶)在视野里消失,送行人员方可离去。外宾一登上飞机(火车、船舶)送行人员就离去,也是不应当的。尽管只是几分钟的小事情,却很可能因小失大。

7.2.2 会见与会谈礼仪

国际上一般称会见为接见或拜会,它是国际公共关系的一种重要方式。凡身份高的人士会见身份低的,或是主人会见客人,称为接见或召见;凡身份低的人士会见身份高的,或是客人会见主人,称为拜会或拜见。中国统称为会见。接见和拜会后的回访,称回拜。

会见就其内容来说,有礼节性的、政治性的和事务性的,或兼而有之。礼节性的会见时间较短,话题较为广泛。政治性会见一般涉及双边关系、国际局势等重大问题。事务性会见则有一般外交交涉、业务商谈等。一般来说,礼节性拜会,身份低者拜见身份高者,来访者拜见东道主,拜会的时间不要太长,半小时左右即可告辞,除非主人特意挽留。

会谈是指双方或多方就某些重大的政治、经济、文化、军事问题,以及其他共同关心的问题交换意见。会见多是礼节性的,会谈多为解决实质性问题,内容较为正式,政策性或专业性较强。有时会见与会谈也难以区分。

会谈的形式多样,常见的有领导之间的单独会谈,有个别领导和助手与来访者进行不公开发表内容的秘密会谈,还有的是就有关重要而复杂的问题,进行预备性谈判而举行的正式会谈。

1. 会见与会谈程序

在涉外活动中,无论是正式访问、谈判,还是礼节性拜访,都要安排会见与会谈。会见与会谈作为涉外活动的一个重要环节,对于双边关系发展、双方的交流都有重要的作用。

1)时间

东道主和来访者都可以提出会见与会谈的时间。会见与会谈要在双方协商确定都认为合适的时间进行,无故拖延或置之不理是不妥和没有礼貌的。会见的时间一般安排在来访者抵达的第二天或举行欢迎宴会之前,一般以半小时为宜。

2)地点

高层领导的会见与会谈通常安排在重要建筑物的宽敞会客厅内进行,一般会见与会谈的地点多安排在客人住地的会客厅、会议室或办公室,也可在国宾馆等正式的会客场所。

3)人物

作为来访者,应提出会见要求,应将要求会见人的姓名、职务以及会见对象、会见的目的告知对方。接见一方应尽早给予回复,约妥时间。作为接见方的安排者,还应主动将会见(会谈)时间、地点、主方出席人、具体安排及有关注意事项通知对方。

会见来访者,一般情况下应遵循"对等"的原则,但有时由于业务的需要,上级领导或下级人士也可会见来访者。参加的人员不宜过多。

会谈的人员应慎重选择。会谈专业性强,一方面要求有专业特长,另一方面还要考虑专业互补和群体智慧。会谈人员既要懂得政策法律,又要能言善辩,善于交际,应变能力强。会谈应确定主谈人和首席代表。

2. 会见与会谈座次安排

1)会见座次安排

会见时座次的安排必须依据参加会见人数的多少,房间的大小、形状,房门的位置等情况来确定。座次安排为宾主各坐一边,也有穿插坐在一起的,通常的安排是将主宾席、主人席安排在面对正门位置,客人坐在主人右边。其他客人按礼宾顺序在主人、主宾两侧就座。翻译和记录安排坐在主人和主宾的后面。座位不够时,可在后排加座。

2)会谈座次安排

涉外双边会谈常用长方形、椭圆形或圆形桌子,宾主相对而坐,以正门为准,主人坐背门一侧,客人面向正门,主谈人居中。我国习惯把译员安排在主谈人右侧,但有的国家也让译员坐在后面,如会谈人数较少,也可安排在会谈桌就座。

如会谈长桌一端正对门,则以入门的方向为准,右为客方,左为主方。多边会谈,座位可摆成圆形、方形等。小范围会谈,有时只设沙发,座次按会见座次安排。

3. 会见与会谈礼仪要求

(1) 主办方提前到达会见与会谈场所,客人到达时,主人在门口迎候或由专门工作人员迎接,问候并同客人一一握手,宾主相互介绍双方参加会见的人员。

(2) 如有合影,宜安排在宾主握手之后,合影后再引宾入座。主人主动发言,营造良好气氛。双方就共同感兴趣的话题发表自己的看法,自由交谈。会见与会谈时应备饮料招待客人。我国一般只备茶水,如会见与会谈时间过长,可适当加上咖啡(红茶)和点心。

(3) 高层之间的会见与会谈,除陪同人和必要的记录员、译员外,其他人员均应退出。主人与主宾交谈时,旁人不可随意插话,外人也不可随意出入。

(4) 会见与会谈结束,主人应将客人送至车前或门口握别,目送客人离去。如需合影,应事先排好合影图,合影图一般由主人居中,按礼宾次序,以主人右手为上,男主宾在主人右边,主宾夫人在主人左边,主客双方间隔排列。不要把客人安排在靠边的位子,两端均由主方人员把边。

7.2.3 宴请礼仪

在涉外交往中,用餐的问题尽管极其普通,但又十分重要。特别是接风宴请和答谢宴请,往往是涉外礼仪的一个重要组成部分,宴请活动是了解信息、解决难题的最佳时间。宾主通过宴请互传真情,使双方的友谊在融洽的气氛中得以发展。在宴请外宾时,如果对用餐的问题考虑不周,就会令对方产生不满。涉外人员在以东道主的身份设宴款待外国人士时,需要注意的问题主要有菜单的选定、就餐的方式、宴会的位次、用餐的环境等。

1. 涉外宴请的种类

宴请的仪式是多姿多彩的,宴请的形式也是多种多样的。宴请主要有宴会、招待会、茶会和工作餐等。

1) 宴会

宴会是涉外交往中比较正式、隆重的设宴活动。举行宴会的目的一般是为了欢迎、告别、答谢、庆祝或者联谊。按其规格,有国宴、正式宴会、便宴之分。按宴请时间,宴会分午宴、晚宴。其隆重程度、出席规格以及菜肴的品种与质量等均有区别。一般来说,晚上举行的宴会较之白天举行的更为隆重。国宴这里就不作介绍了。

正式宴会不挂国旗,不奏国歌,有时会安排乐队奏席间乐。宾主均按身份排位就座。许多国家正式宴会十分讲究排场,在请柬上会注明对客人服饰要求。他们对餐具、酒水、菜肴道数、陈设,以及服务员的装束、仪态都要求很严格。我国在这方面的做法比较简单,如有条件,餐前在休息室稍事叙谈,通常上茶和汽水、啤酒等饮料,如无休息室,也可直接入席。席间一般用甜酒和烈性酒两种酒。餐后不再回休息室座谈,亦不再上饭后酒。

便宴即非正式宴会,常见的有午宴、晚宴,有时亦有早上举行的早餐。这类宴会形式简便,可以不排席位,不作正式讲话,菜肴道数亦可酌减。西方人的午宴有时不上汤,不上烈性酒。便宴较随便、亲切,宜用于日常友好往来。

2）招待会

招待会是一种不备正餐、较为灵活的宴请形式。在招待会上通常不安排座位,宾主可以自由活动,不拘形式,但备有食品、酒水、饮料等。招待会通常有冷餐会和酒会两种。

3）茶会

茶会是一种特别、简便的宴请方式。茶会是请客人品茶,因而对茶具、茶叶特别讲究。一般茶具用陶瓷器皿而不用玻璃杯,用茶壶而不用热水瓶。外国人一般选红茶,备点心及地方风味小吃,还有的用咖啡代替茶。地点通常在客厅,厅内设茶几、座椅,不排座。

4）工作餐

工作餐是现代国际交往中经常采用的一种正式宴请形式,按进餐时间分为工作早餐、工作午餐、工作晚餐。工作餐只邀请与工作有关的人员参加,边吃边谈工作,这样可以提高工作效率。一般适用于日程安排较紧张的参观或访问活动。

2. 涉外宴请的准备

宴请的目的是多种多样的,可以是为某个人,也可为某事件。

1）确定宴请的种类、规格、对象、范围、时间和地点等

（1）确定宴请的名义和对象。主要依据是主客双方的身份,也就是说主客身份应该对等。

（2）确定宴请范围。宴请范围是指请哪些人士,请到哪一级别,请多少人,主人一方请什么人出来作陪。

（3）草拟具体宴请名单。被宴请人的姓名、职务、称呼,乃至对方是否有配偶都要准确。

（4）选择宴请地点。官方正式隆重的活动,一般安排在政府、议会大厦或宾馆内举行,其余则按活动性质、规模形式、大小、主人意愿及实际可能而定。

2）确定宴请形式

宴请采取何种形式,在很大程度上取决于当地的习惯做法。一般来说,正式、规格高、人数少的以宴会为宜,人数多则以冷餐会或酒会更为合适,妇女界活动多用茶会。

3）发送请柬

请柬一般提前1～2周发出,以便被邀请人及早安排。已经口头约妥的活动,仍应补送请柬。请柬的内容包括活动形式、举行的时间及地点、主人的姓名等内容。请柬行文不用标点符号,所提到的人名、单位名、节日名称都应用全称。

4）确定宴请的菜单

在宴请任何人时,唱主角的都是菜肴,所以一定要对菜单精心加以考虑。在宴请外国友人时,除了要注意节省开支、量力而行之外,最重要的是要对对方爱吃什么和不吃什么心中有数。

外国人不爱吃的东西主要有下列三类:

（1）触犯个人禁忌的菜肴。不少人在饮食方面都有个人的禁忌,如有人不爱吃鱼,有人不爱吃蛋,有人不吃辣椒等。对此,一定要在宴请外宾之前有所了解,免得出力不讨好。

（2）触犯民族禁忌的菜肴。世界上许多民族都有自己本民族的饮食禁忌。比如,美国人不吃羊肉和大葱,俄罗斯人不吃海参、海蜇、墨鱼、木耳,英国人不吃狗肉和动物的头、爪,法国人不吃无鳞鱼,德国人不吃核桃,等等。掌握这种具有普遍性的饮食禁忌,有助于更好地款待外宾。

(3) 触犯宗教禁忌的菜肴。在所有的饮食禁忌之中,宗教方面的禁忌最为严格,而且绝对不容许有丝毫违犯。在涉外交往中,对于这一点尤其要高度重视。对于穆斯林忌食猪肉、忌饮酒,印度教徒忌食牛肉,犹太教徒忌食动物蹄筋和所谓"奇形怪状的动物"等一系列重要的与宗教密切相关的饮食禁忌,千万不可掉以轻心,疏忽大意。

5) 宴请座次安排

正式宴会一般均排席位,亦可只安排部分客人的席位,其他人只排桌次或自由入座。无论采取哪种做法,都要在入席前通知到每一个出席者,使大家心中有数,现场还要有人引导。大型宴会最好是排席位,以免混乱。

国际惯例是桌次高低以离主桌位置远近而定,右高左低,桌数较多时要摆桌次牌。同一桌上,席位高低以离主人的座位远近而定。外国人习惯男女穿插安排,以女主人为准,主宾在女主人的右主方,主宾夫人在男主人右主方。我国习惯按各人本身职务排列,以便于谈话。

礼宾次序是排席位的主要依据。在排席位之前,要把确认出席该活动的主客双方名单分别按礼宾次序开列出来。在用长桌做主宾席时,主宾背向群众的一边和下面第一排桌子背向主宾席的座位均不安排坐人。在许多国家,译员不上席,为便于交谈译员坐在主人和主宾背后。席位排妥后,着手写座位卡。便宴、家宴可不放座位卡,但主人对客人的座位也要有大致安排。

3. 涉外宴请的注意事项

(1) 主人一般在门口迎接客人。与客人握手后,由工作人员引进休息厅,如无休息厅则直接进入宴会厅,但不入座。主宾到达后,由主人陪同进入休息厅或宴会厅与其他客人见面。如其他客人尚未到齐,由迎宾人员代表主人在门口迎接。主人陪同主宾进入宴会厅,全体客人就座,宴会开始。如休息厅小,宴会规模大,也可以请主桌以外的客人先入座,贵宾席最后入座。吃完水果,主人与主宾起立,宴会即告结束。主宾告辞,主人送至门口。主宾离去后,原迎宾人员按顺序排列,与其他客人握别。

(2) 工作人员应提前到现场检查准备工作,如果是宴会,事先将座位卡及菜单摆上。座位卡置于酒杯前或平摆于餐具上方,勿置于餐盘内,菜单一般放在餐具右侧。如有讲话稿,要落实讲话稿。通常双方事先交换讲话稿,举办宴会的一方先提供。

7.2.4 陪同参观礼仪

接待外宾来访,通常会安排参观游览,通过陪同参观,可以加深交流与合作,增进友谊,促进双方关系的进一步发展。

1. 项目的选定

依照"主随客意"的原则,根据访问目的、性质以及客人的意愿与兴趣,选择当地有特色、有代表性的游览项目。

2. 安排布置

参观项目确定之后,应做出详细计划和日程,包括参观的过程、路线、时间安排、交通工具等,并及时通知有关接待单位和人员,以便各方密切配合。

3. 陪同

按国际交往礼节,外宾前往参观时,一般都有身份相应的人员陪同,如有身份高的主人陪同,应提前通知对方。根据需要,安排翻译、解说、导游人员以及必要的工作人员。参观过程中,客人问话,有礼貌地回答,陪同人员不得中途离去,更不能不辞而别。

4. 介绍情况

陪同参观人员或被参观的单位,应对被参观事项一一向外宾介绍。参观项目概况尽可能事先发给书面材料,以节约参观介绍时间,让客人尽可能多的实地参观。陪同人员要了解外宾要求,对外宾可能提出的各种问题有所准备,不能一问三不知。介绍情况时要实事求是,但对一些重要细节及关键问题要遵循保密制度。面对外宾的提问,根据实际情况灵活回答。

5. 摄影

通常可以参观的地方都允许摄影。遇到不让摄影的项目,应先向来宾说明,并在现场竖外文的说明标志。

6. 用餐安排

参观地点远或是外出游览,要考虑用餐时间和地点,如果郊游,则应准备食品、饮料、餐具等。有的地方还要预订休息室。

7.2.5 出访礼仪

在正式出国访问时,应当遵守以下礼仪。

1. 确定出访国与出访日期

在国际交往中,重要的出访活动,按惯例须由有关双方通过外交渠道商定。而一般性的出访,则既可以通过外交渠道联系,又可以由有关单位直接进行联系、商定。出访的具体日期与天数,通常由访问方提出,并在与东道主协商后确定。出访的具体日期,最好避开东道主一方重要的节假日与重要的活动时间。

2. 经过报批并通报给东道主

目前在我国,凡正式因公组团出国访问,必须依照有关方面的规定,报请上级主管部门审核、批准。

在正式出访之前,要以传真或电子函件的形式,将我方的出访通报给东道主。内容包括:访问的性质与目的,访问的日期与停留的天数,抵达的航班或车次以及全部出访者的名单。按照国际惯例,出访者的正式名单必须按礼宾序列进行排定。

3. 办妥护照与签证

护照,是公民进入一国国境和到境外旅行时,必须持有的国籍证明和合法身份证件。领取护照后,要认真查验其有无误差,使用期间要注意其有效期,并严防丢失。签证,指的是一个主权国家的主管部门,为同意持有合法护照的外国人出入或过境本国领土,而正式颁发的签注式证明。

4. 制定具体的访问日程

在宾主双方协商之后,由东道主根据来访者的意愿制定具体的访问日程。

5. 确定出访时乘坐的交通工具

在国际交往中,出访时来回乘坐的交通工具,应由出访者自行负责解决。在一般情况下，要尽量避免在晚间，特别是后半夜抵达目的地，并且尽可能减少过界停留的次数，以乘坐直达目的地的交通工具为佳。

6. 准备必要的卫生证明

当前，为严防疾病的侵害，某些国家都对入境的人员，实施鼠疫、霍乱、黄热病等恶性传染病的卫生检疫。出国之前，出访人员除按规定注射疫苗、携带预防药品之外，还应办理并携带健康证明书、预防接种证明等，以备入境他国时查验之用。

7. 认真做好安全保密工作

出访期间，特别是重要代表团出访期间，有关其安全、保卫方面的一切事项，均由东道国方面全权负责。出访者要在这一方面给予东道国有关人员以协助、配合。出访者要重视自己及同行者的人身安全问题。在国外期间，尽量不要个人单独行动，尤其是不要前往不安全区域或者夜晚外出活动。

出访时不私自携带涉密的文件、资料以及一切与此相关的笔记、图表、录音、录像、软件，严防泄密。确有必要携带时，应经本单位或上级有关领导批准，并妥善保管。在一切可能泄密的场所，切勿阅读涉密文件，或谈论涉密事宜。在使用公用通信工具时，亦应注意此点，严防他人窃密。

知识链接 7-1
护照及签证知识

8. 充分了解出访国的风土人情与主要交往对象的个人状况

在出国访问之前，可系统而认真地学习有关出访国的国情、习俗等方面的知识以方便相互沟通。此外还须进行必要的外事纪律和对外政策的教育。

本 章 小 结

本章介绍了涉外交往的基本原则和外事活动礼仪；涉外交往应遵循的十二项原则；外事活动中迎送、会见、宴请及参观游览、出访的礼仪。

考考你 第 7 章

参考文献

[1] 张宏亮,雷晚蓉.社交礼仪[M].北京:北京师范大学出版社,2011.
[2] 文智辉.社交礼仪[M].上海:华东师范大学出版社,2011.
[3] 赵颖.社交礼仪[M].北京:中国人民大学出版社,2021.
[4] 李娌.社交礼仪[M].2版.北京:中国人民大学出版社,2021.
[5] 王岩,李丽,高小涵.社交礼仪[M].北京:中国人民大学出版社,2021.
[6] 金正昆.社交礼仪教程[M].6版.北京:中国人民大学出版社,2019.
[7] 边露.现代社交礼仪[M].南京:南京大学出版社,2008.
[8] 谢迅.商务礼仪[M].北京:对外经济贸易大学出版社,2007.
[9] 褚又君.秘书礼仪[M].杭州:浙江大学出版社,2008.
[10] 张岩松,袁和平.现代交际礼仪[M].大连:东北财经大学出版社,2011.
[11] 林友华.社交礼仪[M].2版.北京:高等教育出版社,2007.
[12] 刘跟科.社交礼仪[M].北京:中国商业出版社,2011.
[13] 刘凤云,黄绮冰.现代社交礼仪[M].南京:南京大学出版社,2012.
[14] 袁平.现代社交礼仪[M].北京:科学出版社,2007.
[15] 张勤,张梓墨.浅析网络礼仪存在的必要性[J].大众文艺,2019(6):260-261.
[16] 池喜生,蔡冬青.试论网络生活中的道德和礼仪[J].湖北广播电视大学学报,2014(2):67-68.
[17] 戴秋花,田圣政.大学生网络社交礼仪现状及教育对策[J].教育现代化,2018,4(18):150-151.
[18] 邵宇翎,施琳霞.商务礼仪[M].杭州:浙江工商大学出版社,2018.
[19] 唐丽娟,尹德锦,张琳.礼仪与文化[M].成都:西南交通大学出版社,2018.
[20] 孙淑艳,兰福.商务礼仪[M].北京:北京理工大学出版社,2017.
[21] 徐白.公关礼仪教程[M].上海:同济大学出版社,2019.
[22] 刘芳,周蓉.现代礼仪[M].南昌:江西高校出版社,2012.
[23] 舒静庐.礼赢天下·中华与世界礼仪全览:少数民族礼仪[M].上海:上海三联书店,2015.
[24] 季诚迁,张旭.少数民族节日[M].北京:中国社会出版社,2011.
[25] 刘文.中国少数民族服饰文化[M].北京:中国纺织出版社有限公司,2020.
[26] 严汝娴,刘宇.中国少数民族婚丧风俗[M].北京:中国国际广播出版社,2011.
[27] 国家民委政策法规司.少数民族宗教信仰与禁忌[M].北京:民族出版社,2007.